地図なき山

日高山脈49日漂泊行

角幡唯介

新潮社

シュンベツ川上流部で70メートルの大滝に遭遇した。
即座に登れないと判断してこの沢を引き返す。

01
03
02

01 薄靄のなかで突如河原がひろがり神々の庭と呼ぶようになった。中央右の三角形の小さな山がクフ王の墓。／**02** シュンベツ川上流部は深くえぐれたゴルジュに登攀不能の滝が次々にかかり、沢に下りることができない。／**03** ついに主稜線に飛び出し、目の前の巨大な山に登った。この山がカムエクだろう。／**04** シュンベツ川での野営の風景。／**05** 神の恩寵沢は新しい水系につながる自然の道だった。奥のスカイラインの鞍部が大キレット。／**06** 2021年は爆釣だった。燻製を大量につくって新しい水系をめざす。／**07** 新しい水系を見下ろすと巨大ダム湖があった。／**08** 巨大ダム湖はマス類の天国であった。／**09** 山に導かれ幌尻岳山頂に立つ。

1967峰山頂でこの先のルートを探す。

旅人沢上流をゆく山口君。

オショロコマの燻製作り。

はじめに――よりよく生きるために私は地図を捨てた

三十代から四十代にさしかかるころ、私は〈脱システム〉という思想にとり憑かれていた。どこに行き、いかなる行動をとればシステムの外側に飛び出すことができるのか――。当時はそればかり考え、この脱システムという思想を、行為という具体的な身体表現におきかえようと模索していた。自分の行動はすべてこの思想の表現である。日々のトレーニングや時折の登山はすべてそのための訓練と位置づけられ、純粋を希求する若さがそれを加速させた。

脱システムという言葉にこだわり、それを身体で表現しようとしたのは、社会のシステム化がより強固になりつつあったことと無関係ではなかったと思う。

私が探検・冒険の世界に迷いこみ、この世界で生きていきたい、いや生きていこうと決めた一九九〇年代から二〇〇〇年代にかけては、まさしくその探検や冒険がじわじわと死にゆき、ほぼ完全に息絶えつつある時代にあたっていた。

冒険が息絶えた原因は色々あるだろう。航空機をはじめとする交通機関や輸送手段の発達で、それまで船舶でしか行くことができなかった地球の果てに短時間で到達可能となった。探検家や登山家は効率的に未踏の地に足跡をしるすようになり、それが何十年もつづき、地図の空白部はじわじわ失われてゆき、やがて世間が関心をもつような社会的意味のある地理的目標はほぼゼロになった。

目指す場所が喪失したらやりたくてもやりようがない。地球が有限であるがゆえの必然だ。と同時に、少なくとも日本にかぎっていえば社会が縮小しはじめたことも要因としては大きかっただろう。

探検や冒険は未踏の地をめざそうという行動であり、外に向かおうというある種の膨張運動である。風船を膨らませるには大きく息を吹きこまなければならないのと同様、何かが膨張するには、内側にそれを生み出すエネルギーが必要だ。

戦後日本で探検・冒険が全盛期をむかえたのは七〇年代から八〇年代にかけてのことだと思うが、それはちょうど高度成長からバブル経済に突入する日本経済の全盛期とかさなる。戦後生まれの団塊の世代が大人になり、馬力のある人たちの人口層が拡大したことで社会にはエネルギーが漲（みなぎ）った。その勢いがいわば内燃機関となり、未踏の地へ、外側の非日常へ飛び出そうという人々の背中を押した。しかし二〇〇〇年代以降、日本社会の活力は徐々に後退し、いまでは沈没まっしぐら、外にむかうどころか内側にひきこもるばかりだ。極端な円安となった昨今は辺境どころか海外に出ること自体、ハードルが高い。

ネットやＡＩなどの情報先端技術の発達や、合理主義と効率崇拝思想の蔓延など、ほかにも様々な変化が指摘できると思うが、ともかく冒険が死につつあったのはたしかで、そうした時代に私はお先真っ暗の探検冒険を人生の核にすえて生きていこうとしていたわけである。

世間的には明らかにまちがった判断であったが、私としてはそれ以外に選択肢はなかった。『月と六ペンス』の主人公ストリクランドは家族を捨てて画業に走ることを、人が水の中へ落ちたら、どういう泳ぎ方をしようが水から出ないと溺れてしまうだけだ、と開き直ったが、当時の私はそれに深く共感したものだった。生きることは理屈ではなく、偶然迷い込んで出会ったものを信じるしかないのだ、と。

ただ愛してやまない冒険が息も絶え絶えであることはわかっていたので、私なりにそこに新しい息吹を吹き込もうとした。それが脱システムという言葉であった。

脱システムという言葉にたどりついたのは、次のような理路からだった。

いま述べたように未踏の場所を目指そうとしても、それはほとんど残されていない。あるとしてもヒマラヤの極端にむずかしい岩壁や深く穿（うが）たれた峡谷の奥底、あるいは暗い洞窟や深海の闇ぐらいなものだ（私は地平線のかなたの最果ての地に行きたい、という放浪志向がつよく、それらは本当にやりたいことではなかった）。でも未踏の地をめざすことだけが冒険でもないだろう。では冒険の本質とは何なのか？

探検や冒険、登山界では昔から本多勝一（かついち）（新聞記者、京大探検部創設者）の影響力がつよく、彼の定義にしたがい、命を落とす危険がある主体的な行動であればそれはとりもなおさず冒険であるとされてきた。ただ、この定義は論理的にはたしかにただしいのだが、私にはどこか不十分な気もした。下手に論理的に隙がないだけに、逆に、探検や冒険という言葉を聞いたときに胸におのずと思いうかぶ心象風景のようなものをとらえそこねている。そう感じていたのである。

では、探検や冒険という言葉を聞いたときに人々が直観的にいだく印象とは何だろう。それはどこか見たこともない異境を歩く旅人の後ろ姿のようなものではないだろうか。ラクダを引き連れて砂漠をゆく隊商、果てしない雪原を駆ける犬橇（いぬぞり）の狩人……。どんなイメージであれ探検や冒険という言葉には、こうしたロマンティシズムをくすぐる喚起力がある。そして言葉が内に秘めたこの喚起力は、ホメロスひとつとってもわかるように時代や文明を超えた普遍的なものにちがいない。

神話の時代からつづく人類の集合的無意識の古い層に根ざす元型的なもの。だとすればこのロマンティシズムは、主体性や危険性よりもっと根源的なものだといえる。その根源性をシンプルに表現するとすれば、それはシステムの外側に飛び出すこと、脱システムという言葉に他ならない。

冒険とは、まず脱システムだ。主体性や危険性はその下位に位置づけられる理屈上の定義にすぎない。それが当時の私の結論であった。

私のいう脱システムとは、使い古された言葉でいえば〈日常から非日常へ〉という言い回しと基本的にはかわらない。あるいは簡単に前人未踏の行為、誰もやったことのないことをやる、と言ってもいい。本多勝一はこれをパイオニアワークと呼んでいた。ともかく境界線の外側へ踏み出すこと、そして閉ざされていた扉、いや誰の目にも見えていなかった未知の扉を開き、世界の可能性をひとつ拓くことだ。

でも、それを〈日常から非日常へ〉的な手垢のついた言い回しで表現しても、この現代社会においては人々の胸に届かないのではないのか――。

＊

情報化と消費経済が過度に進んだ現代において、私たちの暮らしや、もっというと人生は、何か目に見えないシステム的なものにおおわれ、身動きがとれなくなっている。このシステム的なものの正体はひと言ではとらえられないし、日常という言葉で言い表されるものともどこかちがう、もっと閉塞的で息苦しい何かだ。このまま行くとますます行きづまる気がするが、でももうこの流れは止めようがない……。

なぜこんなに色々なところで行きづまり感があるのか。

表面的な事柄をみると、SNSの発達で人々の露骨な本音が可視化されたことや、あるいはスマホの登場で検索の利便性が飛躍的にあがり、行動を起こす前にかならず情報収集するようになったことなどが原因として考えられる。

たしかにいまは昔より人の目が気になって常識から外れた行動をとりにくくなったし、情報を収集することで不確実性を減らせるようになり無難な選択をしがちになった。

それと並行するように街の風景もかわったように思う。経済のグローバル化が進んでアーケード街や個人商店が軒並み姿を消し、日本全国津々浦々、どの地方のどの町にいっても同じようなショッピングモールやチェーン店ばかりになった。商業施設が画一化したことでハズレがなくなり、その意味ではたしかに消費活動は効率的になったのかもしれない。でもその反面、地方からは特色が消えて、似たような風景ばかりが広がり、旅をしてもなんだかつまらなくなった。これもまた人々の行動が画一化したひとつの帰結だろう。

無論これは日本にかぎった話ではない。海外を旅するときもスマホ片手にSNSで知人とつながり、スターバックスでコーヒーを飲んで、大きなショッピングモールで買い物をするのがいまや当たり前である。あらかじめ行く場所を検索してどんなところかチェックして、実際に行ってみて事前の期待通りだったと安心して、面白かったねと喜びあう。それがいまの旅の姿だ。でも、出会いや発見を求めるのではなく、ただネットで見つけたよさそうな場所だけ素早く見てまわり、他より安いものを求めて買い物するのは旅ではなく、端的に消費である。生のあらゆる局面に情報と消費がいきわたったせいで、現代人には実質的に消費のための消費しか生きる楽しみがない。その意味で、われわれは買い物をするために生まれてきたような存在と化してしまった。

何だかバカバカしい気もするが、でも現実問題として便利効率至上主義とそれを当たり前のものと受け入れる思考の停止が地球上を覆いつくしたこの時代において、そこから逃れることは難しいし、そもそもどこに行けば逃れられるのかもよくわからないのである。

私が脱システムという言葉にこだわったのは、そういう時代認識があったからだったと思う。身の周りにあった隙間というか、ゆとりというか、意味のない空間が情報で充塡(じゅうてん)されてぎちぎちになったこの時代から飛び出し、手応えのある世界を見つけたい。そんな衝動がつよくあったのだ。

冒険とは、神話の時代から生まれ育ったコミュニティーを飛び出すことだった。荒波を越えたオデュッセウスのように知の限界線を超え出て怪物たちがうごめく未知なる異境へ旅立ち、成長して帰還すること。脱システムという言葉にこめた意味には、冒険行為が元来もつこうした側面を確認することがまずひとつあった。

でも、それだけではない。率先してシステムの内側に踏みとどまろうという世間に対して、そこにとどまったところで真に生きるに値する人生があるのか？　と問いかけることも裏の意図としてあった。ただ、それは〈日常から非日常へ〉的な柔らかい言葉では伝わらない。あくまでシステムという薄気味の悪い底なし沼のような言葉を使い、そこから脱するという勢いのある語感で表現しなければ誰も振り向きはしないだろう。そう考えたのである。

たしかにシステム内部は管理されているため自分の頭で考えなくて済むので楽だ。それに情報収集して不確定要素を少なくしたほうがリスクが少なくて安心できる。システム内部のそういう利点は私にもよくわかるし、そもそもこの本（つまりこの登山）の大きな論点は未来予期だ。しんどいことを避けて楽なほうに流されるのは人間だけではなく犬を見ていてもそうなので、動物の行動原理なのかもしれない。ただ虚しいことに、それをやっても自分の人生を生きることにはつながらない。

自分の人生を生きること。少なくともそれは効率的に情報を引き出したり、他人より一秒早く解答に到達することでえられるものではない。

では、どこに行けばあるのか。

それはシステムの外側である。システムの外側は管理されていない無秩序なカオスである。カオスには前例や規範や答えや参考となる情報がないので、試行錯誤しながらやり方をすべて自分で考えなければならない。無論、自力で方法論を導き出すのは時間もかかるし、失敗も多くなる。結果責任も跳ね返ってくるわけだからリスキーといえばリスキーだ。何より未知のなかを手探りで進むのはしんどいことでもある。だから効率とは正反対だ。でも、こうしたカオスのなかで何か答えのようなものを見つけることができたなら、それがどのようなものであれ、その答えは世界で自分だけの固有の答えなので祝福できるはずだ。その答えを見つけるための道筋が、自分の人生を生きるということなのだと私は思う。

言い換えれば、それは自由を求めることにひとしい。自由になったとき、人はすべての判断を引き受けなければならない。だから苦しい。でもそこにしか自分の人生は存在しない。

よりよく生きるとは自由の重荷に耐えることだ。生きるに値する人生は無意味で非効率的で不条理な場所にしか見つからないのだ。

*

この思想にのっとり私は二つの探検を実践した。ひとつは真冬の北極で旅した極夜の探検であり、もうひとつが北海道の日高山脈における地図なし登山である。二十四時間太陽が昇らず闇と沈黙がつづく自然環境も、地図が存在せず先が見えないという状況も、私たちの日常世界では経験できないという意味でひとしく異常であり、システムの外側にある世界である。だからそれぞれ全力を傾注した。本書はその地図なし登山の報告である。

地図がシステムそのものであることは、当時の私がつよく意識したことだった。

地図というのは、その時点におけるシステムの境界線を図示化したメディアである。西欧の地図を見れば、その時代の西欧人が地球上のどこに到達し、どこまで知の領域に組み込んでいたかがわかる。コロンブスやアムンセンの名を出すまでもなく近代的探検は地図の外側をめざす行動だった。もっと大昔の、たとえばポリネシア人の太平洋拡散に代表される人類のグレートジャーニーも、地図がなかった時代の話とはいえ、知の外側にひろがる土地をめざすという意味では本質的にはかわらない。つまり人類史をつうじて探検とはすなわち地理的探検だった。なんのかんの言って地理的探検がもっともストレートな脱システムなのはまちがいない。

私も大学探検部に所属していた頃はこうした地理的探検に憧れ、人類未踏の場所をめざしてチベットの峡谷地帯を幾度かにわたって探検した。そこは人類最後の空白部といわれ、世界中の登山家や探検家の垂涎（すいぜん）の的だった。

しかしこの峡谷探検も、たしかに人類未踏の区間がのこされていたとはいえ、そこが地図の空白部であったかどうかといえばそうではなく、私の探検は中国当局が製図した非常に正確な五万分の一地形図を片手におこなったものだった。それどころか、すでにきわめて精緻な衛星写真が商用化され（私には高価で手が出なかった）、グーグルマップも実用的になってきていた時代だったのである。その意味で、私の時代はもう、歴史的に意味のあるような地図の空白部は事実上のこされていなかった。

チベットの峡谷探検を終えたことで、たしかに私は、長年私の人生を支配してきた人類未踏への呪縛から解放された。しかし、その後も地図のない世界への興味はなくならなかった。空間的にまったく先がよめないというのはどういう境位なのか。そしてそのような状況でどこかを目指すことがはたして可能なのか。

地図があることを当たり前であるとする現システムの内側にすむわれわれは、いまやその状況を想像することすらできない。でも、アフリカから拡散した人類は地図のない世界を一歩一歩踏みしめながら南米の先端まで到達したのだし、クックもヘディンも、私にとって親しみのある極地探検の英雄やエスキモーの伝説的な旅人たちも地図のない世界を手探りで前にすすんだ。そう考えると人類は長い歴史をつうじて地図がないことを前提に大きな移動行為をしてきたとも考えられる。彼らが見た風景はどのようなものだったのだろうか。

これまで三十年近く探検や冒険をつづけてきたのは、生きることの経験を欲していたからだ。地図のない世界はカオスであり、純粋に主体的な判断と行動がつづくのだろう。それは私が考える、よりよき生の最大条件である。私が地図を捨てて日高にむかったのは、よりよく生きるためだった。

文明の衣を脱ぎ捨て、一人の人間として大地と向き合ったとき、時空を超越した太古の存在に立ち返ることができる。システムのない生（なま）のままの自然にはいりこんだとき、社会的な属性や意味から解き放たれ、自らを大地の上に立つただの存在として認識できる。

それが私にとっての生きる喜びである。人の呼吸の気配のしない、むき出しの荒野を旅しているときに感じる、あのとてもプリミティブな自由はシステムの内側では絶対に経験できないものなのである。

地図なき山——日高山脈49日漂泊行　目次

地図なき山——日高山脈49日漂泊行

第一章　旅立ちの記

二〇一七年夏の記録　その一

1

その日も雨はやまなかった。鬱々とした心情を反映したかのように、窓の外には灰黒色ににごった雲がひろがり夏なのにうす暗い。

煮え切らない空を恨めしく見ては、今日もダメか……とため息をつく日がつづいた。

その頃の私はひとりで山に行くことが多く、晴天のつづきそうなタイミングで入山するのが常だった。だが、このときばかりはどうも天気との相性がよくなさそうだ。梅雨明けから晴れマークがならぶ予報を待っていたのに、それがやってこないまま、タイミングをつかみそこねて時間ばかりがすぎていく。

何日か芦別(あしべつ)の実家で出発を先延ばしにしていたが、気づくともう八月中旬になっていた。

渓流を登りながら山頂をめざす登山を沢登りという。登山はどんな登山であれ天気に大きく左右されるものだが、なかでも沢登りは水が相手なだけにそれが顕著だ。夏の晴れた日の沢登りは別格に愉快だが、雨の日のそれは逆に別格に不快である。水流に漬かっては唇を真っ青にし、下着のなかまでずぶ濡れになりながら、トカゲのように泥や藪のなかを這いまわり、ぶるぶる震えて濡れた薪に必死に火をおこす。大増水してゴーンゴンと濁流のなかを巨岩が転がる轟音を耳にしながら、河岸の野営地で不安なまま夜を明かすこともある。

近代アルピニズムの精神とは未知の困難を乗り越えることだが、雨中の沢登りで経験できるのは挑みがいのある困難ではなく、純然たる露骨な不快さそのものだ。だから雨の日は避けたい。とくに今回は絶対に避けたい。ただでさえ不確定要素が多すぎるのに、それに雨が加われば心が折れてしまいそうだ。

これからはじまる登山を思うと、どうしても私の気分はふさぎこみがちになった。どうしてこんなことを思いついてしまったのか、自分のことが恨めしい。無論、この憂鬱の真の原因は天気だけにあるのではない。むしろ、いったいこれからどのような登山がはじまるのか、自分でもまったく予想のつかないことがその正体だった。

今回ばかりは完全に未知といってよい。正真正銘の未知である。学生時代からもう二十年以上探検活動をつづけてきたが、完璧に未知の場所に足を踏み入れるのはこれがはじめてのことだ。

私はこれから北海道の日高山脈で登山をしようと思っている。しかし（私にとって）日高は完全に未知なので、何もわからない。ルートとなる沢がどのような性格なのか、いかに悪くて難しいのか、あるいはどれぐらいの流程があるのか、すべてが不明だ。どこでどう枝分かれし、なんという山に突きあげるのかもわからない。釣りで食料を現地調達するつもりだが、魚がいるかもわからないし、もっというとなんという名前の山があるのか、それすら知らないのだ。

はたしてこれを登山と呼んでいいのだろうか。それさえ疑問である。

普通の登山はまず地図を見て、山行計画を考えるところからはじまる。

地図から登山を創造する瞬間は、登山者だけにゆるされた至福の時間だ。地図は登山者の想像と欲望をかきたてて、山に登りたいという衝動を発動させる。本物の登山者であれば、沢の両岸についたゴルジュ（両岸の切りたった峡谷状の地形）マークや、大きな滝の秘められた等高線の狭まった地形を見ただけで、何か疼くような胸の高鳴りと少年のような衝動をおぼえるはずだ。沢と沢を無理なくつなぐ雄大なラインを見つけたときは、自然の深奥にはいりこむ秘密の回廊を見つけた気持ちになり、そのラインで登りたくて居ても立ってもいられなくなる。

　こんなところにいるわけにはいかない。いますぐそこに行きたい……。

　地図は山からの呼び声となり、不可思議で巨大な感情の高波を登山者の内面に引き起こす。その高波に乗ることではじめて、登山者は、ときに（というか八割方）苦しく不快になることがわかっていながら山の奥深くへと向かうことができるのである。

　その意味で、地図とはまぎれもなく登山を産み落とす大いなる母胎なのである。

　……でも今回はそれがない。

　私の内面に感情の高波は押しよせず、油面のように静かに凪いだまま、人生でもっとも得体の知れない山、完全に黒塗りで未来のまったく読めない山に登らなければならない。

　出発が近づけば近づくほど、山に向かうモチベーションがぐんぐん下がるのが自分でもわかった。パソコンで夕張山地や天塩山地など他の山域の地図を眺めていると、本気でそっちに転進したくなるから困りものだ。

　だが、そういうわけにもいかなかった。何かをやろうと思いついた以上、それを実行することによってのみ、私は固有な存在になることができる。それは私の人生哲学の第一テーゼだ。自分なりに、これまでの歩んできた道のりがあったからこそ、地図をもたずに日高に登るという思いつきは生まれた。この思いつきこそが私の生きた証だ。思いつかせたのが私の過去の歩みであるなら、それを実行することで私は自分の生き方に責任をとることができる。だから思いついた山にはかならず登らなければならない……。結局、出発の背中を押したのは形而上学的な意地だった。

理想的な天気はおとずれそうもないので、曇りや雨マークがつづくなか、出発の日を決めた。計画書にもならない計画書をつくり、それを鎌倉の自宅にいる妻にメールで送る。書いたのは〈静内からシュンベツ川を遡り、日高山脈主脈をめざす〉という一文と日程、あとは管轄する警察署の連絡先だけ。一分で書き終わる代物だった。

電話で妻に今回の登山の趣旨について、つまり地図をもたずに日高山脈を登ることについて、はじめて説明した。

妻は唖然として問い返した。

「そんなことして、大丈夫なの？」

「まあ……最悪、登った沢をそのまま下りれば静内にもどるわけだから、迷うことはないと思う」

「なんでそんなことするの？」

「地図をもたずに登山をしたら、山がどんなふうに見えるのか知りたいんだよ」

「……いつもの登山とおなじことをやるのかと思っていた。そんな話を聞いたら急に心配になるよ。もし下りてこなかったら、警察には何て言ったらいいの？」

「シュンベツ川のどこかに入ったって伝えておいて」

会話はめずらしくしんみりしたものとなった。

*

芦別の実家を出て、札幌でバスを乗り換え、高速道路を静内にむかった。

雨は止んだが、あいかわらず上空の雲は重く、里のほうまで下りてモノトニアスな風景を現出させている。静内が近づいたら雄大な日高山脈の山並みが見えて武者震いをおこす。そしてとても大きくて格好いいピークが見えて、よしあの山を目指そう、と未知の世界のなかにも基準点となる目標がすえられる。それにより地図なし登山特有の黒塗りの不安がわずかに希釈される。そういう予定だった。

だが残念ながら風景は雲に閉ざされ、山々を覆い隠している。どこに山脈があるのかすらよくわからない、それぐらい雲はあつい。あいかわらずすべてが闇のベールに覆われた、不確定要素しかない世界へ、バスはひた走った。

昼過ぎに静内の町に到着した。静内の町に来るのははじめてだったが、国道沿いに大きなショッピングセンターやファーストフードのチェーン店が多く、交通量も多い。実家のある芦別などより、よほど活気のある町だ。ただし駅前は閑散としておりコンビニも見当たらない。静内駅のあるJR日高本線は二年前に発生した高波で被災したせいで、鵡川以南の路線が運休となっているらしい（その後、路線が復旧することなく二〇二一年に苫小牧・鵡川間を除いて廃止となったという）。駅舎は駅としては機能しておらず、そば屋が併設された観光案内所のような施設になっている。

食料は芦別のスーパーであらかじめ用意しておいたので、静内でやることは昼飯を食うことだけだった。駅のそば屋でえび天そばとおにぎりを食べて腹ごしらえし、タクシー会社に電話した。入山口である双川橋(ふたかわばし)なる橋梁までの料金を聞くと、五千円から六千円ほどかかるという。思ったより高額で迷ったが、歩いたら何時間かかるかわからないので乗ることにした。

十分ほどで車がやってきた。後ろのドアが開き、ザックをトランクに乗せて運転手に「双川橋まで」と無愛想に告げる。

「どこですかそれ?」

「静内川沿いの道をずっと山のほうに行くとあると思うんですがね」

運転手はそれからまったく口を開かなかった。

窓の外にはサラブレッドの牧場が現れては消えてゆく。それを見てこのあたりが競走馬の生産地なのだと知った。そういえば池澤夏樹の小説にこのへんで牧場を開いた男の話があったな、と思い出しながら外の景色をながめていた。

町の中はまだ曇り空だったが、山が近づくと雲はみるみる厚くなり、不穏感を醸し出した。やがて激しい強雨が車の窓をバチバチとたたく。ゲリラ豪雨というほどではないが、夕立というにはやや強い。山中で雨に降られるのも嫌だが、入山日と下山日に雨に降られるのも同じぐらい嫌なものだ。壊れそうなほど全開で動くワイパーを見ながら、げんなりしているうちに、車は出発地点の双川橋に到着した。料金を支払うと、無愛想な運転手は怪訝そうな顔のまま受け取り、車をUターンさせて町に走り去った。

双川橋に着くころには小雨となり、やがてあがった。上半身だけ合羽を着て、まずは周囲を探索する。

橋の下にはシュンベツ川が流れていた。

シュンベツ川はこの橋のすぐ下流で本流たる静内川と合流し、そこから約二十キロ先の静内の町で河口となって海にそそぐ。

橋から上流をながめると、川は蛇行して鬱蒼とした森の絨毯に消えていた。その先も蛇行河川がしばらくつづくのだろうが、地図がないのでよくわからない。一方、下流のほうには、家族連れだろうか、河原に車が何台か止まりテントが何張りか見えた。おかげで、どうやらここはまだ自然の奥深くではなく、街場にちかいエリアらしい、という重要な事実を確認することができた。日高山脈について何も情報がないので、どこまでが人臭い下界で、どこからが無垢な山岳エリアとなるのか、それすら想像の範囲を超えているのである。

あらためて上流のほうに視線をもどすと、河床は広く、岸には砂利の河原がひろがっている。川の規模自体は大きいが、水量はそれと不釣り合いなほど少ない。上流にダムでもあるのか……と気になることばかりだった。

2

地図のない世界とはどのようなものか。

この登山の最初の直接的きっかけとなったのは、二〇一一年、私にとってはじめての北極探検だったように思う。

　このときの旅のテーマはフランクリン隊の足跡をたどる、というものだった。

　フランクリン隊とは十九世紀中頃、アジアと欧州をむすぶ幻の北西航路を発見しようとして全滅した英国の探検隊である。二隻の軍艦でカナダ北極圏の多島海にはいりこんだ彼らは、キングウイリアム島という、長野県ほどの面積がある島の沿岸で氷にかこまれ操船不能となった。隊長のジョン・フランクリンは死亡し（死因は謎である）、強大な氷の圧力をうけて船は沈没した。徒歩による脱出を余儀なくされた隊員たちは、キングウイリアム島の周辺で一人また一人と斃（たお）れてゆき、結局、百二十九人の隊員のうち誰一人として文明世界にもどることはなかった。北極探検史上、もっとも壮絶でミステリアスな遭難劇である。

　全員死んでしまったわけだから、詳しい経緯は不明だ。結果、彼らの遭難には様々な謎やミステリーがつきまとい、極地の虚無的かつ神話的な世界像を象徴するものとなった。フランクリン隊の謎に魅せられた私は、彼らがたどったルートを自分の足で歩き、その風景を見てみたいと考えた。そして友人の北極冒険家を誘い、極北カナダの凍てつく氷原を重たい橇を引きながら来る日も来る日も歩きつづけたのだった。

　遭難現場であるキングウイリアム島に上陸したのは、旅を開始して四十五日ほどがたった頃だった。

　島の北端の岬には、夏に氷の解けた海を航行する船への表示板がたっていた。海から陸に上陸し、岸と海の区別がつかないほどのっぺりとした雪原を、われわれは南に進んだ。地面には風で固くなった雪がはりつき、大地から剝離した脆（もろ）そうな岩石がちらばっている。隊長であるフランクリンの墓はいまだに発見されていないが、イヌイットの口承のなかには、島の一角に平たい岩でつくられた高貴な人の墓があるという伝説がのこっている。そのことを思い出し、もしかしたら彼の墓は案外この近くにあるのかもしれないな、と考えながら、私は疲労で鉛の塊のようになった足をのそのそ動かし、その日のうちにビクトリーポイントとよばれる岬にたどりついた。

フランクリン隊の軍艦が沈没したのはこの岬の沖合だ。追いつめられた隊員たちは船を捨て、生き残りをかけてこの岬に上陸し、最後の行進をはじめたという。伝説的な岬に立ち、船が沈んだ地点をながめながら、私は、フランクリン隊の男たちが見た風景をいま自分も見ているのだ、という事実を噛みしめようとした。

思いもよらぬ感慨にうたれたのはそのときだった。二カ月近くも重たい橇をひきつづけ、ようやくフランクリン隊が死亡した現場に来たのに、その風景と共振することができない自分自身を、私は発見したのである。

私が感じたのは、フランクリン隊の男たちが見た風景と、いま自分が見ている風景はちがう、という何か決定的ともいえる断絶だった。

外的な面だけみれば、私は彼らと同じ風景を見ていた……といえる。彼らが欧米の探検家としてはじめて見つけた海峡を私も踏破し、彼らが船を捨てて島に上陸した地点にも足をはこんだ。彼らが極限的な飢えから生還するために仲間の死肉を食いあさったとされる湾にも立ちよった。そこで見たのはべったりとひろがる白い海氷、海流の圧力で隆起した氷丘脈や乱氷、やむことなく吹きつける風にたたかれて固くしまった雪、それに地表にころがる乳白色の岩などだった。それらは、完全にではないが、彼らが見たのとほぼ変わらない風景の構成要素であった。客観的にはまったく同じものを見たといってもいい。しかし内実をみると、そこには大きな相違があったといわざるをえなかった。

何がちがったのか。決定的だったのは私が地図をもっていたことである。

当然のことながらこのとき私は地図を見ながら旅をしていた。衛星画像をもとにした五十万分の一の航空用地図である。等高線はわずか百五十メートルに一本のみで、十メートルごとに等高線のはいった日本の二万五千分の一地形図とくらべたら概念図レベルの大雑把なものではあった。だが、それでも地図は地図だ。どこに何があるか、この先どうなっているのかだいたい予測がついて進路を決定できる。

しかしフランクリン隊はその程度の地図さえもっていなかった。彼らにあったのは、過去の遠征隊が探検した領域までは海岸線が描かれているが、その先は真っ白に塗りつぶされて何がどうなっているのかさっぱりわからない、そういう地図だ。そして彼らは現実に、その、何がどうなっているのかさっぱりわからない領域に入りこみ、彷徨(さまよ)い、飢え、そのど真ん中で全滅したわけだ。

地図の空白部を明らかにするのが当時の探検隊の任務だったので、フランクリン隊に地図がなかったのはあたり前といえばあたり前だ。しかし実際に彼らと同じ風景のなかを旅した身としては、彼らが見ていた世界を、あたり前のひと言で片づけることはむずかしかった。

彼らが入りこんだのは、巨大な島や海路が錯綜した、きわめて複雑な広がりをもつ多島海だった。いわば地球レベルでひろがる巨大迷路である。地図がない以上、目の前の海路を進んでも、その先でどこに出るのか事前には予測できない。

まちがっていたら分岐点までもどってやりなおせばいい、という簡単な話ではない。当時はいまより寒冷な時代で、夏でも潮流や風向次第で巨大な浮き氷にとりかこまれ、氷圧で船が破壊される危険がつねにあった。海路をあやまれば行き止まりになり、右往左往しているうちに氷にかこまれもどれなくなるかもしれない。そうなった場合、人間界から何千キロも隔絶した極寒の地でまちうけるのは予定外の越冬であり、そのようにして難破したり遭難したりした探検家はゴロゴロいる。

実際、フランクリン隊が遭難した直接の原因は、本来ならキングウイリアム島の東の海峡を行かなければならないのに、西の海峡を進んだためだった。西を選んだのは彼らが無能だったからというより、まだ地図がなくて東が正解だと知らなかったからだ。東回りが正解であることを実証したのは、フランクリン隊の約六十年後に世界ではじめて北西航路完全横断を成功させたノルウェーのアムンセン隊である。

彼らは多年氷が激しく流れこむ危険な海域にはいりこみ、氷に閉じこめられ遭難した。つまりフランクリン隊とは地図の無い状態で地球レベルの迷路に挑戦し、行き倒れた悲運な探検隊だったといえる。

たしかに私は彼らとおなじ地点にたち、おなじ場所からおなじ風景をながめていた。しかし私が見ている風景は、彼らが見ていたそれとは確実にちがう。たとえ客観的構成要素は同じでも、主観的な現象としては断絶がある。

フランクリン隊の男たちは、この風景をどのような目でながめていたのだろう。五十万分の一とはいえ正確な地図をもっており、集落がどこにあって、その先の地形がわかっていた私には、彼らの内面にのしかかった、確実に生死にかかわっていたであろうその切実さを理解できなかったのである。

このとき以来、〈地図のある／なし〉にたいする私のとらえ方は一変した。それまで私は、未踏の地に自分も足をふみいれたいという純然たる地理的空白部へのあこがれから、〈地図のある／なし〉問題をとらえていた。だが、このフランクリン隊追跡行以降、地図の空白部を旅した人間はいったいどのような世界に身をおくのか、というある種の実存的観点でこれをとらえるようになった。

人間が生き物である以上、自然環境のすべての事物事象を知覚できるわけではない。マダニが酪酸(らくさん)と動物の体温だけを感知して生きているのとおなじように、人間が知覚できる情報にもおのずと制約がある。私たちにはマダニが知る酪酸の臭いや、コウモリが感知する超音波の振動は永久にわからない。マダニやコウモリ同様、人間もまた知覚の制約にしばられながら、制約下での関係をつうじて自己を自然環境のなかに定位し、物理的な自然環境をそれぞれに固有の世界という実存的な現象の場に変質させて、そのなかで生きている。

では、世界とはいったい何なのだろうか。世界が物理的環境ではなく主観的な現象の場であるなら、個々人の経験のちがいによってその見え方は当然変化するだろう。だとするなら、世界とはいま私が見ている風景そのものだといえるのではないか？

風景の深度は、世界をとらえる目によって変化する。私にはフランクリン隊の風景が見えなかった。自分の目が彼らの目に追いついていなかったことに、私は虚しさというか、ある種の疎外をかかえた。風景をめぐる私と彼らとの距離。埋めようのない距離……。

おそらくあのとき、私は、自分が見ている風景はフランクリン隊の風景より浅い、と感じたのだ。いいかえれば、フランクリン隊が経験した北極世界は私が身を置く北極世界より深く、広がりがあった。でも、どうして彼らのほうが深遠だったのだろう？

それはおそらく、私よりフランクリン隊のほうが、その場の自然に、つまりキングウイリアム島の氷原という地理的な条件に全存在がからめとられていたからだ。

ときが流れ、旅のことを振りかえるうちに、私はそう考えるようになった。

北極という場の本質が〈人間界から隔絶した厳しくも無垢な自然〉であるなら、生還のために絶望的な行進を開始した彼らの決断のなかに、その北極が北極たる本質がまぎれもなく体現していただろう。彼らのほうが、私より、北極の泥沼に足を引きずりこまれていた。それにくらべたら、地図ばかりかＧＰＳや衛星電話などのテクノロジーで武装した私の旅は北極の表層をなぞったにすぎない。

彼らは北極の深層を旅していた。彼らの旅のほうが私の旅より北極の北極性を体現していた。そして彼らにそのような深度をもたらしたものこそ地図がないことだったはずである。地図がなく、未来から切り離されている状況により、彼らは目の前の風景に、北極の大地にとけあってしまいそうなほど切実に組みこまれていた。

フランクリン隊の旅で感じたこうした実存不全を、私はずっと考えつづけてきた。いまもそれを考えている。のちに私は極夜の探検や狩猟による犬橇漂泊などを実行するようになるが、そうした行動の原点はフランクリン隊の旅でかかえた、この距離の問題があった。

風景とのあいだで感じたあの距離はいったい何だったのか。どうしたら風景との距離を消失させ、自己と世界を一致させることができるのか。

風景の深度の差は、自己と世界との距離によって生まれる。フランクリン隊が経験した自他が融合するほどの風景の深度を獲得するには、この距離を消滅させなければならない。風景との距離を縮め、大地とすこしでも調和できたとき、私の実存の容器のなかの空隙はすこし埋まるだろう。そのためにもっとも簡単な方法は地図をもたないことである。

私のなかで〈地図なし登山〉が、いつかやらなければならない、逃れられない行為のひとつとなったのはこうした北極での経験があった。

3

それなりに気合いを入れた山行だったので、ザックには二週間分の食料をつめこんできた。

ともかく入山口と決めていた双川橋までは来た。私はこのシュンベツ川という川を遡り、日高山脈の主脈にわけいるつもりなのだが、事前に調べたのは、このシュンベツ川が静内川に合流する、この場所までだ。だからそこから先は完全に未知の世界である。

双川橋の上からコンパスで川の向きを調べ、ノートに地図を描きこんだ。地図なし登山は一回かぎりのものではなく、何年もかける予定だ。だから今回作成した地図は次回の参考になる。踏査し、地図を作り、翌年は行動範囲を広げ、何年もかけて未知の山域を既知の場所にぬりかえてゆく。そういうつもりなので、時間がかかってもいいからなるべく正確な地図を作ることが重要だと考えていた。ただ地図といっても沢の長さや方向を線で表し、あとは特徴的な地形を記した簡易的なものだ。沢登りの世界ではこの簡易地図を遡行図とよぶ。

橋から見たかぎり、地形的にはしばらく先まで大きな淵（ふち）やゴルジュといった悪場（わるば）はあらわれそうになかった。それから周囲を少し歩くと、川の左岸（上流から見て左側）に林道が延びていることに気づいた。

林道の存在は私を悩ませた。

林道とは、いわば自然界と人間界の境界線にある、じつに便利で困った人工物である。このとき私は、河原を歩いて上流にむかうか、林道をたどるかという、悩ましい選択肢をつきつけられたわけである。

少し考え、ひとまず河原をゆくことにした。林道を歩いたほうが楽にはちがいないが、地図がないので林道がどこにむかうのか予想できないからだ。

常識的に考えたらシュンベツ川沿いにつづくと思うが、意外と尾根を乗越して隣の水系に出る可能性もゼロではない。ダムの維持管理用の道路なら沢沿いにつづくが、山奥の林班（りんぱん）につづく林業用の道路はどこに向かうかわからない。道をたどったところで川から離れてしまえば、行き先がわからず結局引きかえすことになりかねない。そうなると無駄なだけだ。

私には人間の臭いのしない原始の自然を旅したいという止みがたき願望があり、今回もそれを実現するために来た側面がある。原始の自然をもとめるのは、自分の力だけで生きるという経験を旅に求めているからだろう。日高を選んだのも原始性が強いという先入観があったからだし、地図なし登山自体、自力性以外の余計な助力を排除して山とダイレクトにつながることが目的だ。林道を歩いても仕方がないので、基本方針として林道は無視することにした。

双川橋の横の道をおりて、シュンベツ川の河原を歩きはじめた。

それからしばらくは、ただの河原歩きがつづいた。水は澄んでいるが水量が少なすぎて、本当にここが私が登らなければならないシュンベツ川なのか疑問をおぼえる。川は左右に大きく湾曲しながら北東方向にのびていた。やっていることは小学生でもできる単なる河原歩きであるが、川の向きがかわるたびにコンパスで角度をはかり、方眼紙に鉛筆で地図を描かなければならず、時間がかかる。

出発から小一時間ほどで小さな堰堤（えんてい）があらわれた。左岸側に丸太が三本梯子状にたてかけられている。梯子状丸太から堰堤を越えると、堆積土砂でだだっ広い河原となった。そして川は左にカーブし、その先の山間に小さな三角形のピークが見えた。

思わず、おお、なんとピラミダルな山容だ……とわれながら不自然なほど大袈裟に反応した。そして、つぎにここに来たときは、この山は私に現在地をしらせる地標として機能するにちがいない……と貧弱な山容とはおよそ不釣り合いな感慨にうたれた。地図がないと、普段だと見過ごすにちがいない地形にも過敏になるようだ。まだこの種の行為に慣れておらず気負いがあるだけかもしれないが……。

気負っていたのは、当時の私が〈命名〉という行為につよい関心をもっていたからである。命名とは世界をつくりあげることにほかならない。たとえば山というものを考えたとき、どこから先が山で、どこまでが下界なのか、じつはよくわからない。山と麓を分けへだてる境界線が自然界にあり、〈ここから先が山です〉と書かれた看板がたっているわけではないからだ。下界である平場から歩きはじめて、徐々に道が登り坂となってゆき、高度をあげて、人家が消えて、いつのまにか山の領域にはいっている、それが山というものの実態であり、山に登れば誰でも気づくことだ。このように純粋な自然界においては山と麓の境目は厳密に区別できないのであるが、それにもかかわらず、山が山として同定されるのは、名があたえられることでほかのものと分節されるからである。

名をあたえること、それは、本来であればそこに無かったはずのものに磁場が発生し、モノとして結晶化し、この世界に存在物としてあらしめられる、ということである。

もし〈山〉という言葉がなかったとする。言葉が存在しないわけだから、山はただの地形的なでっぱりにすぎず、それを見ても、何となく「盛りあがっているなぁ」ぐらいのことは感じるかもしれないが、山という概念で認識することはない。山との認識がないわけだから、〈山〉という言葉をもたない人の世界において、山は居場所がない。言葉があたえられることで、この地形のでっぱりははじめて〈山〉という存在物として結晶化し、その人の世界で山として機能しはじめる。命名はのっぺりとした自然環境が世界としてたちあがる根源的行為である。

翻って考えてみるに、私は四十年以上生きてきたにもかかわらず、周辺の自然環境に名をあたえ、世界をたちあがらせるという経験をしたことがなかった。神ではないので当たり前といえば当たり前ではある。でも、今回ついにその機会がおとずれたのかもしれない。なぜなら地図のない世界を歩く旅は、同時に、行く先々で出会う様々な自然物に名をあたえる旅となるにちがいないからである。私はこれから目についたピークや谷や岩のひとつひとつに名前をあたえ、世界を分節してゆきカオスをコスモスに構造化してゆくだろう。

その意味でこの登山は太古の人たちがおこなっていた原始探検に近い旅になるはずだ。

地球上のどんな場所であれ、たとえそこが今ではタワマンやショッピングモールが建ちならぶ人工的都市空間になっていたとしても、人間が暮らしているかぎり、何万年か前に最初にそこにやってきた人類がかならずいた。人の手のふれていない正真正銘の荒野に足を踏みだし、目印になるような顕著な自然物を見つけたとき、彼らはどんな気持ちになったのだろう。

たとえば富士山というものがいつの時代から今のような立派な円錐形をしているのか、私はよく知らないのであるが、かりに太古よりあの形状だったとして、列島にはじめて原日本人がやってきたときにそれを見たとする。するとその人物は驚きと感銘で魂がゆさぶられ、実存そのものが風景にからめとられる、という経験をしたにちがいない。そのとき、原日本人は山を聖地に祀り上げ、富士山と命名し、山は霊峰となるだろう。純粋に未知な世界を旅するときに起きるにちがいない自然物とのこのような強烈な出会いが、この地図なし登山でもあるかもしれない。

堰堤の先で見かけた、とるにたらない三角形の小ピークに反応したのは、こうした期待があったからだった。私はこの三角形のピークに最初の命名をほどこした。名づけて〈三角山〉。われながら驚くほど平凡な名であるが、現実にその程度の山なので仕方がない。実際その先でおなじような三角形のピークがつぎつぎにあらわれ、三角山はみるみる増殖していった。このときは知らなかったが、じつは日高山脈には三角形の山がやたらと多いのである。

岸に大きな河原がひろがった。河原と草叢（くさむら）のきわをキタキツネが下流にむけて走り去る。まもなく三角山からの支流が一対三の割合で流入し、その先で四、五メートルの大岩が河原に転がっていた。〈関門岩〉だ。関門岩の右岸にひろがる笹原の居心地がよさそうだったので、この日はそこを野営地とした。

ヤチダモの幹にロープをわたしてタープを張り、湿った薪で焚き火をおこす。森閑とした森に川のせせらぎが聞こえ、時折、鹿の鳴き声が響く。ただ、右岸の斜面から時々車のエンジン音が鳴りひびき、森の静寂をうちやぶるのが癪にさわる。少し先には電線もちらほら見える。林道がつづいているだけではなく、まだ車もそこそこ走るようだ。未知の原野にわけいり神のように大地に命名したところで、実態は家族連れがキャンプにおとずれるファミリーエリアなのかもしれない。

釣りはしなかったため夕食は白米を炊き、乾物をいれて味噌汁を作った。夜は雨となった。

4

雨は一晩中つづき、六時すぎに止んだ。

焚き火の煙にまかれて朝食の準備をしていると河原に二人のフライフィッシャーの姿が見えた。こんにちは、と草叢越しに声をかけると、二人は、わっ！　と驚き、会釈をして上流に消えた。おそらく一般人が野営するような場所ではないのだろう。不気味な印象をあたえてしまったかもしれない。

朝食のラーメンを食べていると、別の釣り師がまた一人、上流に歩いていく。〝原始の荒野〟で人間と会うのは興醒めだが、釣り師が来るということは魚が釣れるということだから、その意味では喜ばしい。

出発前は山のなかでほかの人類に会うことは想定していなかった。日高の原始性を過大評価していたのかもしれない。人と会って話をしたら情報が手に入るだろう。地図なし登山は情報なしの山を経験するのが目的だから、原則論としては人から情報をもらうこともご法度にすべきなのかもしれない。でも現実に山で人と会ったら立ち話したくなるし、無言ですれちがえば悪い心証をあたえるだろう。どうするか今後の方針を決めかねるうちになんとなく出発した。

野営地を撤収して上流に歩きはじめると、さきほどの二人組がもどってきた。とりあえず魚の情報ぐらいならバチは当たらないだろうと話しかける。

「どうも。この川、魚はいます？」

「いますよ。この先のダムでニジマスとアメマスが一匹ずつ釣れましたけど……。でも水が随分少ないですねぇ」

「少ないですよね。ぼくはちょっと上のほうまで行こうと思っているんですけどね……。ここはよく来るんですか？」

「二回目ですけどね。前より水が少なくて半分ぐらいしかない」

どうも私のことを不審がっている様子である。上流まで行こうという人間が、なぜ車で林道をゆくのではなく川べりを歩いているのか、そしてこんな笹原で焚き火の煙にまかれて泊まっているのか、どう考えても不自然である。立場が逆だったら私だっておかしいと思う。

あまり長く会話をしてこれ以上、困らせるのも本意ではないので、適当なところで切りあげた。

なんか滑稽だな……そう思わずにいられなかった。

滑稽さの一番の原因は地図をもたないことだ。地図をもっていないから、林道のあるアプローチ段階の下界エリアで仙人みたいな動きをしなくてはならないのだし、動きが普通の登山者や釣り人の動きとずれているからどうしても不自然になる。

地図を放棄することによる脱システム。そこから見えてくる何か。その何かは現代システムの内側にいては絶対に見えてこない何かであるはずだ。私はそれを見たい。それが今回の登山のひとつの理念だが、しかし現実として私がやっているのは、地図のある場所でおこなう地図なし登山である。システムのなかで脱システムするのは、行為のあり方としては、やはりちょっと歪んでいるということだろうか……。

以前から感じていたことではあるが、あるものをわざわざ使わないことは、それ自体がどこか滑稽だ。北極で長く旅行をするときはなるべく先端テクノロジーを使わないようにしている。GPSは御法度だし、衛星電話も家族とどうしても連絡をとらなければならない場合をのぞき用いない。テクノロジーにたよると冒険の本質的な条件である自力性がそこなわれるし、機器が介在することで私と北極とのあいだに距離が生じ、土地との直接的なつながりがうすれる感じがするからである。

しかし理由がなんであれ、現実にある技術を使わないという縛りを自らに課すのは、やはりどこか変なところがある。

テクノロジーとはGPSや衛星電話のような電気で動く先端技術のことだけをさすのではない。地図だって立派なテクノロジーだ。しかも人類と地図の関係は先端テクノロジーなんかよりずっと古い。関係があまりに古いせいで地図的な見方は人類の思考回路に完全にしみこんでいる。

GPSや衛星電話のような先端機器に抵抗感をもつのは、一般的にも何となく理解してもらえるのではないかと思う。実際おなじような考えでスマホをもたずに山に登る人は少なからずいるはずだ（と思う）。でも、地図をもたないというのは聞いたことがない。それだけ地図というテクノロジーはわれわれの思考と行動に深く食いこんでいる。そしてそれに比例して地図なし登山の滑稽さは大きくなる。

とはいえ制限を課して行動にしばりをかけないと、事象の真髄に到達できないことも事実だ。あるいは、現代とは事象の真髄に到達しようとこころみること自体が滑稽になった時代といえるのかもしれない。

ともかく滑稽ではあるが先に進む。

二人組とわかれるとすぐに彼らが話していた砂防ダムがあらわれた。

ダムがあるところには施設管理用の道路がある。案の定、右岸にあった林道がふたたびダムの横にあらわれた。林道にあがって百メートルほど歩き、獣道をたどってまた河原におりた。その後は単調な河原歩きがつづいた。流れに変化はなく魚影も見えない。ただ林道がまた見えなくなったことで、雰囲気としては山深くなってきた。鹿の足跡が河原の砂地に増えたことも深山的雰囲気を後押しする。いい感じになってきたぞ、と思いながら河原をゆくと、今度は山間のむこうに高圧線が見えてきた。

高圧線があるということは近くに発電ダムがあるのだろう。そんなことを考えながら歩いていると、思ったとおり取水ダムがあらわれた。林道を少し使ってこのダムを越える。ダムの脇に立つ〈水利使用標識〉を見ると毎秒三十二立方メートルが取水されているらしい。ダムの先で林道から川に下りると水量が二倍ぐらいに増えた。

取水ダムの後にあらわれたのは、高さ十五メートルほどある、かなり大きめの砂防堰堤だった。川幅いっぱいにコンクリートの壁が立ちふさがり、横に梯子でもついていないかぎり登れない。そこそこ厄介な障害物である。さきほどの取水ダムとちがって高さがあるので、一見してちょっと面倒な高巻き（脇の藪斜面から悪場を迂回して越えること）を強いられそうだった。ロープを使う可能性があるため、一応ハーネスを身につけ、脇のルンゼ（岩溝）を攀じ登ってゆくと、四十メートルほど登ったところでまた林道があらわれた。

林道をすこし歩いて川にもどると、ふたたび単調な河原歩きとなった。ユンボが二台、脇の林道に止まっている。崩落箇所の復旧工事だろうが、お盆休みなのか作業員の姿は見えない。自分でもよくわからないのだが、ほかの人類と出会わなかったことに奇妙なほどホッとしている自分がいる。よかった、見つからなかった、なぜかそう思った。

その先の淵で魚影を見たので、はじめて釣り竿を出したが、魚は毛鉤に食いつかなかった。竿をしまって河原歩きをつづける。林道が見えなくなったので、ようやく構造物ともお別れかと思って安心したが、しばらく先でコンクリートの橋梁が川を横断していた。橋はそれほど古いものではなく作りもしっかりしており、林道も現役の道路として機能しているように見える。

また林道か……。いい加減、ゲンナリしてくる。ほかの人類と会うことはなくなったが、それからも滑稽さのなかでの行動はつづいた。それは本人は未知の原野を旅しているつもりなのに、それに反して文明の象徴たる巨大構造物がつぎつぎとあらわれる滑稽さだ。ダムやら林道やらが出てくると、原始人気取りで探検している自分の行為が馬鹿らしくなってくる。日高というと原始や秘境というイメージが強いが、これまでのところ全然そんな感じがしない。

水量がふたたび少なくなってきたことも気になった。今年の冬は雪が少なかったと聞くのでそのせいもあるだろうが、川の規模とくらべると明らかに少なすぎる。おそらく上流にまだダムがあり取水されているのだろう。

ただ、鹿だけはやたらと多く、この日だけでも十頭ぐらい見た。鉄砲があれば食料には事欠かない場所である。そのうち狩猟免許をとったらまた来よう……。そんなことを考えながら河原を歩くうちに大きな流れが右から入りこんできた。ついに川の分岐があらわれたのだ。

川の分岐は今回の登山の大きなターニングポイントになりうる。分岐をどちらに進むかで、この登山のなりゆきは大きくわかれるはずだ。できれば最後は日高山脈の主稜線まで行き、大きなピークに登りたいというのがこの登山の漠然とした目標なのだが、選んだ川次第では前衛の山や、主稜線ではなく支尾根の小さなピークに出て終わり、という寂しい結末も十分考えられる。シュンベツ川はこの先で幾筋もの流れに分かれ、そのたびに私は立ち止まり判断に迷うはずだが、ここでその最初の選択を迫られたわけだ。

基本的に一番大きな流れをゆけば主稜線にたどり着くと想定されるので、分岐では本流らしき流れを選ぶ。どちらが支流でどちらが本流かは、川の向きや主稜線のある方角、それに水量や川幅を見て判断する。この二俣の場合は、左の流れのほうが三対二ぐらいで水量が多かった。川の規模や向きを考慮しても、左が本流なのはまずまちがいない。

右の支流に橋がかかっており、そこを五頭の鹿が悲鳴をあげて森に消えた。今度の橋は半ば朽ちて鉄筋がむき出しだが、道は現役で使われているようで、河原の砂地に車の轍(わだち)がついていた。まだ原生自然環境ではなく、ＳＵＶに乗った家族連れがクーラーボックスにビールをつめこみキャンプをする場所なのかもしれない。

二俣をすぎ左の本流らしき流れを遡る。雨が降ってきたため、右岸の平らなところで野営とした。ザックをおろすと雨足が強まってきた。本格的な雨になる前に急いで薪をあつめ、タープの下で火をおこす。

タープの下でぼんやり火を眺めていると、時折、ゴゴゴゴー……という車のエンジン音が鳴りひびき、私の気持ちを滅入らせた。

5

三日目の朝は鹿の鳴き声で起こされた。消し炭を集めてライターで火をつけ、フーフーと息を吹きかけて熾火(おきび)を大きくする。いつものようにまずはコーヒーをわかし、ラーメンで朝食をとる。

食事はいつもの沢登りと同じでシンプルだ。朝はインスタントラーメンに乾物を少々、日中は休憩時に行動食をつまむ。行動食というのは調理せずに食せるもの、要するにお菓子やナッツの類だ。私の場合はカロリーメイトにナッツ、ドライフルーツ、カリントウに豆菓子、チーズ類といったあたりが定番で、夏場は梅ももってゆく。夜は白米を一合炊き、味噌汁と釣った岩魚(いわな)を塩焼きや刺身や素揚げにする。調理用の油と味噌や醬油など調味料は必須で、とくに塩は魚の保存用にも使うので多めに準備する。魚がないときの予備としてカレー粉を用意するときもある。あとはウイスキーの小瓶一本をかならず持ってゆく(だいたい二日目になくなる)。

雨は止んだが雲は厚く、すっきりしない天気のなか河原歩きをはじめた。昨日もすごかったが、相変わらず呆れるほど鹿が多く、十五分に一回ぐらいの割合で近くを走り去ってゆく。やがてコンクリートのブロックがあらわれ、左側の岸が擁壁となり、また林道か……とウンザリした。そしてその先に現れたものに思わず目を見張った。

カーブの先で突如姿をみせたのは、これまでで最大のダムだった。その迫力に思わず息をのむ。いい加減、人工構造物は姿を消したかと期待していたのに、まさかこんな大きなダムがまだ残されていたとは……（後に写真を確認するとそこまで大きなダムではなかったが、このときは本当に巨大ダムと感じた）。こんな大きなダム、どうやって越えようか……ときょろきょろ見上げていると堤体（ていたい）の右側に梯子と階段がかかっていた。

ダム堤のうえに登り、周囲を見わたすと、上流にはダム湖が満々と水を湛えていた。かなり大きな規模の湖が深い森の沈黙にしずみ、上空の雲は消え去り夏の陽射しが注いでいた。水不足で水を貯めこんでいるのか、下流部にはほとんど放流されていないし、発電用にかなり取水もされているようだ。これまで水量がやけに少なかったのは、ここで止められていたからだったのだ。

周囲を眺めわたすと、ダム湖の先で、ほぼ真北の方角にかなり水量のありそうな沢がそそいでいた。規模からして本流と思われたので、その沢をめざすことにし、作業用の巡視路らしき小径からダム湖の左岸の斜面を北にむかった。ダムのまわりは人工的な造成地になっていて笹藪がしばらくつづくが、その先で灌木まじりの面倒な藪漕ぎにかわった。岸辺の近くで藪をかき分けていると、そのうち行く手をダム湖にはばまれた。

ダム湖の北に流れこむ大きな沢は、そのときの私の場所からは左手奥の位置にあった。藪のなかを進むにつれ、ダム湖がY字型になっていることがわかってきた。つまり本流筋らしき沢がそそぐ北方面に湖の入江がのびているだけではなく、右奥にも別の大きな入江があるようなのだ。となると、目指す左奥の沢に行くには、この右奥の入江をぐるっと迂回しなければならず、相当な藪漕ぎをしいられることになる。

これは時間がかかりそうだ……。少々、憂鬱になって藪をかきわけてゆくと、意外なことに、この右の入江にも別の大きな沢が流入しているのが見えてきた。

堰堤から上流をながめたときは、左奥にある北の沢しか見えなかったが、実際には同じぐらいの規模の沢が、堰堤からは見えない東の方角から注いでいたのである。Y字型であるダム湖の両方の入江に大きな沢が流れこんでいるわけだ（地図①参照）。

さあ、困ったことになったぞ、と思った。

どちらの沢を選んだら主稜線に出られるか、正直さっぱりわからない。手前にある東の沢はかなり水量が多く、十分に本流候補の規模がある。一方、左手奥にある北の沢はまだやや距離があるため、どの程度の規模の沢か判断がつきかねる。東の沢より大きいかもしれないし、小さいかもしれない。

方角的にも微妙だった。主稜線は東の方角なので、右手の東の沢を選んだほうが無難だが、もしかしたらその先で南に向きをかえて変な尾根に突きあげるかもしれない。一方、北の沢をしばらく行くと、東に向きがかわって主稜線にむかう可能性も少なくない。

どちらを行くかは完全に賭けだったが、ここは躊躇なく右手の東側の沢を行くことにした。単に東の沢に出るほうが藪漕ぎが少なくて楽だったからだ。

一時間ほどで藪漕ぎを終え、東の沢に下りたった。照りつける陽射しで大量の汗をかいたので、まずは水を手ですくい喉を潤す。ダム湖の先もまだ測量用のピンクテープや吊り橋の残骸などの人工物が目についた。右岸には林道もしつこく走っているようだったが、上流にむかうとやがてそれらも姿を消した。

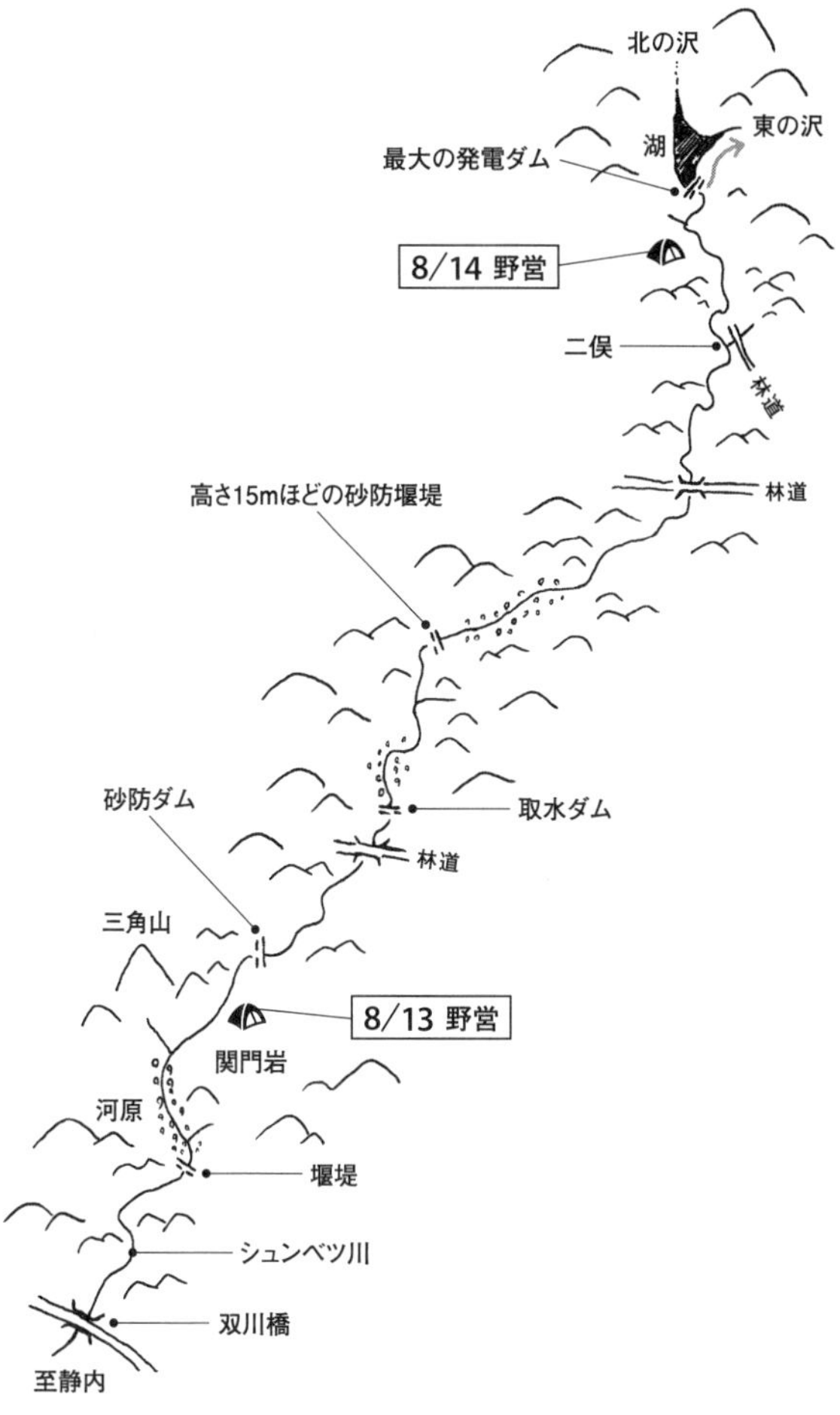

地図①　双川橋からダム湖
（著者の手書き地図を元に作成。以下同）

しばらく河原のなかを沢はうねうねと蛇行してのびていた。蛇行地帯をすぎると巨岩帯があらわれ、川は滝のような爆音をとどろかせて荒々しく飛沫をあげている。数羽の鴨が飛び去ったので、この巨岩帯を〈鴨の大岩〉と名づけた。鴨の大岩のあとは早瀬(はやせ)が多くなり、いよいよシュンベツ川は川というより沢という渓相に変化していった。

ようやく人間界を離れ、本格的な山岳の領域にはいったようだった。

第二章

漂泊論〜地図なし登山への道

1

フランクリン隊の旅で地図のない世界の風景に関心をもってから実際にこの地図なし登山に出るまで、六年の歳月が流れていた。

もちろん面倒くさくて六年も先延ばしにしていたわけではない。何か行動をおこすときは、ちょっとした引っかかりが、いつしか抜き差しならないものに成長し、無視できるものではなくなって、もうやるしかないと決断する、とこのようなプロセスをたどるわけだが、その熟成に六年の時間が必要だったということだ。

フランクリン隊の遭難現場で風景への違和感をかかえたとき、この違和感はたしかに感覚程度の些細なもので、即座に私をして「よし、地図をもたずに山に登ろう」と決断せしめるほどの爆発力はなかった。卵をのみこんでから発症するまで潜伏期間が六年ある寄生虫症みたいなもので、帰国後はときどき思い出す程度で、自覚症状はさほどなかった。

しかし、のみこんでしまった以上、卵は宿主の気づかぬうちに栄養を摂取し成長をつづける。今回の地図なし登山でいえば、違和感という卵が成虫になるまでの栄養源となったのは〈漂泊登山〉という一連の試みであった。

漂泊登山とはあまり聞き慣れない名前だと思うが、それもそのはずで、これを標榜・実践しているのは日本で私だけだと思われるからである。

三十代後半から四十にさしかかる頃、私は漂泊的に山を登りたいと考え、それを実行するようになった。結果としてそれがこの日高山脈地図なし登山につながったのである。

私がいうところの漂泊登山とは、読んで字のごとく山々を流浪する行為のことである。風に吹かれる柳の枝、高いところから低いところに流れ落ちる川の水のように、縷々(るる)、その時々の状況や展開に押し流されながら、山々をわたり歩く登山だ。目的地をこしらえず、綿密な計画もたてず、山々のなかに素っ裸で飛びこみ、おや、何だか居心地のよさそうな草叢があるから今日はこのへんで野営にするかとか、お、この沢には何だか岩魚がたくさんいるから今日は釣りに専念しようとか、そのときの天気や状況や気分で行動や行先を変更しながら、適当かついい加減なノリで、長期間にわたり山塊を自由気儘にわたり歩く山旅のことである。

では、なぜこのような仙人風の山旅を志向するようになったかといえば、それは近代登山というものにたいして、どこか窮屈さを感じるようになったからだった。

登山とは何かというと山に登ることである。山に登る以上は山頂をめざすのが当たり前のように思える。しかし自明とも思えるこの頂きをきわめるための登山は、基本的には近代という時代の所産なのである。信仰や狩猟のための山登りと区別した近代アルピニズムという言葉があることからも、それはわかる。

登山の近代的本質は、まさにこの頂上をめざすという行動形態そのものによくあらわれていると私は思う。

頂上をめざすとはどのようなことをいうのか。それは山頂というゴールに絶対的価値をおき、そのゴールにむかって効率的かつ合理的に進むことをいう。

このような直線的運動のなかにいると、人はゴール以外に価値を見つけることが難しくなる。意味があるのはゴールだけだ。この〈到達〉の価値観にもとづき実践されるのが、頂上をめざすスタイルの近代的な登山である。登頂できれば成功だし、できなければ敗退だ。敗退のときは、思わず自分の能力を疑ってしまうほどの悔しさをおぼえるのがこの登山の特徴である。

近代登山はいまでは万人に享受されており、誰もが頂上をめざして山に登るのが当たり前になった。無論、私も大学探検部で登山をおぼえて以来、ずっと頂上をめざす登山をたしなんできた。登山が好きだったし、未知の現場に足を踏み入れ、困難をのりこえ、頂上にたどりつくという自己実現と克己の精神が性にあっているとも思っていた。

でもその一方で、私には、頂上をめざすより、もっとどっぷり山に浸かるような旅的な登山をしたいという志向もあった。漂泊登山なるものを考えはじめたのも、登山がもつこのような行動原理、つまりゴールをめざして直線的にうごく近代的なものに、どこか煩わしさを感じはじめたからである。

そもそも近代以前の人たちが、いまの登山者のように、事前に決めた目的地にむかって効率的に無駄なく邁進する、というような思考や行動原理をもっていたかは、かなり疑わしいと思う。たとえばそれは、登山以前の主たる山の活動者だった狩猟者の動きを考えてみればわかる。

狩猟者は計画通りに行動するのではなく、現場で見つけた、あるいはたまたま見つかった獣の気配や痕跡にしたがい柔軟に動き方や針路を変える。そうしなければ獣を獲ることはできないからである。状況に応じて動きを変えるわけだから、その行動原理は直線的ではなく場当たり的、偶然的、つまり漂泊的だ。私には、このような場当たり的登山のほうが、近代登山よりどこか自由に感じられるところがあった。

漂泊登山をはじめた原点にはこの自由の問題があった。つまり真に自由な登山とはどのような登山なのかという問題意識と密接にかかわっていたのである。

近代登山はどこか不自由なところがある。山とは簡単にいえば下界の制約の外側であり、その意味で登山は本来自由なものであるはずだ。それなのに現代の登山は頂上にしばられるという制約下にある。

その不自由さ、窮屈さが端的にあらわれるものとして〈計画〉の問題があるだろう。

常識的には登山では綿密な計画をたてることがのぞましい。なぜなら山はとても危険なフィールドで、いい加減な調査や準備でとりつくと遭難し、死んでしまうかもしれないからである。これは困る。誰だって死にたくないし、家族も悲しむだろう。ということで情報収集を徹底し、しっかりと計画をねる。これが肝要なことである。

綿密な計画をたてることは登山では当たり前だし、実際に必要なことでもある。しかし計画というのは不思議なもので、ひとたび計画が作動すると、人間というのは生物学的にどうしてもそれにひきずられる傾向がある。なぜなら計画どおりいかないということは、現場での不確実性が増しているということであり、不確実性の増大はリスク要因の増大とおなじだからだ。人間は死を避けようとする生き物であるため、リスク要因の増大を本能的に嫌うのだろう。だから計画を立てると人はそれに固執し、しばられる。

登山で計画に縛られるとはつぎのようなことだ。

計画をたてるとき、沢登りの場合なら地図やネットの記録などを参考に、一日目の野営地はこの二俣で、つぎの日は十キロ先のこの地形のゆるんだところに泊まり、大雨で増水したときはこの支流をエスケープルートにつかう、などとかなり具体的に詳細をつめる。

しかし、沢登りは天気や水量次第というところがあり、実際に登りはじめると計画通りに進まないことが多い。多いのだが、計画通り進まないことは、先ほど書いたように不確定要素が増大しているということなので居心地が悪い。その状態で登山をつづけると楽しくもないので、たいていの場合は無理にでも計画を守ろうと頑張って行動する。そして予定した野営地までつくとホッとし、「いや〜よかったな」などとよろこびあう。

結果としてはそれでいいのだが、でもよく考えてみると、この行動にはちょっとおかしなところがある。登山というのは本来、目の前にある山そのものと対峙し、常時流転する状況に応じて動き、そうすることによって山そのものを体感するところに醍醐味があるはずなのに、これでは山ではなく計画にむきあって登っていることになるからだ。

計画を綿密にすればするほど登山はそれにしばられる。綿密な計画ほど完成度は高いので、それだけ外れたときの居心地の悪さは増大する。そしてあまりに計画通りにいかないと、場合によっては不確実性が増しているという理由で下山することになる。山ではなく計画にむきあうとは、こういうことだ。本来、登山というのは自由であるべきなのに、計画をたてることでその自由の一部がそこなわれるのである。

近代登山の煩わしさはそれだけではない。もうひとつ効率優先主義の問題もある。

いま述べたように、到達優先の近代登山では計画と情報収集が重要だ。結果、沢登りの場合だと、ふつうは遡行図とよばれる先人の記録を参考に登ることが多い。遡行図というのは、滝や淵、釜（滝壺にできる深いプール）といった悪場がどこにあり、その場合、直登できるかとか、高巻きするとしたら右からか左からか、といった情報が事細かにかかれた概念図のことである。この遡行図があるとないとでは登山の内容は大きくちがってくる。もし遡行図がなければ、悪場がどこにあるかは地形図をもとに推測するほかないが、遡行図があれば、前に登った人が正解を全部書いてくれているのだから、不確定要素はなくなり未知の不安から解放される。

だから安心だ。でも、安心なのだが、一方でこれはただのマニュアル登山である。

この登山のマニュアル化にも、さきほど述べた計画優先登山とおなじ弊害が生じる。つまり現場の状況をみて自分の頭で考え、そのときにのみあてはまる固有の解決策を見つけ出すという創造性、登山行為がもつこの崇高な価値がうしなわれるのだ。

共通するのは、〈ひな型〉をもとに行為をつくりあげようとしているところだ。計画という〈ひな型〉、あるいは遡行図という〈ひな型〉を土台に行為をつくりあげてゆけば、当然ながらいま目の前の状況から疎外される。〈ひな型〉から生まれる登山は自由な行為ではない。〈ひな型〉を当たり前に考えるシステムを飛び出さないと真の創造性は生まれない。したがって筋論からすると、遡行図を持たずに登るほうが登山として正しい。そうすることではじめて山を全身で、肉体的に感じとることができるだろう。

ところが現実には、ほとんどの登山者が遡行図片手に沢を登るわけだ。いま指摘した問題など皆十分にわかっていることなのだが、それでも遡行図のコピーを濡れないように後生大事にジッブロックにいれて雨具のポケットにしまわずにいられない。なぜなら、そのほうが効率よく、確実に完登できる見こみがたつからである。そして完登できたら、さしあたりの満足度は高い。登山は登頂が至高の目的なので、これを達成することにくらべたら、登山がマニュアル行為に堕し自由がそこなわれる、みたいな些細な完成度の問題などどうでもよくなるのである。

もちろん私も登山をはじめてから計画を立て、遡行図をポケットにしまい、山に登ってきた。しかし、経験をつみ、山登りの実力が蓄えられてくると、いつしかこうした諸々に不満をおぼえるようになった。

計画性や効率性がもたらす共通の問題は山への没入度、土地との融合度をへらすことである。そこにはフランクリン隊の旅で発見したときとおなじ〈距離〉の問題がある。

計画を優先すると、目の前の現実より、計画どおりにことを進めようという気分を生じさせ、山ではなく計画にむきあう結果となる。また、効率性を優先して遡行図を参考に登れば、現実に出現する滝や淵とむきあい創意工夫で越えるより、先人の指図どおりに登ったほうがまちがいがないという考え方にかたむく。

いずれにしてもその場の出来事や状況を切りすてる方向に力がはたらく。結果として、目の前の風景に没入できず、そのぶん山そのものと私の山登りとのあいだに〈距離〉がうまれる。この風景とのあいだに生じる〈距離〉こそが、現代社会におけるあらゆる虚無感の正体であり、登山にもそれが如実にあらわれているのである。

〈漂泊〉とは、こうした山とのもろもろの〈距離〉を殺すために私が採用した行動原理であった。計画し、目的地に〈到達〉することを行為の目的にするのではなく、ただ山々を流浪する。到達に意味がなくなれば、そのときどきの地形や天気や出来事に応じて動くことができるだろう。〈そのときどきの地形や天気や出来事〉とは要するに山そのものなので、それは山という存在に組みしたがうことにひとしい。それが本当にできれば、到達的計画行動においては不可避的に生じた世界と私との距離を殺し、私と山は調和することになる。

そのとき果たして何が見えてくるのか。

2

無論、漂泊、漂泊、漂泊とお題目を唱えるだけで実現できるのなら世話のない話である。理念は行動に移さないと何の価値もない。

漂泊という言葉には気儘でのんびりとした語感がただようが、自然の真っ只中で長期間彷徨うわけだから精神的な負荷はそれなりに高く、孤絶状況への耐性がもとめられる。それに状況変化に応じて動きを変える以上、どんな状況や環境にも対応できる経験と能力が前提となる。漂泊登山は実行にかなり高いハードルがある登山である。

その点、私の場合は学生時代から沢登りばかりしておりフィールドの経験は十分だったし、毎年極地で外部との連絡を絶ち、長期の単独行をつづけていたので孤絶への耐性も異様に高い。もっというとこのような特殊な経歴が、漂泊登山という独特の登山を思いつく母胎となった。毎年、北極圏で四十日も五十日も旅していると、一泊二日の週末山行はどうにも物足りず、やる気がしなくなっていたのだ。それに一日、二日の山登りに交通費を払うのはコスパ的にも馬鹿々々しい。

コスパ面だけでなく、期間は漂泊登山の非常に重要な要素であった。漂泊登山は現代登山において主流な、短時間かつ軽装備でスタイリッシュに目的の山頂まで駆け抜けるような登山とは対極にある。

スタイリッシュなやり方では真実の山とむきあえない。なぜならそうしたやり方はあまりに効率重視で、天気予報を見て晴れの確約されたコンディションのいい山に登って終わり、という結果になりかねないからである。それは山のいい面しか見ないやり方だ。マッチングアプリでアピールポイントだけ見ても相手の真実を理解できないのとおなじである。結婚なりなんなりして二十四時間たがいの面をつきあわせ、子育てなどの共同事業に参画し、自分の都合だけをつらぬくのではなく、相手の都合にあわせ、それぞれがそれぞれの存在に組みこまれ、自他の境界の不分明な時間のなかで生活しないと相手のことなど理解できない。

山もそれとおなじである。要するに漂泊登山とは山と結婚することだ。効率ではなく非効率、タイパではなく脱タイパ。だらだらのそのそ仙人風に山と同化する非スタイリッシュなやり方で、時間をかけて広大な面積を渉猟すれば、そのあいだに気象は変化し、山は荒れ狂う自然としての本性を曝け出す。山のいい面、悪い面、すべてとがっぷり四つに組みあうことで、はじめて新しい道がひらける。それこそが漂泊の本意であり、それをやるにはどうしても長期の日数が必要なのだった。

北極レベルとまではいわないが、二週間から三週間、場合によっては一カ月近くの山行をめざしたい。そう考えていた。

自分に不十分とおもわれる技術があるとすれば、それは釣りだった。

長期間、山に没入するためには食料の現地調達が不可欠だ。二十日分の食料をすべて背負うこともできなくはないが、それでは単なる計画的な行動で終わる。魚の有無も山という自然の重要な一部なのだから、それに依存したほうが山との同化をめざす漂泊の理念に近づくことができる。食料という生存に不可欠な要素を山ににぎられることで計画は無効となり、より根源的に山の深い部分に組みこまれるだろう。

それまでの登山でも釣りはやらなかったわけではなく、沢を登るときはザックに竿をしのばせていた。だが、当時の私の釣りは、一日に二、三匹岩魚を釣って夕食の足しにできればいいや、という消極的な補助手段にすぎなかった。餌釣りだったので仕掛けのセットが面倒で余裕がなければ竿も出さない。竿をしまったまま一日を終えることも多く、山の深層を相手にしているという感覚も皆無だった。

だが、ある出来事をきっかけに釣りというものを見直すようになった。きっかけとは、あやまって釣り竿を折ってしまったことだ。修理に出せば元にもどるが、仕掛けの面倒くささが性にあわないと感じていた私は、これを奇貨として餌釣りをやめてテンカラ釣りをためすことにした。そして渋谷の釣り具店でテンカラ竿や毛鉤など仕掛け一式を購入した。

ここまでえらそうな漂泊論をぶってきたが、実際に長期の漂泊登山を実行できると確信したのはテンカラをはじめてからだ。先行していた形式に内容がおいついたわけである。

梅雨入り前の晴天がつづく二〇一六年五月末に、私は新品のテンカラ竿をもって通い慣れた南アルプス深南部の山にむかった。大井川(おおいがわ)鐵道井川(いかわ)線にのって閑蔵(かんぞう)駅で下車し、関の沢川という流程の長い沢から山にはいった。漂泊的に山登りをしたかった私は、遡行図はもちろんのこと、山行記録にもいっさい目をとおさなかった。ただしこの登山の目的は漂泊よりむしろテンカラの技術習得で、河原に下り立つと、すぐに竿をふる練習をはじめた。

テンカラは竿の穂先に糸をつけ、先端に毛鉤をくっつけただけのシンプルな伝統釣法だ。技術もシンプルで、竿を振って毛鉤を遠くに飛ばすことができればひとまず事足りる。ただし何でもそうだがシンプルさは奥深さにつながる。最低限のことはすぐにできても、その先に達するには修練が必要だ。

狙ったポイントに毛鉤をうてるようになるには、とにかく回数をこなさなければならない。このときは三十分ほど竿をふって毛鉤が前に飛ぶようになったら、あとは実践あるのみということで遡行をはじめた。

沢登りの経験は二十年ほどあるが、遡行図も山行記録も見ずに地図だけで沢にはいったのはこのときがはじめてだった。そのせいで、この山行はこれまで感じたことのない驚きと感動に満ちていた。

関の沢川はとくに難しい滝やゴルジュがあるわけではない。それでも所々、うす暗い森の中に釜や小さな滝があらわれ、時期的に水が冷たくて沢通しには突破できない。五万分の一地形図だけでは、滝や釜の先に何がひそんでいるかは予想がつかず、安易に飛びこむと低体温症になるおそれがある。カーブの先は闇、という世界は、広大に開けた極地のような単調で厳格な一神教的世界とは対照的だ。見えないもの、不明なものに取り囲まれているのは、不安であるのと同時に不可思議な多神教的包容を感じさせる。

関の沢川には魚影はほとんどなく、支流が滝となって落ちこむポイントで小さなアマゴが一匹釣れただけだった。三日目に関の沢川を登りつめ、稜線の踏み跡をたどって南アルプス深南部の秘峰とよばれる大無間山を越えた。山菜を集めながら稜線の途中で一泊し、支流の沢をくだって名渓として知られる信濃俣河内におりたった。釣果があがったのは信濃俣河内からだ。

淵や釜の静水は青く透明で、駆けあがりのポイントに尺（三十・三センチ）近くありそうな立派な岩魚が獲物をまちかまえてゆらゆらしている。早瀬の落ち込みに毛鉤をうちこむとぐいっとした手応えとともにばちばちと岩魚が跳ねあがる。

上流に達すると釣り堀のような形状をした五メートル前後の釜が連続する区間があった。近くにタープを張って焚き火の準備をととのえ釜に行くと、これまでにない強烈な引きで竿がぐいっとしなった。未熟な私はあわてて岸に引っ張りあげようとして一度バラしてしまったが、懲りずにつづけているとふたたび強烈な引きがあり、鮭のようにごつい顎をもつ黒々とした巨大な岩魚が毛鉤に食いついていた。計測していないが、尺をゆうに超える三十五センチ級の大物だった。はじめての尺岩魚だ。

この一週間の継続遡行でテンカラのいろはを独習することで、沢での食料の現地調達にほぼ不安がなくなった。釣りをおぼえたことで山のさらなる魅力を知った私は、もっと大きな山塊で本格的な漂泊登山を夢想するようになった。

理想としては、沢を登って尾根に出たらそのむこうの沢をくだって、またつぎの沢を登り……ということを最低二週間、できれば一カ月近くつづける。それだけ長期間山に没入したいわけだから、できるだけ人間界から隔絶した原始環境がのぞましい。もっとわがままをいえばその間、人類に出会わなければ最高だ。

それからというもの、登山道のない静寂きわまりない山塊をもとめ、暇を見つけては国土地理院のHPをひらいて地形図をながめた。その結果、新潟県から福島県にかけてひろがる奥只見の山々が日本でもっとも集落も登山道もない原始境であるとの結論にいたった。

ハードな沢ヤ（沢登り愛好者）やディープな渓流釣り師以外はほとんど馴染みのないこのマニアックな山域について少し詳しく説明すると、只見の山々のうち新潟県側は下田川内、福島県側は南会津の山々がひろがり、その間を国道二百五十二号線と田子倉ダムおよび田子倉湖によって分断されている。この国道とダム群の存在は本音をいうと興醒めであるが、それをさしひいてもこれだけ林道や登山道がほとんどないエリアは、国土の隅々まで公共事業がはいりこみ自然が人工によって侵されつくしたこの土建国家にあっては稀少である。只見の面的原始性に魅かれた私は、さっそくその年の夏、この国道で分断された両山域で本格的漂泊登山をおこなうことにした。

3

最初に赴いたのは、新潟県側の下田川内山塊であった。

下田川内山塊は主峰粟ヶ岳ですら千二百九十二メートルしかない低山の集合体であるが、日本屈指の豪雪地帯に位置するため、沢は融雪水で深く穿たれ、岩肌は雪崩で磨きあげられ、下流部には井戸底のようなゴルジュがきざまれ、それ以外は猛烈な藪で武装する。夏は虻、蚋、蛭の楽園で、自然環境の隔絶性と厳しさのみならず、これらムシ族の不快さが登山者をして入山に躊躇せしめる要因となっている。この山域にはいるのはこうした不快さを厭わない一部の偏執的ゴルジュ愛好家と変態的渓流釣り師にかぎられる。

これら偏執・変態者のあいだでは早出川(はいでがわ)という川が有名だが、私が入山地点に選んだのは仙見川(せんみがわ)というすこしスケールの小さな沢だった。早出川にはジッピという泳がないと突破できないゴルジュがあり、ひとりで長い泳ぎをするのが嫌だったからだ。タクシーで林道の奥までいき、藪のなかを歩いているとさっそく無数の蛭が沢足袋のうえで身体をくねらせて出迎えてくれた。

仙見川は滝ばかりの沢で、源頭をつめて尾根に出た後はその反対側にある笠堀川(かさぼりがわ)を下降した。笠堀川の下降が終わると、つぎに大川小又沢を遡行し、そのあとは砥沢川(とぞうがわ)源流を経由して最後は反対側の叶津川(かのうづがわ)をくだって只見の集落に下山した。一週間の山行だった。

これらの沢は私自身聞いたことのない名前ばかりで地図を見て適当につなげただけだったが、いずれも雪でけずられた白亜の岩壁にエメラルドグリーンの水が流下し、人気は皆無だった。ただただ濃密な藪と深く削られた峡谷がつづき、人の侵入から守られた山域は魚の神域と化している。山中いたるところで常時、岩魚たちが山の懐から産み出されている。そんな感じだ。山は母胎で沢は産道である。それぐらい魚が尾鰭をなびかせており、定着したら永住できそうなほど豊かである。

一度、東京の自宅にもどった私は、さらに八月にふたたび只見にむかい、今度は福島側の南会津の山々を放浪した。

この山行は前半の下田川内編を凌駕する素晴らしいものとなった。とにかく私はこの日本屈指の規模をほこる原始境を縦横無尽に彷徨い歩いたのだった。

まず田子倉湖の脇にある小戸沢(おどさわ)を遡行し、高倉沢という小さな支流から尾根を越えて西隣の白(しら)

戸川にうつる。白戸川は岩魚の楽園のような素晴らしい沢で、長い流程をひたひたとたどると悪場もないまま南会津の名峰丸山岳につきあげる。白戸川で一発台風を食らったが、岩魚を存分に釣りあげ、保存がきくように燻製を沢山つくり、河岸のすこし高い平坦地にタープをはってやり過ごした。台風が去ると丸山岳を越えて大幽東の沢を下降。黒谷川本流を経由して東の倉谷川にうつり、さらに弱点の鞍部（尾根のくぼんだところ）をついて塩ノ岐川へうつる。いずれも岩魚の楽園で、毛鉤をうつと次々魚がくいついた。塩ノ岐川を源流までつめると小手沢から安越又川西沢をのぼり、ミチギノ沢をおりて最後は南会津の名渓・御神楽沢を登った。

　最後の御神楽沢は滝の多い沢であったが、ほとんどが直登可能で高巻きも容易である。ここもまた岩魚の豊富な沢で、化け物のような巨大な魚体がうようよしているのを見た。東北屈指の名山である会津駒ヶ岳へ一直線につきあげているラインの良さもまた傑出している。

　この登山で唯一の心残りは、終盤に二発目の台風襲来をラジオで知って急ぎ足となり、そのせいで御神楽沢での釣りを堪能できなかったことである。山のやさしい面、怖い面、すべてを受け止めるのが漂泊登山の理念だとエラそうなことを言っておきながら、一回の山行で二発も台風をうけるのはやっぱり嫌なので、逃げるように山々を駆け抜けてしまったのだ。台風襲来直前に会津駒に駆けあがり、大風が荒れ狂いはじめたところで山頂を越え、本格的に巻きこまれる前に檜枝岐の集落に下山するというあわただしい最後となった。

　それでもこの山旅は、全体として、私の長い登山人生でも一、二を争う完成度の高さがあった。コメと行動食だけもって岩魚を釣りながら、焚き火だけを頼りに、二週間近く山々を歩きまわり、丸山岳と会津駒ヶ岳という二つの名峰に登頂できたのである。山域全体をぐねぐねと網羅するように歩いたが、終わってみると、このやや無理のあるラインも駒ヶ岳に登る長いルートをたどったと思うと悪くない。山旅の出来栄えとしては文句のつけようがなかった。

ただし、本当に漂泊的だったかと問うと疑問がのこった。

登山としてはすばらしかったし、何より面白かった。だが同時に、漂泊登山というのは本当に難しいなぁ、というのもひしひしと実感したのである。

何が難しいのか、というと、ひとつには規模の問題があった。

たしかに只見の山は日本の山としては広大な原始境であるが、それでも一週間少々で終わってしまうのである。後半の南会津編は二週間近くの長期登山となったが、実態としては長期になるよう山域全体を東西南北うねうねと無理矢理沢をつないだ感もあり、もしその気になって一番近いルートを選べば、たとえ山塊のど真ん中にいたとしても、二、三日で人里に下りてしまえる程度の広さしかない。

漂泊というからには、漂泊行為そのものに死のリスクを感じたい。つまり漂泊という言葉には、それがもし真の漂泊であれば、その行為があまりに漂泊的すぎるがゆえに、まかりまちがえば途中で野垂れ死にする危険がある、という語意がふくまれているはずだ。ところが只見の山は数日で人里に下りてしまえるぐらいの面積しかない。日本最大規模の原始境にしてそれなのだ。はっきり言って数日なら何も食べなくても死ぬことはない。もちろん登山である以上、滑落や溺死といったそれ相応の危険はあるが、山域が広大すぎるがゆえに行き倒れるという漂泊ならではの危険は存在しない。只見でこれなのだから他の山域は推して知るべしだ。ダムや林道で切り刻まれたせいで、この国からは漂泊という語に耐えうるだけの山が消えてしまったのである。

それが漂泊登山がむずかしい第一の理由だ。でもそれだけではない。今述べたのは外部の問題だが、私の内部にも原因はあった。

何かというと、例の計画性の問題である。

このふたつの登山では漂泊をめざしたので、当然のことながら事前情報は一切排し、遡行図ももたなければネットで登山記録を検索することもなかった。もちろん日本登山大系（過去の登山記録を網羅した古いルート集。マニアックなルートもほぼ洩れなく掲載された偏執的登山者たちのバイブル）も開いていない。だから登山中はどこに滝や淵があるのか、細かいことは何もわからなかったし、悪場が出てきたら現場の状況とむきあい、植生や地形からルートを見つけ乗り越えた。おかげで登山の創造性や自由はあったし、山という存在に組みこまれている感覚も強かった。

でも、それは完全なものではなかった。それでもやはり、あの風景との距離は消えなかったのだ。

それはなぜか。地図を持っていたからだ。国土地理院作成の五万分の一地形図をもっていたせいで、どうしても山を全体から俯瞰してしまい、いやでも計画的なものが脳裏にうかんでしまうのだ。

地図にはライン取りの魔力がある。地図を見る。すると無理なく目的の山頂につながるルートや、沢と沢とを合理的にむすぶ弱点が見つかり、登山者は、登山者の本能として、そうした合理的なラインで山を登りたくなる。

これは行為の美しさとは何かという哲学的な命題とおそらく関係がある。合理的なラインとは山が作り出すナチュラルな登路をのぼることであるから、その山のよさを引き出しているといえる。すなわち山という存在の肯定的表現だ。もし、美というものが対象の本質を十全に体現したものであるなら、山にひかれた合理的ラインはまさにそれにあたる。そして美しいラインで山を登ることは、その登山行為それ自体が山を体現しているので、行為そのものが芸術となる。

正しい登山や正しい冒険は芸術となる。逆の言い方をすれば芸術ではない登山や冒険は、行為としてどこか歪んでいる。人間としての本源的な内的衝動の発現たる行為と、外側の物理的環境が調和した状態が、ここでいう行為としての芸術である。地形を無視して無理矢理、直線的に山を登るより、山が提示する条件に応じて登ったほうが、自然との軋轢や摩擦がすくなくなるので無理がなくなり、それだけ行為の価値が増す。

生物としての人間は本能として大地との一体化を深層意識でもとめている、と私は考えている。登山者に共通した良いラインで登りたいという衝動は、大地と一体化したい＝行為を芸術的にしあげたい、という本能にねざしたものだ。人間の内部の動物的な部分から発せられる沈黙の呼び声なのだ。

地図をみて、このラインから登りたいという欲求から逃れるのがむずかしいのは、それが理由かもしれない。南会津の登山でいえば、小戸沢から白戸川にうつり、丸山岳にいたるラインは無理なく美しいし、倉谷川から塩ノ岐川へと越える鞍部もいい弱点をついている。

だが、こういうラインが見え、そしてそこから登りたい、行きたいと思ってしまうと、どうしてもそのラインが目的化し、計画的、到達的にそこから行こうと考えてしまうのである。どんなに漂泊的に、予定を決めず、そのときどきの状況次第で未来を決めるという時間の流れに漂おうとしても、地図をもち、ラインが見えてしまった時点で、そのラインで登ろうとする自分がいる。ラインが、美が、私を拘束する。結果、〈いま〉は通過するだけとなり、目的地のための消化試合と化してしまう。こうして現前の風景と私とのあいだに距離が生まれる。

これは贅沢な悩みなのだろうか。しかし究極の先端に行き、そこでふりかえったときに見える風景というものもあるだろう。

幸運なことに、この登山が漂泊にならなかった原因はわかっていた。いま述べたように、日本の山が狭すぎること、そして地図をもっていたことだ。ダムや林道をダイナマイトで爆破できない以上、前者についてはいかんともしがたいが、後者については完璧ともいえる対策を講じられる。それは地図をもたないことである。

4

こうして地図なし登山がいよいよ逃れられない行為として私のなかで浮上した。その候補地として真っ先に頭に浮かんだのが北海道の日高山脈だった。

日高山脈は私にとって何のゆかりも、ましてや思い入れなど何もないエリアだった。

北海道出身だが、地元が嫌で東京に飛びだした私にとって、北海道の山はきわめて縁遠い存在だった。探検部一年目の冬、札幌にすむ先輩OBに率いられ、十勝大雪（たいせつ）の山を厳冬期に一カ月近くかけてスキーで旅行、縦走したことはあった。あとは後年になり、結婚前の妻と、おなじく大雪山（たいせつざん）からトムラウシ山まで夏に縦走したことがあるが、北海道の山に登ったのはそれだけだった。

昭和世代の地方出身者特有の中央志向が地元にたいしてねじれた感情を生み、それが私を北海道の山から遠ざけていた。

わけても日高は登ろうと思ったことがないだけでなく、大雪山ほどメジャーではないため、ほとんど山の名前すら知らなかった。

しかし地図なし登山にとってはそれが僥倖となった。

地図なし登山をおこなうにあたり、私のなかでいくつかの条件があった。第一に漂泊的な登山が実践できる程度に山域の面積が広いことだ。この条件にあてはまる山々はいくつか考えられたが、第二の条件にあてはまるのはあまりなかった。その条件とは、私がその山域のことを何も知らないことである。

地図なし登山は未知の山域でやらなければ意味がない。学生時代から通った北アルプスや南アルプスで地図なし登山をやったところで、ちょっと歩けば知っている山に行きつくわけだから、驚きや発見など生まれるわけがない。もちろん土地勘がない山域はほかにもたくさんあるが、そういうエリアも多くは山や沢の名前を知っている。飯豊(いいで)や朝日、奥利根といった本州の広大な山域に、私はとくに足しげく通ったわけではなかったが、つねに登山の候補地ではあったので地図はよく見ていた。だから何となく頭のなかに山域概念が保存されていた。

でも日高はちがった。私は日高のことを何も知らなかった。思い出せる地名は、たしか幌尻岳(ぽろしりだけ)という山があったなぁ、というのと、歴舟川(れきふねかわ)という沢を沢登りの記録集で見たことがあるぐらいだ。つまり日高は私のなかで完全な空白部として温存されていたわけだ。

具体的なことを何も知らないだけに、日高がもつ特殊なイメージだけが一方的にふくらんでいた。それは日本最後の秘境という原始的イメージである。このイメージは日高山脈への一般的なものであろうが、私は北大山岳部のOBと山に登ることが多かったせいで、よけい深くそのイメージをうえつけられていた。千古の森が広がり、川ではオショロコマが入れ食いで、羆（ひぐま）が寝床の近くをうろつく、およそ現代日本では考えられない原始境である。

ともかく、日本を代表する原始的山域について私は完全に無知であったわけだ。地図なし的にみて、これほど貴重な財産もあるまい。実態は登山者として不勉強なだけだったが、考えようによっては運命ととらえることもできる。地図なし登山の発想自体、完全に未知な山域を所有しているという、この個人的事情ゆえといえなくもなかった。

この利点を生かさないわけにはいかない。いつか地図なし登山をやることになるだろうと漠然と想像していたころから、その舞台は日高になるだろうと予想されたので、かなり早い段階から私は意識的に日高に関する情報を遠ざけ、未知性を損なわないように注意をはらった。まず日高に関する登山記録の類は絶対に読まず、北大山岳部OBの口から日高の話が出てきたら会話を打ち切る。当然、地図にも目を通さなかった。ネットで国土地理院の地形図をひらき、大雪山系や増毛（ましけ）山地など関心のある山域を確認するときも、日高のほうには近づかないように細心の注意を払った。トムラウシあたりの地図を見ていて南に行きすぎてニペソツ山などという山名が出てきて、おっとっと、やべぇやべぇと慌てて地図を北にスクロールさせてもどしたこともある。地名ひとつ知るだけで何らかの概念がこしらえられて、日高の純潔がおかされる。この情報化社会では油断すると、向こうから勝手に情報は飛びこんでくる。それを撥ねのけるには、じつに高い意識が必要であった。

だが純潔をもとめすぎたせいで困ったことが起きた。いざ地図なし登山をやる段となったとき、いったいどこを登ればいいのかわからなかったのだ。

最初に考えたのは、静内側でも十勝側でもいいが、どこかの町から適当に川を歩きだし、沢から山のほうをめざす、というものだった。

だが、これではさすがに不確定要素が多すぎる。日高の主稜線はきれいに南北をつらぬくので、理屈のうえではそのうち主稜線にぶつかるように思えるが、実際は小さな沢に入りこみ、名のない前衛峰や尾根にぶつかって終わり、という可能性が高そうだ。せっかく北海道までの交通費を払うのだから主稜線に食いこむそれなりの沢を登り、最後に稜線で目についた一番立派なピークに登りたい、それが理想だった。

構想段階では、この地図なし登山を何年もかけてやるつもりだった。単に地図をもたずに山に登るのではなく、広大な集水域をもつ沢を毎年歩きまわり、周辺の山をくまなく登り、地標に名をあたえて白地図を馴染みの色にそめてゆく。無秩序だったカオスが登山をつうじて秩序だったコスモスとなってゆく。ゼロから私の世界がつくりあげられてゆく。

そのためのとっかかりが欲しい。つまり、どこがこのような長期的視点の登山の舞台としてふさわしいか。何年もかけて歩きまわれるだけの広がりのある水系は何か。この地図なし登山を実行するうえで、私が唯一欲した情報はそれだった。そしてそれぐらいは許されるのではないかと考えた。

私はこの構想を、親しくしている北大山岳部ＯＢで沼田山岳会の清野(せいの)啓介さんに話し、どの沢が適しているか相談した。もちろん知りたいのは沢の名前だけ、そのほかの情報は一切口にしないでくれと厳重にお願いしたうえでのことだ。

しばらくして清野さんから返答がきた。

「サイトウが言うには、シュンベツがいいんじゃないかという話だなあ。静内のほうにある沢だ。でも、この前の豪雨で林道がくずれて大変じゃないかという話だけど。ちょっとサイトウに電話してみたら？」

サイトウさんと面識はなかったが、山岳部の後輩ということで清野さんからたびたび名前は聞いていた。すぐにサイトウさんに電話し、あらためて登山の理念を説明した。

「そういうことをやりたいならシュンベツがいいんじゃないですか。広がりがあるし」

「歴舟川はどうですか。地図なしで登るにはちょっと難しいでしょうか」私は唯一知っている沢の名前をあげた。

「歴舟もいいけど……。沢の性格がちがうかな。歴舟は下流部に険しい函（はこ）（淵のこと）がつづき、シュンベツは上流に滝が多い。登る沢によってはかなり難しいところもある」

とくに困難度は求めてないのだが、と私は思った。

「まあ、シュンベツがいいんじゃないですか。カムエクもあるし……」

その瞬間、それだけは言わないでほしかった……と耳をふさぎたくなった。カムエクというのがシュンベツ源頭にあるピークの名前であることは話の文脈から明白だ。必死に温存してきた日高の純潔が侵されてしまったのだ。でもそんなことを言っても仕方ないので、私は今の話は聞かなかったことにした。カムエクという名を私は知らない。それでいくしかない。これは、この登山でおかした唯一の自己欺瞞である。

舞台がシュンベツ川に決まると、国土地理院のウェブサイトをひらき、どこから入山すべきか調べた。この登山で唯一、地図を見た瞬間だ。といっても許されるのはあくまで入山口まである。作業は慎重を要した。静内側の沢だという話なので、まず画面を太平洋におき、そこから静内の海岸線のほうに移動させてゆく。すると静内川という大きな川の河口が見つかった。シュンベツ川はこの川の支流ではないかと見当をつけ、画面を上流方面にスクロールさせた。まかりまちがってもマウス操作をあやまり、山の地形を見るヘマをやらかしてはならない。静内川の上流のほうに画面をゆっくり移動させてゆくと、すぐにシュンベツ川という支流との合流点があらわれた。きっとこれにまちがいないだろう。

合流点の近くに双川橋という名前の橋がかかっているようだ。これで入山口が決まった。バスかタクシーでこの橋まで行き、あとはひたすら上流にむかって歩けばいい。

第三章

裸の山に震え慄く

二〇一七年夏の記録　その二

1

巨大発電ダムを越え、右俣（東）の沢を遡ってゆく。鴨の大岩を越えると両岸の岩肌はせばまり、シュンベツ川は一気に川から沢の様相となった。

渓相は河原から峡谷状となり、陽がとどかない暗がりに音が反響して威圧感が増してゆく。いったいこれから先で沢はどのように展開するのか。地図がないと遡行には独特の重苦しさが加わる。

先に進むと、一頭の雄鹿がじっとこっちを見据え、右岸（上流から見て右側）の崩壊地を駆けあがった。その先に暗い淵があり、暗緑色の水面が底なしの深みをたたえて沈黙している。釣りには絶好のポイントだが、心の余裕がなくゆっくり竿を出す気になれない。

この〈鹿淵〉の右岸には工事用の虎ロープが垂れさがっていた。

ホームセンターで売っている虎ロープを登攀（とうはん）に使用する登山者はまずいない。彼らが使うのは登山用品店で売っている、もう少し高価で墜落時の衝撃吸収にすぐれているクライミングロープである。虎ロープが沢に残置されていた場合、それは基本的に釣り師のものだと考えていい。ということは、ここはまだ釣り師がおとずれるエリアで、沢のレベルとしてはさほどむずかしいところではない、と判断できる。

虎ロープの場所から少し高巻き、その先は腰まで水につかって〈鹿淵〉を突破した。すぐにまたゴルジュがあらわれた。側壁が完全に切りたっており、内部から突破できるか微妙である。腰までつかって前進し、岩盤にへばりついて乗り越えられないか試したが、むずかしそうだった。このゴルジュは泳がないと突破できそうにない。

ひとりで遡行するとき、私は基本的に泳ぎはしない。せいぜい夏のクソ暑い日に流れのない淀みに飛びこむぐらいだ。

側壁が切りたち、細かな屈曲がつづくゴルジュは、入口から覗き見てもどこで終わるのかはわからない。泳いでその先で側壁にへばりつき攀じ登っても、登攀不能の岩場があらわれるかもしれないし、また終わりが見えないまま泳いでも、小さな滝があっただけで取りつくことさえむずかしい。流れに抗い、必死に水中でもがくうちに低体温症となるかもしれないし、ロープによる確保がないと水に巻かれることもある。ゴルジュをひとりで泳ぐのは危険が大きすぎるというのが私の考えだ。したがって腰までつかって越えられないようなゴルジュは、ほぼ機械的に脇の藪斜面を高巻くことになる。

仲間とロープでむすびゴルジュを突破することは沢登りの醍醐味のひとつで、私も若い頃は積極的にゴルジュ系の沢を選んで登った。だが事前情報のない漂泊的な山旅を志向するようになってから、わざわざゴルジュを内部から突破する選択肢は消えた。

長くて険しいゴルジュ帯は廊下や函などともよばれ、沢の下流部に形成される傾向がある。源流や上流は水量は少ない反面、傾斜がつよまるため滝が多くなる。ゴルジュはあっても小規模だ

（ただし源頭近くの小ゴルジュはたいてい手がかりがなくて難しい）。一方、中流部から下流部になると傾斜はゆるむが、多くの支流をあつめて水量が増すため、河床が掘削されてゴルジュ帯ができやすくなる。それが沢の一般的な構造だ。地形図で等高線がせばまり沢の流れが屈曲しているようなところは、水流が無理矢理岩盤を貫流している箇所なので、かなりの確率で陰鬱なゴルジュや大きな滝がまちかまえている。

シュンベツ川の〈中流部ゴルジュ帯〉は、左岸の傾斜が全体的に急峻ではなく、高巻くとしてもさほど面倒なことにはならなそうに思えた。あきらかに泳ぐより高巻くほうが正解だろう。

小さなルンゼ（岩溝）から取りつき、藪斜面のなかに入りこむと、明瞭な踏み跡があらわれた。ふたたび虎ロープがあるところを見ると、まだ釣り師がしばしば入りこむ場所らしい。踏み跡は登山道のように明瞭で、しばらくそれをたどったが、そのうち鹿の獣道と交錯し、どれが人間の踏み跡なのかわからなくなった。鹿の数が多すぎるせいで、獣道とは思えないぐらいしっかりした道がついている。

一度、沢に下りてみたが、まだゴルジュが終わる気配はなく、またしても目の前にぶら下がっている虎ロープをつかんで藪のなかにはいりこんだ。今度はうまいこと釣り師の踏み跡をたどることができ、長い長い高巻きが終わった。この中流部ゴルジュ帯を越えるのに二時間を要した。

すでに午後二時をすぎており野営のことを考えなければならない時間となっていた。

昔から沢登りのときはコンロはもたず、煮炊きはすべて焚き火でおこなう習慣だ。薪が濡れていても技術がしっかりしていれば焚き火は可能で、これまで火をおこせなかったことは一度もない。雨の日は朝の消し炭を持ち歩き、着火剤を併用したら、どんなに薪がずぶ濡れでもかならず火はおこせる。

また焚き火はだいたいタープの下でおこなう。火の粉でタープに小さな穴はあくが、個人的にはそういうのはあまり気にしないタイプなので、雨のなかで焚き火ができる効用のほうを重視している。ひとりでタープを張り、薪を集め、岩魚を処理しなければならないため、野営には時間がかかる。夏でも午後四時には行動を終え、支度をはじめたいところだ。

鹿淵から魚影が一気に濃くなり、淵の深みで巨大な魚が走るのを見た。悪場を越えて心がちょっと落ち着いたので、竿を出しながら進むことにした。

テンカラはせっかちな私の性格にあっている。竿の穂先に道糸(みちいと)を結ぶだけなので準備が楽だし、ダメだったら次のポイントに移動するため見切りも早い。道糸を巻きつけた竿をたたみ、片手に持ちながら歩くこともできる。ちょっとした悪場を越えるときは背中とザックのあいだに竿をはさめばいい。釣りを食料調達の補助手段と考える遡行者にはテンカラは最適な釣法だ。

テンカラをはじめたことで私の登山はすっかり様変わりした。はじめは、釣りは補助手段で、あくまで登山がメーンという認識だったが、そのうち釣りのほうが面白くなり、どちらが主でどちらが従なのか自分でもわからなくなった。少なくとも山や沢の選択基準は昔と全然ちがう。若い頃は技術的に困難な沢やゴルジュ系の沢を選んだが、いまは魚がいるかどうかがもっとも重要な選択基準となった。釣りが面白くなるのと反比例して登攀への興味は失せてゆき、いまでは正直、滝やゴルジュを越えるのは面倒なだけだ。若い遡行者に釣りをやってみたいと言われると、

「登攀をやりたいんならまだ手を出さないほうがいいよ。釣りのほうが面白くなっちゃうから」

と助言したこともある。

話が少々先走ったが、この地図なし登山のときはまだテンカラをはじめて二年目で、登山が主で釣りは従という意識がつよかったときだ。より正確にいえば、釣りのほうが面白いのでは……と疑いつつ、自分は釣り師ではなく登山者だという変なプライドをまだ持っていた頃である。

小さな落ちこみにある右側の反転流をねらって十二番の毛鉤をうちこんだ。二投目で強烈な引きがあり、慎重に糸をたぐりよせると、ちょうど三十センチある、まるまると太った立派な岩魚が食いついていた。いきなり尺物とは幸先がいい。同じポイントでふたたび同じぐらいの魚が食いついたがバラシてしまった。その後、二十数センチの小ぶりの岩魚が釣れたところでいい時間となり、野営の支度をはじめた。

北海道で渓流釣りをしたことがなかったので、釣れた魚がなんという種類なのか、じつはこのとき知らなかった。日高で釣れるのはオショロコマだとばかり思いこんでいたが、どう見ても岩魚である。この岩魚が蝦夷岩魚の別名があるアメマスだとわかったのは、下山してネットで調べてからのことだ。

2

右岸の少しジメッとしたかび臭い平坦地にタープを張り、火をおこしてから釣りもかねて少し上流の様子を偵察する。魚は釣れなかったが、しばらく先まで悪い場所はなさそうだった。コメを炊き、味噌汁を作り、アメマスは串にさして焚き火の脇につきさして塩焼きにした。魚も出てきたし、沢の雰囲気もつかめてきたことで、少し先行きの不安から解放された。

翌朝は快晴、気温が低く寒い朝だった。おだやかな流れがつづき、昨日まで濃密だった鹿の気配がめっきり感じられなくなった。山の傾斜は全体的になだらかで、岸沿いはどこでも野営できそうな地形がつづく。

河岸の砂浜に新しい羆の足跡がついていた。川が左に大きく屈曲したところに、美しく見事な砂浜〈大曲ビーチ〉があり、そこにも足跡が点々と連なっている。

鹿の気配が消えたのは羆のせいかもしれない。その後、川は右にゆったりとカーブし、広い河原となったが、あいかわらず大きな足跡が出没と消失をくりかえす。古くて消えかかった足跡のうえに、輪郭のはっきりした新しい足跡がかさなり、何度も往復する様子がうかがえる。この姿をみせない足跡の持ち主のことを太郎と呼ぶことにし、河原を〈太郎河原〉、そして河原の左手にある比較的鋭い山容をしたピークを〈太郎山〉と名づけた。

日高といえば知床とならぶ羆の山だ。当時の私は熊にあまり免疫がなく、それまでの熊経験といえば、カナダ北極圏の旅で白熊を四、五回見たのと、本州の山で二回ツキノワグマに遭遇したぐらいだった。北海道の沢を長期で登った経験もなかっただけに、事情がわからず、出発前は羆対策に頭を悩ませた。

肉食獣である白熊は好奇心が強く、人間の姿を確認すると接近してくることが多いが、雑食性の羆やツキノワグマはそれとはちがう。食料をあさったり人を襲撃したことのある特殊な個体をのぞき、人を避けるのが普通だ。知床の野営場など登山者が定期的に集まるところは別なのだろうが、それ以外の人の来ない奥山の野営地で襲われることは基本的には無いと思う。

問題は行動中に遭遇したときだ。日高とはいえ、奥山の羆が積極的に人間を襲うことは考えにくく、鉢合わせを避けることが基本なのはかわらない。本州の山に登るときも、足跡など気配が濃厚な場所、見通しの悪いところ、藪におおわれた小さな支流などでは「ホウ、ホウ」と大きなかけ声を出すようにしており、日高もおなじ対策をするつもりだった。

悩んだのは、端的に熊除け用の唐辛子スプレーを持っていくかどうかだ。鉢合わせを避けるのが基本とはいえ、不意に出会う可能性はゼロではない。その対策としてスプレーは有効ではないかと思えた。

ただ、余計な荷物は持ちたくない。沢登りでは足場の悪い斜面を草を引っつかんで上るような場面も多く、荷物の重さはダイレクトに安全性に直結する。一グラムでもいいから荷物を軽くしたい、というのは登山者に共通する心理だ。羆の危険性を減らしても、荷物が重くなって滑落の危険が高まれば意味がない。どちらを選ぶかはきわめて感覚的な問題だ。

この登山を前に北海道の岳人や日高の登山経験が豊富な人に話をきいたが、一様に羆など見たことがないと口をそろえた。日高では足跡や糞を目にすることは少なくないが、実際に姿を見かけることはない、という人もいた。出発まで悩んだが、最終的に旭川の登山用品店でスプレーを購入し、腰からぶら下げて歩くことにした。

ただし結論をのべるとこれは失敗だったと思う。結局、邪魔くさくて、ずっとザックのなかにしまっていたからだ。これでは羆と鉢合わせしても役に立たず、ただの重りである。それからというもの、スプレーはこの登山でやめて、万一のときは腰にぶらさげた剣鉈(けんなた)で対応することにした。かつてのアイヌ猟師は羆に襲われると胸にしがみついて距離を殺し、脇腹からマキリで心臓をひと突きにしたという。

太郎河原から先ものんびりとした渓相がつづき、屈曲部や藪にはいるときはかならずホウホウという声をあげて進んだ。天気もよく、渓相もあいかわらずおだやかで、ポイントがあると竿を出した。

落ち込みが二段つづく手前の瀞場（とろば）に毛鉤を打つ。あまり大きくはないが、太った良型のアメマスがすぐに食いついた。アメマスを何匹か釣ったあと、それとはちがう体表のキラキラとした魚が釣れた。ニジマスだ。ただし、本州で岩魚しか釣ったことのなかった私は、これが何の魚かまったくわからなかった。体長二十五センチぐらいだが、ものすごく太っていて丸々としている。これがオショロコマ？　と思ったが、事前にネットで確認していた外見とは全然ちがう。晴れて暑かったので、釣った魚はすぐにシメて塩をぬりこみ、フキの葉っぱに包んでザックにしまった。

この日は五本あげたところでもう十分と判断し、竿をしまった。それにしてもよく釣れる沢だった。魚体も大きく型もいいし、最高だな。……といい気分で先に進んでゆくと、シュンベツ川は大きく左にカーブし、そこで右から大きな支流がはいりこんできた。

支流の合流点にはポールが二本立ち、そこから踏み跡が森の奥につづいている。釣り師の野営地でもあるのだろうか？　入口のすぐ近くにはブルーシートにくるまれた資材や発電機が残置されている。踏み跡をたどると工事関係者の作業道と思われる道がさらに上にのびていた。どう考えてもその先には林道があるはずだ。また人工物か、いったいどこまで林道があるのか、とウンザリした。

午後になるとガスが立ちこめ、山のほうから風が吹きおろしはじめた。今すぐにでも一雨きそうな天気だ。まだ時間は早いが、合流点の近くにタープを張ることにした。

地図なし登山の難しさのひとつに野営をはじめるタイミングがあった。

この日も時間が早いので、普通の登山であればもう少し先に進みたいところだった。だが、下手に進むと快適な野営地が見つからないかもしれないし、それどころか険しいゴルジュや大滝等の悪場が出てくるかもしれない。先が読めないので、いい野営地があると、どうしても無難にそこで終了しがちになる。

焚き火をおこしたところで、また釣りを兼ねて上流を偵察した。連日、野営地決定のあとは上流の偵察をくりかえしている。キャンプを設営してその先をじわじわ進む様は、まるで昔の極地法登山のようだ。三百メートルほど進むと、もう少し大きな支流が幾段かの落ち込みをともない左から流入していた。この支流の合流点の瀞場で岩魚を三匹釣ったが、さほど大きくないのですべてリリースした。

岩のうえにあがって上流を眺めわたした。どうもそれまでより沢の規模はやや小ぶりになったように感じられる。考えているより上流域に来ているのかもしれない。

もしかしたら意外と早く終わるのか？

沢の規模を見て、急に魚止めがどこにあるのか、ということが気になりはじめた。

北海道の沢と本州の沢では魚止めの滝がもつ意味あいは少々ちがう。

渓流の主たる岩魚はより上流へ上流へと遡上する習性があり、小さな滝ぐらいであれば飛びこえることができるが、大きな滝やオーバーハングした滝はそうもいかない。この遡上不可能ポイントが、いわゆる魚止めの滝とよばれるものである。

ただ、本州の渓流の多くでは歴史的に釣り師が下流の岩魚を上流に放流してきたため、魚止めの滝の上にも岩魚がいることが多い。放流することで魚は生息域を拡大し、釣り師も上流まで魚を釣ることができるわけで、互いにメリットの多い共生関係をきずいてきたといえる。

ところが北海道ではこのような放流はおこなわれてこなかったという。そこにアイヌの自然観が関係しているのかどうかは知らないが、いずれにせよ、もともとの魚止めの滝が真の魚止めなのである。北海道の山に詳しい知人たちは、思ったより下流で魚の姿が消えることが多いと口をそろえていたのが思い出される。

先の地形にくわえ、どこまで魚が釣れるのか……というのが、私の関心事のひとつだった。

3

入山五日目となる八月十七日は、南から湿った空気が流れこみ朝からどんよりと生暖かかった。上空に垂れこめる雲は厚く、陽光はさえぎられ、夏とは思えないほど暗かった。

いまにも雨が降りそうな天気で意気はあまりあがらない。ただ、まだ降り出してはいないので停滞するわけにもいかない。こういうときはむしろしっかり降られたほうが、わりきって停滞できるのでいいぐらいだ。

仕方なくタープを撤収し、支度をととのえ、午前七時に出発した。案の定歩きはじめるとすぐにぱらぱら降りはじめた。

嫌な天気とその先の渓相が変化したことで胸にはふたたび不安がうずまきはじめた。

前日偵察した合流点を過ぎると沢は急にせばまり、どこでも野営ができそうなほどゆるやかだった山容が、急にせり出し、側壁がそそりたって敵対的なものにかわった。河床の傾斜も強まって水流の勢いは増し、膝上程度の水量にもかかわらず渡渉(としょう)のときも押し流されてしまいそうなパワーを感じる。

雨に濡れることで岩肌は不気味に黒光りし、悪魔的な輝きをはなっていた。乾いた岩がもつ安定したフリクションは失われ、気を抜くと滑って転倒しそうな不安定さが沢全体に満ちている。水流の圧力を避けるため濡れた藪のなかに入ると、雨具ごしに葉の冷たさが伝わり、思わず身震いする。早瀬がつくりだす不快な轟音が反響し、居心地の悪さが五感に突きささる。視覚と聴覚と皮膚感覚。身体の感覚器官から伝わる沢の威圧的な音楽が交響し、この先どうなるんだろうという不安がにわかに高まった。

この不安を生みだすものは何か。それは地図をもたないことによる未知だけではない。日高という名がもつ独特の圧力もまたその正体であった。

日高独特の圧力とは、ひらたく言えば日高の沢は難しいという風聞のことである。

私は日高山脈の具体的なことは何ひとつ知らなかったが、日高の沢はエグいという評判だけはよく耳にしていたのである。

沢の圧迫感が増すにつれ、脳裏には日高の沢のことを話す知人たちの言葉が去来した。

一例をあげると、当時しばしば一緒に山に登っていたO君というクライマーがもらしたひと言があった。彼はかつて十二日間かけて日高山脈で沢の継続遡下降をおこなったことがあり、その感想として「天気も悪かったんですが、普通に沢登りとして難しかったです」と話していた。この言葉は深い印象をのこして私の心にきざまれていた。というのも、彼はまともな仕事にもつかずに年間何百日も沢に入り浸っているような男で、この日高縦断遡下降のあとには北アルプスで棒小屋沢と剱沢大滝と池ノ谷ゴルジュという日本屈指の峡谷を三本つなぐ前代未聞の継続遡下降を成功させていた。その彼をして「普通に難しかったです」と言わしめるぐらい日高の沢は悪く、険しいというわけだ。彼が日高でどの沢を登ったのか、もちろん日高無知である私は知らないのだが、でもそれゆえに、日高にある沢は、すべて彼が普通に難しいと感じるような沢ばかりだと思いこんでいたのである。

　そもそも地図なし登山の舞台として日高はどうなのか、と疑問をなげかける人もいた。北大山岳部のとあるＯＢとメールでやり取りしたときは、日高の沢は登るだけで手一杯なので、こういう思索的な山登りには適さないかもしれない、大雪山や石狩山地にもいい山があるよ、との旨を助言されたこともある。

　こうした経緯があったにもかかわらず日高を選んだのは、やはりこの山域がもつ登山界におけるある種のブランド性というか、広大で原始的というイメージに抗いがたい魅力があったからだった。沼田山岳会の清野さんに一カ月近くの漂泊登山をしたいと話したときに、「日高ぐらいしかそんな場所ないんじゃない」と言われた心理的効果も大きかった。

　これまではダムを越えたところに多少長いゴルジュがある程度で、どちらかといえばのんびりした渓相がつづいていた。私もその雰囲気につかり、魚を釣って嬉々としてよろこぶ、などしてきたわけだが、じわじわ圧迫感を増す山容をみると、いよいよ日高が、実力派沢ヤたちが普通に難しく、思索には適さないと述べる日高が、その本性をむき出しにしてきたのかもしれない。出発前に電話で情報をきいたサイトウさんが言い残した「登る沢によってはかなり難しいところもある」という言葉が思い出された。この調子でその〈難しいところ〉とやらにはいりこんだら……と思うと胃袋に不快なものがこみあげてくる。

ところが……だ。風景はその後、私の予測を裏切り、まったく百八十度ちがう展開を見せたのだ。

雨で靄が下りて視界は非常に悪かった。山峡を前進してゆくと沢は右にゆっくりカーブし、右側の急崖が崩壊した場所に出た。急崖はさらに二カ所でくずれ、その先で傲然たる流れが左に九十度の角度で折れ曲がっている。

風景全体を白くつつみこむ薄靄のせいで先は何も見えなかった。見えないまま私は、嗚呼あの先で日高の本性たる険谷がついにはじまるのだ、滑りやすいゴルジュとぬめった草付きと汚い雪渓が織りなす悪相の渓が突きあげているのだ、嫌だな……とやや覚悟をきめてその左カーブをまがった。そしてその先にひろがる風景に言葉をうしなったのだった。

カーブの先にあったのは悪相ゴルジュではなく、桃源郷かと見まがうような見事な大河原だったのだ。

傾斜を強めていた河床はカーブを境に突如、完全に勾配をうしなった。真っ平らな河原のなかで流れは二条にわかれ、静かな清流となっている。激流が岩にぶち当たる不快な轟音は背後にしりぞき、川の音はまるで天女が奏でる琴のような、さらさらというやさしい音に変わっている。両脇で黒光りした岩肌や流れをさえぎる大岩は消え、小さくて愛らしい玉石が河原を埋めつくしている。

山裾まで下りる羽衣のような白い靄が神秘性と幻想性をかもしていた。

いったいここは何なのだ？　夢幻とはこのことか？

道に迷って天国に紛れこんでしまったかのような心地で、私はふらふらと河原を先に進んだ。河原はさらに広がりを増し、右手の靄のなかには見事な三角形の小ピークがぼわーっと祖霊のように妖しくたたずんでいた。

その刹那、ピーッという笛の音のような甲高い音が静寂を切り裂いた。

ふと見ると青い清流で四頭の鹿がじゃばじゃばと飛沫をあげて走り去り、森の霞に消えてゆくではないか。その姿は神々しく、神の使いにしか見えない……。

天界に迷いこんだかのような風景に酔いながら、ためしに竿を振ってみると、釜や瀞などない単調なせせらぎにもかかわらず、ポンポンと面白いように魚が釣れる。そのなかには前日釣ったキラキラと光る謎の魚もいた。正体がニジマスだとは知らなかった私は、次々と釣れるその魚を「神魚だ……」と思い、興奮した。なにしろこの神魚は、前日食したところ、味も岩魚をうわまわる美味なのである。

神の使いがいて神魚が釣れるそのせせらぎは、まさしく神の川だった。神の川の右手の靄のなかには、先ほどのピラミダルな小さな山がたたずむ。というか、雰囲気的にもはやピラミッドにしか見えない。私はそれを〈クフ王の墓〉と呼んだ。そこからもう少し先に行くと、今度は川の左手におなじようなピラミッド状の山があらわれた。もちろん〈カフラー王の墓〉と命名した。そして、そこから数キロ進んだ大河原の最奥には、三つ目のピラミッドすなわち〈メンカウラー王の墓〉がひかえていた。

大ピラミッドが三つあり、神の川が流れるその谷はまぎれもなく〈王家の谷〉であり、〈神々の庭〉としか呼びようがなかった。

何だかすごいところに飛びだしてきた、と素直に私は感動した。こんなすばらしい場所は見たことがない。そう思った。いよいよ山峡の度合いを強め、いかにも日高的な山間に入りこんだと覚悟していたのに、風景は完全に逆旋回を見せ、ミルクの川と肉の果実が戯れる隠れ里が秘匿されていたのである。

このとき以来、神々の庭は私にとってある種の聖地として祀りあげられたのである。

4

神々の庭のまわりは平らな河岸が広がり、どこでも野営できそうだった。せっかくなのでキャンプしたい気持ちはつよかったが、時間が早すぎたため、やむなく先に進むことにした。先がわからないだけに答えを知りたいという焦りがあったのかもしれない。

三キロほどだろうか、河原を行くと〈メンカウラー王の墓〉の麓で沢は二手にわかれ、そこで〈神々の庭〉は終わった。水量はほぼ同程度で、〈左俣：右俣＝一：一・二五〉といったところだろうか。

ここまでシュンベツ川は東北東方面にのび、全体としては主稜線につきあげる方向にむかっている。この二俣では左俣が西北西に、右俣が東にのびている。水量的にも方向的にも主稜線をめざすには右俣でまちがいなさそうに思えた。

右俣をゆくとだだっ広い玉石河原がさらにつづき、ふたたび沢が流れこみ二俣となった。またしても水量は同程度、方向は左俣が北東、右俣が東南東にむかっており、どちらが正解か、なんともいえないところである。左俣のほうが水がやや多い気がしたので、とりあえずそちらを選んだ。

まもなく三メートルほどの小滝があらわれ、そのあとは河原となった。沢はおおむね北東方向につづく。はたしてこの沢をつめると主稜線に出るのだろうか……。微妙なところであった。無論、主稜線がどこにあるか正確なことはわからないが、日高山脈は南北を貫くわけだから、東にむかったほうが確実にぶつかるはずだ。北にむかうと外す可能性がある。

やがて渓相がやや狭まり、両岸の圧迫感が増して小さな釜や小滝が連続した。難しくはないが細かな高巻きを強いられ、雨のせいで全身ずぶ濡れとなった。

雨中の藪漕ぎでは雨具を着ていても水がしみこんできて不快だ。もちろん雨具が古いだけ、という可能性も捨てきれない。ただ、この不快さを避けるためだけに数万円するゴアテックスの雨具を買う価値があるのか、そこは大いに議論の余地があるところだ。新品を買ったところで沢で藪漕ぎしたらどうせすぐにヘタるので、古いやつで我慢したほうが合理的だ、というのが雨具に対する私の基本姿勢である。でも実際に雨が降ってパンツまで濡れると新品が欲しくなる。

神々の庭から水量はみるみる減少し、河床の勾配も出てきて相当上流にきている雰囲気となった。あまり上流に出ると野営できる場所が見つかるかわからない。

河原や砂浜で野営するのは極力避けている。学生時代に二度、河原にテントを張り、増水してキャンプ地を洗われた経験があるからだ。そのときはいずれも夜は星空がひろがり天気がくずれる兆候はなかったのだが、夜中に大雨となり、気づくとテントの床がムニュムニュとやわらかくなっていた。なんかウォーターベッドみたいで気持ちいいなぁ……と思った刹那、その異常さに跳ね起き、あわてて仲間をたたき起こし、ぷかぷか浮かぶテントを撤収して脇の斜面を這いあがる、という経過をたどった。

それ以来、よほどの事情がないかぎり河原では野営しない。野営のときはかならず増水時の喫水線より上、つまりしっかりとした植生のあるところしかえらばない。藪がひどかったり、多少斜めで具合が悪くても我慢し、藪を刈りはらい、ときには土や石を掘り起こして平らにする。どうしても適当な場所が見つからないときは、小さな支流を遡り、高度を少しあげ、大きな樹木のある斜面で寝床を探すこともある。大木の根回りでひとりぐらい横になれるスペースが見つかることが多いからだ。それがひとりで沢を流浪する私なりの安全対策のひとつだ。

快適な野営地は概して下流部のほうが見つかりやすいものだ。上流に行くほど全体的に急峻になり、沢も狭まって細かな藪が濃くなるため探すのに苦労する。

地図がないので何とも言えないが、全体的な渓相や地形の雰囲気からこれ以上行くとまともなねぐらがないような気がした。時計を見ると午後一時。雨も止まず、沢も東に向いてくれないので、これ以上左俣を登るのはよしたほうがいいと判断し、玉石河原の二俣までもどることにした（地図②）。

源頭部の野営地問題は思ったよりも面倒なことになりそうだった。かなり上流部にきているのはまちがいないが、ピークがどこにあるのかわからない。そもそも自分が何のピークに登っているのかもわからない。最後は源頭近くの野営地から空身でピークにピストンするというイメージをもっていたが、そんなにうまくいくとは思えなくなってきた。食料的にはまだ十分余裕がある

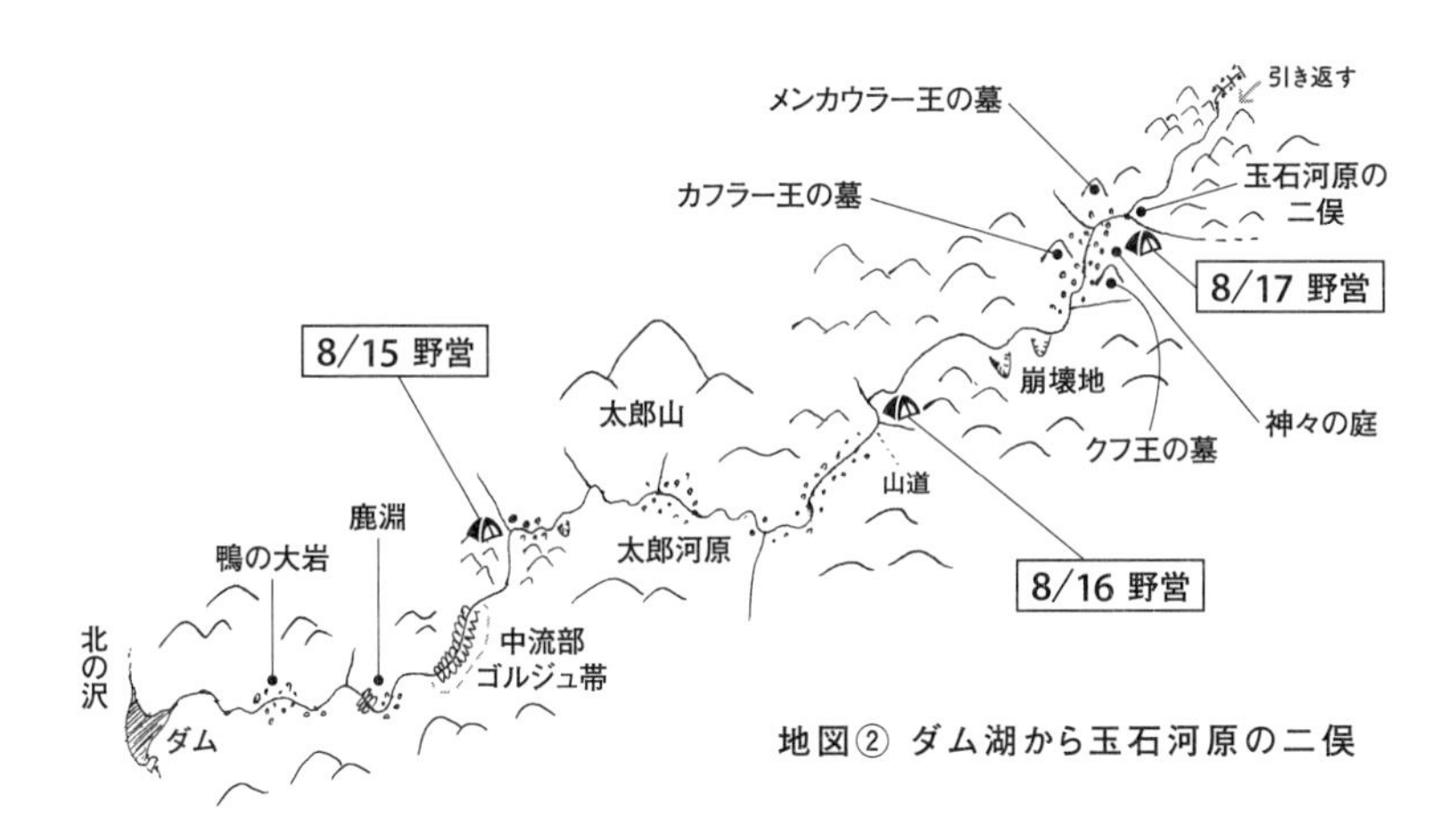

地図② ダム湖から玉石河原の二俣

ので、いい野営地が見つかったら無理せずそこで泊まり、極地法みたいに偵察をくりかえしてキャンプをあげてゆくしかない。

この玉石河原の二俣周辺は地形がゆるくどこでも野営できる。雨も降っているし、この日はそこで泊まることにした。まだ翌日の朝のぶんの魚もあるし、先のことが気になって釣りをする余裕もなかった。右俣をすこし偵察してみると、まだしばらく河原がつづき、方向も主稜線のほうにむかっているように思われた。こっちが本流ではないか……。そう考え、この沢を〈メンカウラー沢〉と呼ぶことにし、翌日登ってみることにした。

パチパチとタープをたたく音で目がさめた。雨が止むまで待とうかと思ったが、源流はもう近い。先を知りたいという動物的衝動をおさえられず、もぞもぞ寝袋から這いだした。

神々の庭はすでに背後に退いた。沢は幾手にもわかれて急傾斜の隘路（あいろ）となり、山々は源頭の気配を漂わせている。どの沢を選んでも、ここから先はゴルジュ状にせばまり急峻な渓相となって稜線につきあげるだろう。

前日の左俣と同様、メンカウラー沢も最初は河原がつづき、広く、雰囲気は明るかった。河原のうえには、イタドリやフキの繊維をたっぷりふくんだ黄緑色の羆の糞が点々とつづく。警戒感がつよまり、ひっきりなしにホウホウとかけ声を出しながら上をめざす。

霧雨が小雨にかわった。ひきつづき天気はパッとしないものの、景観は美渓となり、灰褐色の岩盤のうえを濃い日本茶のような濃緑色の水がながれている。

しばらく調子よく進むと、またしても水量が同じぐらいの二俣があらわれた。左俣が北向き、右俣が東向きにのびている。ここまでくるとどちらを選んでも主稜線に出る気はするが、なんとなく東方向に走る右俣をえらんだ。

おだやかな河原がしばらくつづいたが、小さなナメ滝と釜が連続する区間を越えたところで雰囲気がやおら不穏なものにかわった。

沢身が急速にせばまり灰褐色の岩壁が両側にせり出して圧迫感を増してきたのだ。

沢の脇に転がる巨大な雪渓からひんやりと薄気味の悪い冷気が漂い、側壁には一面、汚らしい泥がこびりついている。それは、つい最近まで雪渓が溶けのこっていたことをしめすしるしである。斜面を覆う植生もしっかりとした樹木から登るのに躊躇する危険な草付きに変わった。

雪渓に泥付き（岩斜面に泥がへばりついていてとても滑りやすいところ）、そして草付き。いずれも沢の悪さをしめす指標のようなものだ。

雪渓は冬のあいだに大量に降り積もった雪が夏までのこったものだ。多雪地帯の渓の日当たりの悪いところに多く、ときにかなり面倒な障害物となる。足元が滑りやすいだけではなく、中央部は薄くなっており踏み抜きの危険もあるし、岸の側壁のあいだにクレバスのような隙間が開くと、雪渓から直接地面に取りつけないこともある。そうなると雪渓の上に支点をつくってロープで懸垂下降しないといけない。夏になり気温が高くなると崩壊の危険があり、うえから越えても下をくぐっても気分のいいものではない。

草付きというのは、文字通り草が生えているだけの斜面のことで、これも多雪地帯の沢に特徴的なものだ。谷底が深い雪で埋まり、あるいは雪崩で削られ、しっかりとした灌木が育たないのである。多雪地帯の沢の、とりわけ上流部のゴルジュは、だいたい両岸が草付き斜面になっていて、概して傾斜がきつく、岩や灌木など信頼できる手がかりがない。そのため草を引っつかみながら足の指に力をいれて踏ん張る、みたいな微妙なバランスで登らないといけない。草しか生えていないので頑強な支点をとれずロープで確保することも難しい。ゆえに万が一、足を滑らしたり、摑んでいた草が引っこ抜けたりすると谷底まで滑落となる。

こういう処理に難渋するような草付きや泥付き、雪渓などは山の世界では〈難しい〉ではなく〈悪い〉と形容される。悪いところで必要なのは洗練された登攀テクニックより特有の危険や恐さに対する慣れ、それ以外には使い道のない独特のバランス感覚、不安定な場所を泥臭く登れる数値化できない経験である。上流部で雪渓や草付きが増えたことで、シュンベツ川は一気に手ごわさをました感があった。

そのときだった。山をおおい隠していた霧がわずかに切れて、その隙間から奥山の一部がぬっと姿をあらわした。雲間からは山襞が幾重にもかさなり、所々雪渓が不安定そうに引っかかっているのが見える。

見えたのは一部だった。曇天で夕方のようにどんより暗く、上部は霧に隠され、全容をうかがい知ることはできなかった。しかし、瞬間的に見えたその風景は、じつに悪そうで、すべてが見えないだけに、その悪さはいっそう際だって印象づけられた。

見えないこと、それがこのどんよりとした不安の要因だった。いまは見えていない。でも、その見えていない山のさらに奥深くに、もっと悪い草付きや雪渓が隠匿されているにちがいない。それはまちがいなさそうに思える。日高のネームバリューがもつ独特の圧迫感、先が見えないこと、現在地がわからないことの落ち着かなさ。いくつものネガティブな要素が混合して私の内面にのしかかり、山が、ついに日高の山がこの先で本性をあらわす……との覚悟を強いてきたのである。

このとき私は、山というものが人類に対してもつ本源的な恐ろしさに触れていたのかもしれない。その懐に、その山襞に何を隠匿しているのかわからない。そうした未知の世界だけがもつ、ぞわぞわした薄気味の悪さ、空恐ろしさ。そんな心理的負荷を課してくる山という存在……。

私の頭の片隅にはつねに数万年前の原始の探検家の存在があった。おそらく地図なき山の旅は、ある土地にはじめて足を踏み入れた最初の人類の追体験となるだろう。彼らはどんな風景を見たのか、それを経験してみたい、そんな思いが今回の動機のひとつとなっていた。

でもこのとき感じたのは、太古の人類はこんな恐ろしい場には立ち入らなかったのではないか、という逆説めいた感慨だった。山が本質的にもつ厳粛な近寄りがたさは必然的に超越的存在、つまり神の居場所を連想させる。禁断の地である山、そこにいるだろう神。神の居場所としての山は必然的に立ち入りがかたく禁じられ、そこは神の居場所として永遠に確保され、それによって神話が語られ、人々は神と共存することができただろう。逆にいえば、立ち入りがためらわれるような場所に立ち入り、すべてが明らかになれば、神の居場所はうしなわれてしまう。

このとき私が感じた山への畏怖は、この先には立ち入ってはならないという自然からのメッセージだったのかもしれない。山のただ中で節度をもって暮らし、神話の世界に生きた太古の人たちがこうしたメッセージを受け取ったとき、彼らはそれを実存的に受け止め、山を聖地として祀り上げただろう。おそらくホモ・サピエンスの行動としてはそれが自然で正しいあり方なのだろう。こうした厳粛な山に立ち入ることができたのは、山を測量し、地図をつくり、自然を素材としてしか見ることができないまま征服し、収奪し、破壊した近代以降の文明人である。では私は……？

沢はいよいよせばまり、泥のこびりついた草付きの壁がそそり立つ悪谷へと変化した。いたるところに雪渓がのこり、沢水が薄汚く濁りはじめた。

やがて十メートルほどの滝がたちふさがった。滝の釜から落ち口にかけて崩壊寸前の雪渓がかかり、泥だらけの濡れた壁がまわりをとりかこんでいる。

ザックと身体をロープで連結し、ザックを滝下にのこしたまま空身の状態で雪渓をのぼることにした。雪渓の急斜面に小さなロックハンマーのピックを打ちこみ、落ち口まで這い上がる。雪渓と左側の岩壁のあいだのクレバスの際に立ち、そこから岩壁にうつり、滝の落ち口のうえに出ようとした。だが岩壁は泥だらけのぬめったスラブ壁（一枚岩）で、それがある一定の傾斜でそそり立ち、手がかりがない。ロープは下のザックとむすんでいるだけで、落下から守られているわけではない。いわゆるフリーソロ（命綱なし）の状態で、落ちたら終わりだ。慎重を期し、細かなリス（割れ目）にハーケンを打ちこみ、スリングをアブミ代わりにして立ちこんだ。草を引っ摑み泥臭く泥スラブを乗り越える。悪いワンポイントから落ち口の上に出ると、滝のうえからロープを引っ張って下のザックを回収した。

悪場をひとつ越えたが、そのちょっと先でまた難所となった。二十メートルほどの滝に、もう崩壊寸前の大きな雪渓がすかすかの砂糖菓子のように脆くかかっている。さっきの滝より数倍厄介な滝だ。どこか登れそうなところはないか周囲を見渡す。雪渓は危険すぎて到底取りつくことはできないが、右側の藪壁をのぼれば滝のうえに出られそうに見えた。

沢足袋にチェーンスパイクを装着し、完全装備で滝の高巻きにとりかかった。急峻な藪壁にしがみつき、左のほうに斜上するように滝上をめざした。だが滝の落ち口の手前に、深く、急峻なルンゼが切れこみ、それを越えられない。これを越えるとしたら、まず一度ロープで懸垂下降してルンゼの底に下りないといけないが、底に下りたところでルンゼは脆く、かつ垂直に近い傾斜で落ち込んでいるので向こう側に登りかえすことは不可能だ。

逆に一度下までおりたほうが、このルンゼの向こう側に出られるのではないか。そう思い滝壺まで下ったが、ルンゼの下部にも崩壊寸前の雪渓がおおいかぶさり、やはり越えられそうになかった。とはいえ、このルンゼを突破しないと先には進めない。あらためてほかにルートがないか見わたしたが、やはり藪壁をずっと上まで登り直して越えられる場所を探すしかなさそうだった。

これは大変な高巻きになりそうだ、と気合いを入れなおし、あらためて藪斜面を登りはじめた。そして七、八十メートルほど登ったあたりだろうか、そこで決定的な風景を目撃したのだった。

そのとき、険しかった藪斜面はいくぶん傾斜をおとし、木々の隙間から沢の上流の渓相をのぞめた。数キロ先に見たのは、茶色い岩壁のなかを白龍のように飛沫をあげる推定七十メートルの大滝だった。

ちょうど雨は本降りとなり、驟雨（しゅうう）となって森の葉をはげしくたたいた。大地を震わせ、傲然となりひびく雨音のなか、私は滝の様子をまじまじと観察した。最下部は木々に隠れており見えないが、滝は二カ所の釜を境に全三段にわかれているように見える。一見して流心の岩壁を登攀するのは容易ではない。だが、岩壁の脇の藪斜面に取りつけば越えられないことはなさそうにも見える。

しかし問題は滝の向こうだった。滝の上部は霞に煙ってどうなっているかまったくわからない。もし、この大滝の先にまたさらなる大滝があったらどうする？　あるいは突破困難なゴルジュが控えていたら？　地図がなく、霧で景色がかすんでいる以上、滝上の様子は知りようがない。時刻もそろそろ夕刻となり、野営の準備をしなくてはならない頃合いになっている。かりに滝に取りつき、首尾よく登れたとしても、その先により険しい悪場が控えていたら、大雨のなかで悲惨なビバーク（緊急的な露営）をしいられることはまちがいない。

大滝を見たとき、私はほとんど瞬間的に、あの滝は登れないと即断した。技術的な問題ではなく、先の見えない山がもつ、山の本源的恐ろしさに押しつぶされたのだ。

大滝との対面はまちがいなくこの山行のハイライトだった。大滝は私にとっての神であった。滝を登れなかったことで、私は、山を登るとはどういうことなのか、つぶさに考察することになったが、でもそれは後日、この登山のあらましを冷静にふりかえったあとの話である。

結局、先ほどの一対一の二俣までもどり左俣をのぼってみることにした（次ページ地図③）。

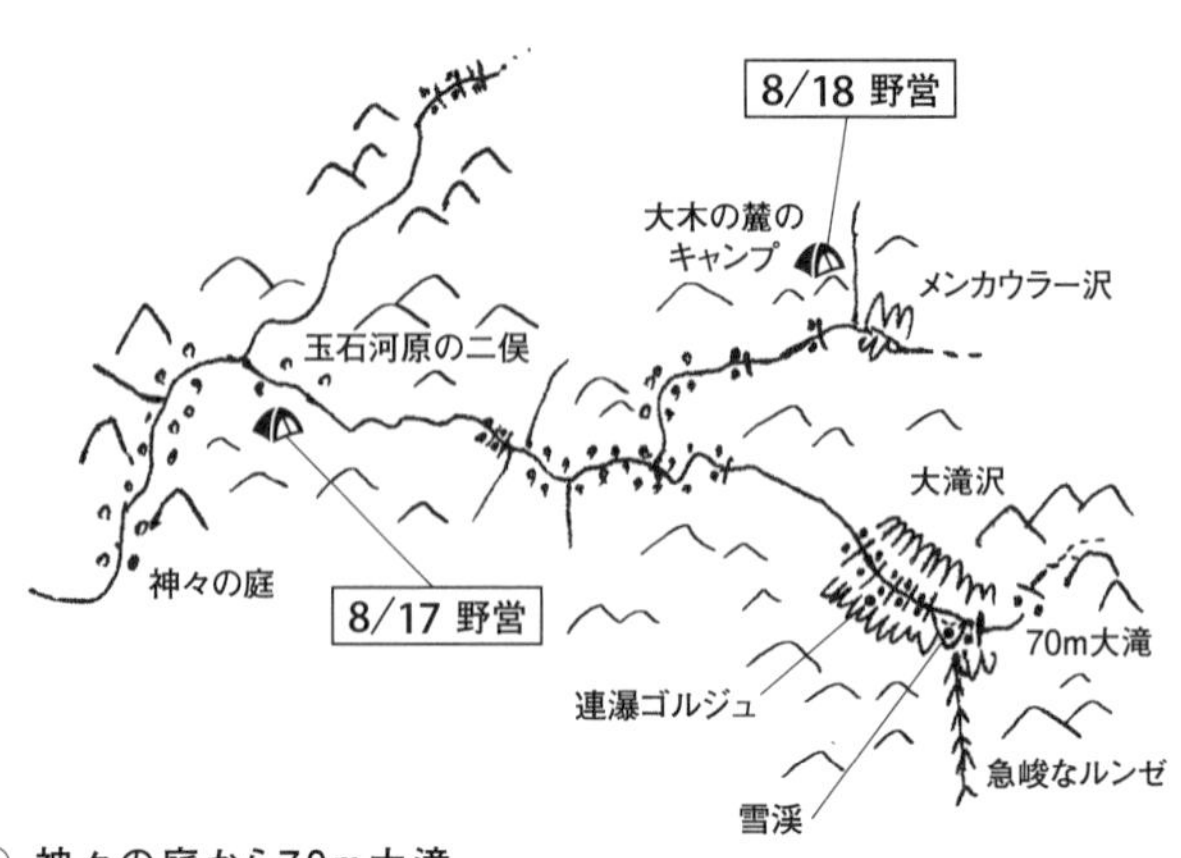

地図③ 神々の庭から70m大滝

苦労して登った雪渓のある滝を懸垂下降で下り、滝をいくつか下って二俣にもどった。左俣を登ると河原がしばらくつづき、白い岩壁のなかを緑色のナメ滝と釜が連続する景勝地のような美渓となった。釣り堀みたいに手頃の大きさの釜がつらなり、思わず竿を出してみたが魚はいない。やはり魚止めはもう越えているようだった。

一度止んだ雨がふたたび降り出し、また激しくなった。沢身は徐々に小さく、せまくなってゆき、河原から小滝と釜が連続する渓相へと変化した。さきほどの大滝沢の構成を考えると、おなじような地層にぶつかるだろうからこの沢もこの先で険しさが増すにちがいない。

滝はいずれも容易に越えられるが、野営できる場所が見つからなかった。一度、釜が連なる美渓ポイントまでくだったが、泊まれるスペースが見つからず、野営地をもとめてふたたび登りかえした。

やがて五メートルほどの小さな滝があらわれた。左斜面にきざまれたルンゼを攀じ登り、右のほうにトラバース（水平ラインを保ち横移動すること）して滝を越えようとしたが、垂直の壁にはばまれ滝の上に出ることができない。そのまま押し出されるようにルンゼをどんどん上に登っていくと、左手のほうにトドマツや白樺の大木が立ちならぶ尾根が見えた。

雨もひどいし野営ができるとしたらここしかない。トラバース気味に尾根にむかってのぼってゆくと、案の定、大きな白樺のふもとにひとりぐらいなら横になれる場所が見つかった。即座に野営の準備をはじめる。笹藪を刈り取り、ハンマーで土や根っこを掘り起こしなるべく平らにする。整地を終えたら水を汲みに沢まで一度下り、トドマツの枯れ枝で火をおこした。芯が乾いていたおかげで薪には簡単に火がついた。釣りができなかったため、食事はふりかけご飯と乾物の味噌汁だけという質素なものだ。燃え盛る焚き火を前に星のない夜空を見上げて物思いにしずむ。

明日からこの登山はどうなるのだろう……？　頭にうかぶのは、その問いだけだ。

この先、沢はどういう渓相となるのか。〈大滝沢〉のように滝と雪渓の連続する悪い沢だったら途中で野営地を見つけるのはむずかしい。

地図があっても源頭部での野営地探しは苦労することが多いのに、地図がないとなおさらだ。もちろんそれはわかっていたので、ある程度上流で野営地を見つけたら、最後は一気に詰めようと思っていたが、そんな簡単な沢ではなさそうである。

先の見えない状態でこれほどの悪沢をうろうろ遡行するのは、それだけで心理的負担が大きい。先ほどの大滝沢の悪いイメージがどうしても頭からはなれない。この左俣も大滝沢みたいな険悪な渓相だったらどうするか……。

あとどのぐらいで稜線に出るのだろう。次に何が出てくるのか。どこに終わりがあるのか。地図がないだけではなく悪天のせいで視界も悪い。先のことがわからないという状態が、これほど精神を不安にさせるとは思わなかった。

これ以上雨がつづくようなら、下りたほうがいいかもしれない……。増水するかもしれないし、雨を言い訳にできる。

正直気持ちは半分折れかけていた。

5

早朝の薄明りで目がさめた。雲ひとつない快晴である。昨晩はほとんど下山に気持ちがかたむいていたが、陽光が燦々とふりそそぐと、もう一度やってみようかという前向きな気持ちに一変する。それに、陽射しのなかであらためて沢を見ると、すでに規模は小さくあきらかに稜線はそれほど遠くなさそうに思えた。

消し炭に火をつけなおし、コーヒーをのみ、朝のラーメンをすすって支度をととのえる。

昨日の最後にあらわれた五メートルの滝を三十分かけて越えると、鬱蒼と生い茂る緑の藪のなかで沢は狭いゴルジュとなって切れ込んでいる。そこから十メートル以下の滝や釜が次々にあらわれた。

黒光りする岩壁に閉ざされたわずか幅一メートルの水路に小滝がかかり、飛沫をあげている。滝があらわれるたびに高巻きをしいられるが、いずれも容易に越えられた。まだこの段階では山の地形は全体的に険しくなく、大滝沢ほどの悪さは感じない。

出発してまもなく上部に霧がたちこめ山は姿をかくしたが、時折、切れるガスの隙間から主稜線とおもわれる尾根筋が姿を現し、視界にとらえることができた。

濃緑色の樹木や灌木におおわれた美しくも厳しい山容が、青空のしたで明瞭なスカイラインをえがいている。稜線は右にしたがい高度をまし、見事な三角形のピークとなって突きあげている。その三角形の山はかなり険しい頂稜をもち、かつ大きな山に見えた。一方、稜線は左にゆくにつれ落ちこんでゆき顕著な鞍部につながるようだが、手前の尾根にかくれて判然としない。

考えてみれば、それははじめて目にする日高山脈の稜線だった。これまでたどってきた沢の向き、距離感、そして現時点の沢の規模と流量から考え、日高の主稜線だと考えてまちがいなさそうだった。静内川との合流点である双川橋から延々と歩き、ついに主稜線をとらえることができたのだ。とはいえ、嬉しさや興奮がわくわけでもなく、沢はこのあとどうなるんだろう……という不安と怖さしかない。

次々とあらわれる十メートルほどの滝を高巻いては沢に下り立ち、また登り……ということを強いられるうちに、ふたたび二俣となった。沢は源頭に近づくと扇状に広がるため次々と分岐点があらわれる。二俣が連続することもすでに源頭がちかい証である。

この二俣ではまず北向きの左俣を偵察してみたが、雪渓が解けたあとの泥や流木ばかりで雰囲気が悪く、もう一度二俣までもどって、つぎに東にむかう右俣をえらんだ。

この右俣が想像を上回る悪い沢だった。沢ヤが形容するところの〈絶悪(ぜつあく)〉というやつだ。

まもなく深く切れこんだゴルジュのなかに高さ五メートルのチョックストーン滝（沢の真ん中

に巨岩がはさまっている滝）があらわれた。直登は不可能なので左手のほとんど垂直に近いブッシュ（藪）壁にとりつく。小さく高巻いて、すぐに沢にもどるつもりだったが、とりついた藪壁が垂直に近い角度でせりあがり、まっすぐ登ることしかできない。結局そのまま登りつづけ、トラバースが出来る程度に傾斜がゆるくなるまで、ひたすら藪をつかんで高度をあげることにした。それが午前十時半のことだった。

それから私は谷底に下りることができなくなった。沢が絶悪すぎて下りるチャンスが見つからなかったのである。

藪の急傾斜地を慎重に上流方向にトラバースしてゆくと上流の様子がうかがえた。その渓相に思わず暗然とした。

沢は二十メートル以上はありそうな完璧に垂直な壁で両岸を武装しており、その内部で二十メートル級の滝が連続でおちている。それらの滝は一見して直登不能で、両岸も垂壁で固めているわけだから、一度沢に下りてしまえば直登もできないし高巻きも無理である。

この険谷がなんという名前で、沢登りの世界でどのような立ち位置をしめているのか、情報のない私には無論わからない。あるいは渓谷登攀の困難な対象として有名な沢なのかもしれない。大西良治のような超人的遡行家か、十分な装備を用意した登攀を目的にした力のあるパーティーなら登れないこともないだろうが、私が用意しているのは五十メートルロープ一本にハーケン数枚、あとは少量のカラビナとスリングだけだった。ナッツやカムデバイス等の、岩や滝を登るのに必要な登攀用具は自宅のクリアケースに放りこんだままだ。かりにロープで懸垂下降して谷底に下りたとしても、内部の滝を越えられない以上、下りたロープを登りかえすしかないわけで、やるだけ無駄だ。つまり、このままゴルジュが終わるところまで激しい藪漕ぎをつづけるしか選択肢はない。

沢から五十メートルほど高度をあげたところをひたすら水平移動した。気温が上昇し、大量の発汗で全身ずぶ濡れとなる。山手線の車内であれば人が寄りつかないこと確実の悪臭に惹きつけられたのか、顔には大量の蚋が雲霞となってたかり、眼球に途切れることなく波状攻撃をしかけてくる。藪斜面とはいえ傾斜は壁のようで、手を放して虫を追っ払うこともむずかしい。私が移動すると、蚋どもも磁石にひきつけられたみたいに等距離をたもってついてくる。どのような生物学的機能が彼らにこのようななめらかな動きを可能にさせるのか不思議だ。虫刺されで目のまわりが赤く腫れ、顔貌は怪異となった。憎たらしいことこのうえない。

左から水がさわやかに落ちる小さな支流が入りこんだので、そこで顔を洗い、たっぷりと水分を補給した。手を叩いて蚋の大群に柏手攻撃をくらわせ、手のひらでつぶれた死骸の数を見ては快感に酔う。ふたたび藪に突撃し、緑の壁をかき分けてゆくとまた沢の様子を見わたすことができたが、風景には絶望の文字しかきざまれていなかった。ゴルジュ内部には一見して登攀不能な三十メートル以上の大滝がかかり、あいかわらず下りるという選択肢はない。呆然としてはため息をつき、すでに手下のようになった蚋どもを引き連れ、また藪のなかに身をひそませる。それが延々とつづく。

やがて沢の右手に、朝方遠望した主稜線の一部をなすと思しき巨大な三角形のピークが、さらに大きくなって堂々とした姿を誇示した。

できれば主稜線に出て一番目立つピークに登りたい——。

そんな期待を胸にここまで来たが、幸運にも、目の前には期待をはるかにうわまわる立派な山がそびえている。威容から察するに、きっと名のある山にちがいない。

北大山岳部のサイトウさんが漏らした「カムエクもあるし……」という言葉が嫌でも思い返された。カムエクとはまた覚えやすい名前で、記憶力の悪い私でも脳髄のひだにきざみこまれてしまった。おそらくこの山がそのカムエクというやつなのだろうが、私のなかでカムエクという言葉はきかなかったことになっている。そこで、今登っているこの沢は先日メンカウラー沢と名づけたので、この山も〈メンカウラー岳〉と呼ぶことにした。

メンカウラー岳の正面には急峻で登攀的な沢が滝の連続となって迸(ほとばし)るように落ち込み、最後は大滝となって、私が遡行するメンカウラー沢本谷に落ちこんでいる。この合流点の先でメンカウラー沢本谷には巨大な雪渓がのっかり、その奥でさらに別の二十メートル滝がかかっているのが見えた。

視認できるのはそこまでだが、少なくともこの二十メートル滝まで沢に下りることは考えられないし、この滝まで行くのに、はたして何時間藪を漕げばいいのかもわからない……。まったくどこまで絶悪ゴルジュはつづくのか。この調子で稜線まで突きあげるのだろうか……。目指すべき山がさだまったのはいいが、先行きの不透明さは何も変わらず、私は途方に暮れるばかりだった。気持ちがくじけそうになるが、それをこらえて汗でずぶ濡れになった身体をひきずりまた六十度ほどの傾斜の壁のなかで藪を漕ぐ。

メンカウラー沢に下りられそうな気配はなかった。このまま沢通しに藪漕ぎをつづけても、今日中に安全な野営地が見つかる可能性は低そうだ。それでも光明がないわけではなかった。どうやら数百メートル前方で左から小さな支流がはいりこんでいるが、その支流であれば両岸の傾斜がゆるく、テン場を確保できそうに見える。

ひとまずその支流めざしてひたすら藪漕ぎをつづけ、ようやく夕方近くにたどり着いた。

この支流も滝が連続していたが、本流みたいにゴルジュ状に深くえぐれているわけではなく、脇の藪を漕いですこし高度をあげれば、どこかで沢床に下りられそうな感じがした。下降できる場所を探しながら、支流の左側の藪斜面を登っていくと、十メートルほどの滝を五個か六個こえたところで支流は左に屈曲し、そこで藪をつかみながら沢床まで下りることができた。

その先もこの支流には滝が連続しているようだった。ただ雰囲気的に直登できそうだったし、たとえ滝を登れなくても、ゴルジュ的渓相ではなく沢の構造としては浅いので、脇の藪から容易に高巻くことができる。

それにもうかなり登ったはずだ。地図がなくともそれぐらいはわかる。周囲のスカイラインと比べると主稜線まであと五百メートルといったところだろう。ここまできたら絶悪ゴルジュがつづく本谷にもどって垂直の藪壁を延々とトラバースするより、この支流をつめて稜線に出たほうがあきらかに早い。

本谷から離れて、この小さな支流から稜線に出てしまおう。そう決めて、つぎの滝を越えると、落ち口の左手に畳一畳ぶんぐらいの草叢の平坦地が見つかった。沢のすぐ脇だが、もはや源頭は近く、増水の心配はさほどない。これほど傾斜の強い沢で野営地が見つかること自体、かなり幸運だった。躊躇なく沢の両側の灌木を支点にロープをはりわたし、草叢のうえにタープを張った。時刻は午後三時だった。薪はすっかり湿っており、調理できる火力に達するまで二時間を要した。

支流はその先も急傾斜でせりあがっているが、谷は浅く、もはや悪場はなさそうだった。この沢を数時間登れば稜線に出られるだろう。絶悪ゴルジュから解放されて、ついにこの山行にも先行きの目途がたったのである。

あとはメンカウラー岳の頂上から先をどうするかだ。

出発前の考えとしては、主稜線のしかるべきピークを越えて、反対側の沢をくだって十勝側に出るのが理想だった。しかしすでに出発から一週間がたち、それはもう現実的ではない気がした。反対側も似たような絶悪ゴルジュの谷だったら、どれだけ日数がかかるかわからないし、何よりまた一週間もおなじような重圧のなかで過ごすのは耐えられない。未来が奪われた時間のなかですごすことに私はすっかり疲弊していた。

標高が一気にあがり、未明からガタガタ震えて寝られなかった。上部から吹き下ろす冷涼な風に身を縮こまらせ、寝袋でしばらくもじもじする。前日の焚き火跡にのこる消し炭に火をつけ、快晴の青空をながめながら朝食のラーメンをすすった。

十勝側に下りる選択肢ものこしたかったので、装備をすべて担いで野営地をあとにした。出発からしばらくはまだ滝がつづいた。野営地の目と鼻の先にあった十メートル滝は流心から直登できそうに見えたが、とりつくと途中で行きづまり、怖い思いをしながら滝下までくだって、あらためて左のルンゼから高巻いた。

その後も七、八メートル滝が途切れず、難しくて直登できない滝もあった。全体的な傾斜はきつく全体が滝みたいな沢である。だが次々に滝をこえてゆくと次第に水量は減少し、水を一リットルほど給水したあとはちょろちょろとした流れもまもなく消えて、沢はガレ場となり、ハイマツと草のしげった急峻な斜面に吸収された。

雪国の沢は、源頭でハイマツやネマガリダケの藪が密生して壁のようになっている。ひどいところでは地面に足がつかず、泳ぐように藪を漕がなければならず発狂しそうになることもある。しかし幸運なことにこの沢の源頭はハイマツも草も膝ぐらいで、ほぼ藪漕ぎなしで稜線に出ることができた。

私の右手には、メンカウラー岳が見事な三角形を天に突きさし、あたりを睥睨(へいげい)していた。稜線に出ると、北のほうに別のピークを視界にとらえたが、メンカウラー岳ほどの高さはなく、予定通りこの山の頂上をめざすことにした。

ザックをその場にのこし完全な空荷で頂上にむかう。

稜線には、所々ハイマツが屋根のように覆いかぶさっているものの、わりと顕著な登山者の踏み跡があった。羆の糞や掘り起こした跡もいたるところにあり、すぐそこにいそうな気配に満ち満ちている。こちらの居場所を知らせるため、ホウホウと甲高い裏声をあげて頂上にむかう。

昼になり日が高くなると上昇気流にのって雲がたちのぼり、メンカウラー岳は時折姿をくらませた。注目すべきは、稜線ごしに見える十勝側の沢の様子だった。数百メートル下りただけで河原がひろがり、シュンベツ川側のような険しさは皆無のように見える。

それだけではなかった。河原にはオレンジ色のテントが立ち、山頂には人影さえ見えた。登山者がいるぐらいなのだから、やはり名のある山にちがいない。もしかしたら登山道があるのではないか？　そんな気もしたが、熟練の沢ヤが数年来の夢を実現させるため中流部で絶望的なゴルジュを突破してきた可能性も低くない。頂上にいる人に情報をもらえたら話は早いのだが……。だが……他の登山者から情報をもらっていいのだろうか？

地図なし日高を真っ新(さら)な原始の山に擬(ま)していたこのときの私には、別の人類と話をしてこの山の完璧なる処女性が失われることにまだ抵抗があったのである。

山頂にたったのは午前十一時頃だった。胸にわくのは感動だとか、達成感より、ともかく登頂できてよかったという安堵感だけだ。しかも期待をはるかに上回る立派な山頂である。これでようやく帰ることができる。先行きの見えない時間から解放されたことがとにかく嬉しかった。山頂にいたのは十分程度だろうか。幸か不幸か、先ほど見えた人影はすでになかった。

山頂はふたたびガスに呑みこまれ周囲の景色もほとんど見えなかった。三角点があるだけで標識もなく、山の名前もわからないままだ。しかし風格や登山者の存在から、この山が例のカムエクであることは確実であるように思えた。

山頂直下の斜面から男女数人の人間の声が聞こえた。すこしはしゃいだ雰囲気で楽しそうな声である。登ってくるときに山頂の肩に広場状の場所があり、そこから十勝方面に踏み跡がつづいているのが見えたが、声の一団はその道を登ってくるハイカーのように思える。彼らをすこし待って十勝方面の情報収集をしようかと迷ったが、地図なし登山の趣旨を説明するのが面倒臭いし、変人だと思われて嫌な顔をされるのも不本意なので待たずに下ることにした。

どちらに下山するかは最後まで迷った。ここまで人がいるということは十勝側に登山道があるのは確実そうだが、それでもこれ以上、未知の時間を旅することへの抵抗感がまさった。デポしたザックの場所にもどり、少し思案した後、既知の世界に塗りかわったシュンベツ川からくだることに決めた。

数時間で昨晩とおなじ野営地に下ってタープを張った。

6

未知の闇がとりはらわれ既知の世界となった途端、シュンベツ川から圧迫感は消失し、それまでの緊張感は喪失した。

不思議なことに、おなじルートを行く場合でも先が読めないときのほうが、先が読めるときよりはるかに時間がかかる。この場合の時間というのは心理的なものではなく物理的な意味での時間だ。

前冬に太陽の昇らない極夜の北極圏の闇世界を放浪したとき、いっこうに目的地にとどかないのが不思議でならなかった。何日歩いても氷床が終わらない。歩行速度と時間を考えるととっくに越えているはずのところになかなかたどり着かない。そんな時間がつづいた。

闇夜で視界がかぎられている状態は、未来が見えないという意味で地図なし世界と条件が同じである。先が見えないという心理的不安は肉体的な抑制となって人の歩く速度を低下させるのかもしれない。ともかくこの地図なし登山には、極夜での時間経過と似た感覚があった。ただし時間の流れは逆で、先の見えなかった登りに比べ、先が見えるようになった下りのほうが圧倒的にはやく感じる、というかはやい。

丸一日かかったメンカウラー沢最上流部の最後の藪高巻きをわずか三時間弱で終え、その下流の滝群もひたすら脇の藪斜面を迂回してくだった。前々日の白樺の根本の野営地に達したのは出発からわずか四時間強、そこからは沢底を歩いてくだり、まもなく神々の庭にたどりついた。

世界は未知から既知に変貌したし、下りなので純粋に歩行速度はあがる。ただ連日の藪漕ぎで心身は疲弊しており、荷物がやたらと重く感じて途中からは一時間ごとに腰をおろして休憩した。

せっかくの神々の庭なのでこの日はそこで野営することにして、左岸の平らなところにタープを張った。晴れているし悪場も抜けて、のんびりとした気持ちで竿をふった。

往路で桃源郷だと感激した神々の庭であったが、あの、いかにも神秘的な雰囲気をたっぷりまとった靄がとりのぞかれ、隅々まで視覚のいきとどく青空のもとでその景観をながめると、先日の仙境感は完璧なまでに消失し、悲しいことに、どこにでもある、ただの大きな河原に変貌していた。クフ王だのカフラー王だの興奮気味に対峙した三つのピラミッド型のミニピークは、いずれも平凡な尾根の中腹にある何でもない隆起にすぎず、あの感激は上部が霧につつまれたがゆえのまやかしにすぎなかったようだ。

一匹のキタキツネがあらわれ、タープの下にある私の食料を執拗につけねらっていた。往路に見た神々しい鹿の群れにくらべると、その姿は薄汚れており、あさましい。竿をふれば神魚が入れ食いだった神の川も、しばらく釣り歩いてようやく小さなアメマスが四尾釣れただけだった。

なんだか化けの皮がはがれたなあ……そう感じた。不可視だった世界が消えて安心を得られたのはいいが、そのぶん美や夢や物語もうしなわれ、つまらぬ現実にとりかこまれてしまったようである。

翌日から天気がふたたび悪化した。未明からぽたぽた雨がふりはじめ、昼前から断続的に強まり、驟雨となった。前日受信したラジオでは午前中で雨が止むような予報だったので様子をみたが、一向に弱まる気配を見せない。

ラジオをつけるとかろうじてＮＨＫが聞こえ、ちょうど道内各地の天気予報が流れていた。

「……地方では夕方まで雷をともない断続的に強い雨……」

どこの地方かは不明だが、しばらく止まないのはまちがいなさそうだった。

沢は徐々に水嵩をまし、水流は強まっていった。その様子をみていると、野営地の安全性が気になりはじめた。タープを張ったのはだだっ広い河原の脇の一段高い樹木のならんだ砂地のうえだが、木々の間に引っかかる流木を見ると、増水時に安全な場所ではなさそうだ。こんな状態ではおちおち本も読めないし、ここより下流で沢身は一気に狭まるので、これ以上増水したらそこを越えられなくなるかもしれない。いまのうちにもっと下流に野営地を移動させたほうが得策だと判断した。

雨で河原の流木はすっかり濡れてしまった。消し炭と焚き火のまわりの乾いた薪を集め、午後一時半にタープを撤収する。雨具の中まで浸水するひどい土砂降りで、すでに沢は完全にコーヒー色の濁流と化し、平水時の数倍の水量となった。普段はせせらぎのつづく河原だが、浅瀬をえらばないと渡渉もままならない。

神々の庭の先に出ると左岸に三つの崩壊地がつづき、そこから沢は傾斜を増して下ってゆく。土砂降りはつづき、沢は何倍も水嵩を増し、濁った激流が飛沫をとばし、地殻変動をおこしそうな轟音をとどろかせている。すでに沢沿いを下降するのは不可能となった。下流に向かうには延々と濡れた藪のなかを高巻きしないといけないが、そんな苦労をしても進めるのはせいぜい数百メートルだろう。こうなると逆に雨が止んで減水するのを待ったほうがいい。

崩壊地の手前に安全な野営地があったので、少しもどり、そこで泊まることにした。普段は河原石のころがるただの河原も、茶色いプールと化しており、不用意に足を踏み入れると胸までつかって泳ぐ羽目におちいる。

タープを張り終え焚き火の準備をしているあいだに、雨足は少しずつ弱まった。野営地で落ちついてから沢を眺めた。岩の喫水線を目印に観察していると、水がみるみる減ってゆくのがわかる。

幸運なことに次の日は晴れてくれた。水量は前日から一メートルも減水し、濁りもとれたため、午前七時前に出発した。もうこうなったらとっとと下山するのが賢明だ。また雨が降ればすぐに水が出るだろう。崩壊地の先からやや山肌がせばまるところが少々つづく。平水時なら三十分もかからないところだが、まだ水量は通常の数倍あるため渡渉するのがきびしく、一時間以上を要した。

そこから先で、シュンベツ川には右岸、左岸の順で大きめの支流が流れこむ。二つ目の左からの支流の合流点はブルーシートや機材の残置された作業道があったところだ。

下流に行くほど沢の規模は大きくなり水量は増えるので、このままシュンベツ川沿いをくだると下山にはかなり時間がかかるだろう。この作業道を行ったほうが速いかもしれない。重そうな機材があったぐらいだから、きっとこの先には林道が走っているはずだ。林道を歩けば今日中に静内の町に下りられるのではないか。どこに出るのかという好奇心も手伝い、迷うことなく作業道を登ることにした。

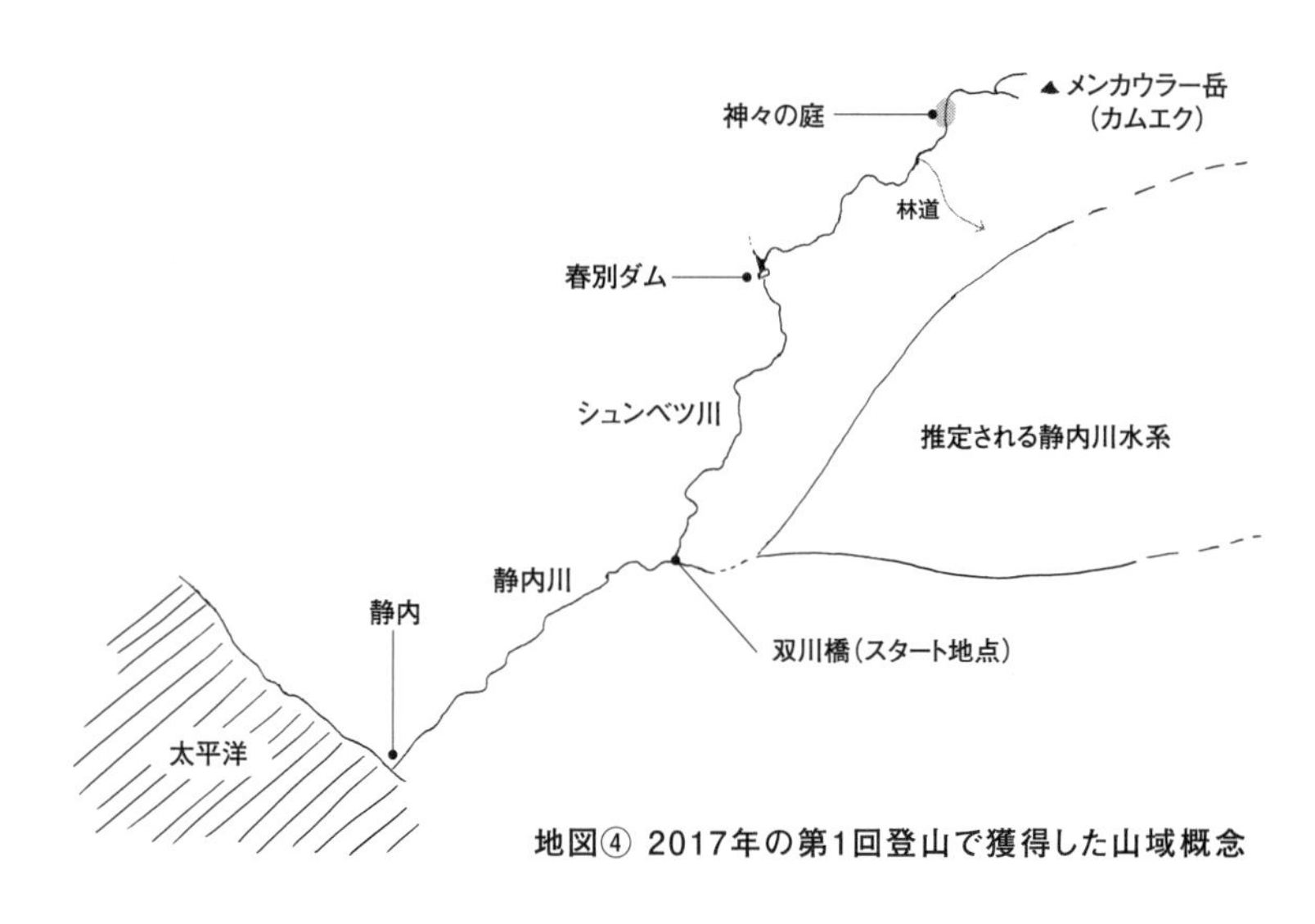

地図④ 2017年の第1回登山で獲得した山域概念

作業道をたどると十五分ほどで北海道電力の小さな施設にたどりついた。予想通りそこから現役で使用されている林道があらわれ、すこし先で道は左右に分かれた。左のほうが道はしっかりしているが、右のほうがシュンベツ川沿いにつづいていそうで方向としては魅力的だ。

ひとまず右の道を歩きはじめた。だがわずか三十分で林道は崩壊をはじめ、斜面の土が崩れ落ちたひどい状態となった。道の形態をとどめている場所もトドマツの灌木が密生し、合間にかろうじて鹿の踏み跡がつづく。道はつぎの支流までつづいていたがそのあたりで完全に山にのみこまれ、どこに道があるのかわからなくなった。シュンベツ川沿いをダムまで行く林道だと予想したが、左岸の支流沿いにある林班につづく昔の支線だったのかもしれない。仕方なく施設の近くの分かれ道までもどり、今度はしっかりとした左の林道を進んだ。

こちら側の林道は今も使われている現役の林道

で、崩壊地を重機で改修した跡もある。ただしどこに向かうのかはわからないまま、シュンベツ川から離れて支流をぐんぐんあがってゆく。おおむね南にむかっているので、まあ、五、六時間も歩けば静内に着くのではないかと腹をきめて、そのまま道を進んだ。

やがて林道は尾根を越えて、反対側の谷にくだりはじめた。

この先はどうなっているのか？

すでにこれまでの風景は私の頭のなかで俯瞰的に構造化されており、ある程度の山域概念はできあがっている（前ページ地図④）。

それによると、この道が静内川本流の水系に下るのはまちがいないと思われた。というのも、私がこの登山をはじめた出発地点である双川橋でシュンベツ川は静内川に合流し、北東方向にのびていた。つまりシュンベツ川は、静内川からみると、その北西側の山々を集水域とする一大支流である。となると、この林道を行き、尾根を越えて南東側の谷筋にはいれば、そこは静内川水系のはずである。もちろんシュンベツ川の下流部にながれこむ大きな支流に入りこんでいる可能性もなくはない。それでも私はこれより下流域にあるシュンベツ川の支流の規模、歩いた距離感、先ほど行き止まりとなった支線林道からながめた山々の上からの景観など、全体的な面から考え、この先に行きつくのは静内川水系にちがいないと予想した。

そしてこの予想があたり、静内川水系に迷いこんだらどうなるか、と考えると、それはよくわからなかった。しかしこれだけ立派な林道がある以上、道は下界につづいているはずであり、たとえ静内の町まで三十キロぐらいあったとしても、増水したシュンベツ川をくだるより早いはずである、と考え、さらに速度をあげてぐんぐん下った。

五ミリぐらいの羽のはえたダニみたいな虫が二十匹ほど身体やザックにまとわりついている。全身がぽつぽつと赤く、固く腫れて、むず痒いが、羽の生えたダニなどいるのだろうか、と考えながら前進をつづける。

まもなくコンクリートの巨大な橋梁とトンネルが見えた。登りでは見るたびにウンザリした構造物だが、下山となると話は別だ。あれ、もう国道に着いたの？　ラッキー、とよろこびがこみ上げる。しかしそれはぬか喜びで、それらの構造物は建設後にうち捨てられたものなのか、放置された人工物特有の廃墟感を漂わせている。そして林道は橋には向かわず、未舗装の砂利道のまま大きな沢の脇へとつづいていた。まったくもって国道ではなかった。

カーブをまがったときに突然、左の林の中からチェーンソーの音が聞こえた。どうやらこんな山奥に作業者が入っているらしい。

道があり、人がいる。となるとそこはもう山ではなく事実上の下界である。あんなに苦労して手探りで分け入った未知の世界であったが、実際には林道をたどり、たった一本小さな尾根を越えただけでもう人間の生活領域なのだ。日本の山にかろうじてのこる原始空間の面積のせまさに寂しさと虚しさをおぼえた。……が、同時に、静内が近いかもしれないことを思うとうれしくもあった。夕方になれば作業員は車で町にもどるだろうから、ヒッチが成功する確率は高い。こんな山奥をとぼとぼ歩く登山者を見捨てる人など北海道にはいないはずだ。

この甘い期待は幻想ではなかった。予想より数時間ほど早い午後一時半の段階で一台の車が後ろからやってきた。手をあげると車は私の脇で留まり、ウイーンと車窓が開いた。

日に焼けた作業服姿の男の顔があらわれ、亡霊でも眺めるような目つきで私を見つめた。

「何しているの？」

「いや、静内まで行こうかと思っているんですが……」

「シズナイ？　シズナイって……静内？」

「……はい」

男は啞然として作業中の林地がのった地図をクリアケースからごそごそ取りだした。

「どこ行ってたの？」

「シュンベツ川を下ってたんですが、増水したんで林道から下りられないかなと……。じつはこのあたりの地図を持ってなくてですね、この林道を下ったら静内に出るんじゃないかと思ったんですが……」

「出るけど……すごく遠いよ。車で二時間、飛ばして一時間半だから七十キロはあるんじゃない」

「七十キロっ！　そんなにあるんですか？」

今度は逆にこっちが啞然とした。

「それぐらいあるんじゃないかなぁ。どこに泊まっているの？　こんなところにいたら遭難しちゃうよ」

「いや、まだ食料があるからそれは大丈夫なんですが……」

地図をもたずにシュンベツ川を遡行し、今日で入山から十一日目になることを告げると、男はふたたび「十一日？」と腰を抜かさんばかりに仰天し、「よく羆に食われなかったねえ」としみじみ言った。そして、乗っていきなよとドアを開けた。

フロントガラスのワイパーには巨大なカミキリムシがはりつき、大きなミヤマクワガタが不器用に羽をばたつかせて木と木のあいだを飛んでゆく。道路の脇に〈40Ｋ〉と書かれたキロ程標があらわれた。キロ程標の起点が双川橋だとしたら静内までやはり七十キロほどあるのかもしれない。

男はすごいねえ、すごいねえ、と何度も感心し、「それにしてもついていたよ」と言った。彼と奥にはいっている作業員は苫小牧の林業会社の同僚で、新冠（にいかっぷ）の宿舎をベースに二カ月ほど国有林の間伐作業に従事している。今日この林班に入ったのはたまたまだったという。静内川沿いにつづくこの林道は下流部にあるダムでゲートが施錠されており、一般車は通行できない。だからもし私が前日や翌日に下山していたら、誰の車にも乗ることはできず七十キロを歩かなければならなかったのだという。昨日の雨のおかげで私は彼の車に乗れたわけだ。

シュンベツ川のダムがおもちゃに見えるような巨大なダムを二つ通過すると町が近づいたのか、砂利道から舗装道にかわった。双川橋まで乗せてもらえればあとはタクシーを呼ぶと言ったが、もういいから町まで乗っていきなよ、と男は結局、日帰り入浴のできるホテルまで送ってくれた。丁重に礼をのべて男と別れ、ホテルにはいる。

長い沢登りのあとは腐葉土のような泥の臭い、そして藪や焚き火や水の臭いの混濁した人を寄せつけない悪臭がただよい、自分でも涙が出そうなほど不快だ。おまけにザックには羽の生えたダニのような虫がまだいくらかのこっているだろう。でもこのホテルの女性従業員は嫌な顔ひとつせず、大きなザックを背負って登場した私を見て、嗚呼この人は何か大変な山登りをしていたにちがいない、とでもいった、どちらかといえば憧憬にちかいキラキラした眼差しで風呂場を案内してくれた。彼女の瞳に心が洗われ、この登山を終えた。

7

最初の地図なし登山の試みはこうして幕を閉じた。その後、この経験は私の内部でややこみいった道筋をたどって次の試みにつながることになる。

下山直後の感想を記すと、興奮や面白味より、むしろ上流部のゴルジュ帯や未来の見えない時間に疲れ果てたというのが率直なところだった。何年もかけて通いこみ、日高という土地をゼロから獲得してゆく。そこに自分の世界をつくりあげてゆく。そんな意気込みではじめた地図なし登山だったが、雄大な構想は、むき出しとなった〈山〉という現象によって突きくずされ、日高の沢の厳しさという現実に打ちのめされたのだった。

何より大きかったのは、日高山脈の沢はどこもかしこもあんな険谷ばかりにちがいない、との固定観念をもってしまったことである。

私はこの地図なし登山を何年も継続させるつもりではじめた。もしこれを次につなげるとしたら、シュンベツ川の別の支流をたどって行動範囲を広げてゆく方向性しかないが、その別の支流もどうせ激しいゴルジュ地形が待ちかまえているに決まっている。また終わりが見えない不安のなかで谷の脇の懸崖（けんがい）に張りつき、何日もうろつきまわるのは、正直なところもう御免だった。だから予定は変更、地図なし登山は今回かぎりで終わりである。そう考え、下山したらすぐにでも地形図を広げ、自分がたどったルートを確認するつもりだった。

無論、地図を見た時点でこのプロジェクトはご破算となり、私的空白部としての日高は世界から消滅する。しかしこのときはそれでいい、未練はない、と思っていた。

ところが、見ようと思っていた地図をなかなか見ることができなかった。何度か国土地理院のウェブサイトを開き、地形図を日高のほうにスクロールさせようとしたが、どうも決心がつかず閉じてしまう。

決断できないまま、とりあえず当時、定期的に更新していたブログに「期待していたほどの面白味はなかった」という趣旨の記事を書き、メンカウラー岳の写真と一緒に掲載した。すると、出発前にシュンベツ川に行くきっかけをつくってくれた沼田山岳会の清野さんから早速電話があり「あれはね、カムエクの北面だ」と山の本当の名前を告げられた。その瞬間、やはりあれがカムエクだったのかと納得したのと同時に、本当の名前はまだ明かされたくなかった……と残念な気持ちにもなった。まだ未練があったのだ。ただ、そのときはさして気に留めることもなくそのままやり過ごした。地図なんかいつでも確認できるのだから、別にいま見る必要はない。そう思い、ダラダラと決着を先延ばしにしていたのである。

それから半年、一年と時間がすぎた。

存在感のある巨大な岩石も風化により砂となって崩れ落ちるように、時間の経過は経験の負の側面を洗い流す。ところが、この地図なし登山はそれとはややことなる進行を見せた。不思議なことに、あのとき経験した剝き出しの山はしだいに熟成、発酵の過程をたどり、ただ辛く厳しいだけではない、もう一段深い相貌を露わにしたのである。

深い相貌を見せた風景とは、具体的にいうと、ひと目見た瞬間に登れないと判断した、あの七十メートル大滝の風景だった。あの一瞬の相克のなかに、山が山たるべき何かがあった気がした。なぜあのとき私は滝を登れなかったのだろう。折にふれて、そんなことを考えるようになった。あの滝は登れないと即断した理由。それは何か。

滝を単体としてとりあげると登れたかもしれない。あらためて写真を見返しても、技術的に考えられないほど困難で、登攀不能と決めつけるような滝ではなかった。少なくとも脇の藪の生えた壁にとりつけば登れそうに見える。だから、ダメだと即断した要因は滝単体にあるのではなかった。要因は、あの滝が、あのときの登山のなかでどのような時間的流れのなかにあったのか、という点に尽きたと思う。

つまり滝が、私の行為との関係性においていかなる現象としてたちあらわれたか、その存在様態を問わないと登れなかった理由にたどりつけない。

原因はもちろん地図がなくて見通しがゼロだったことにある。しかもあのときは雨が強かった。強雨という天候や時刻を考えると、もし大滝の先にさらに別の登攀不能な滝やゴルジュが控えていたら、その晩、悲惨な状況になるのは目に見えていた。それが嫌だったから、私はなかば無意識的に、本能的判断として滝の登攀を回避した。

となると、地図があれば登れたのか、という問いが浮上するわけだが、答えとしては登れた可能性が高い、ということになる。

私が滝を目撃したとき、時刻は午後二時近くになっていた。もしあのとき地図を持っていたらどうなっていたか。

かりに地図をみて、大滝の先で沢が右に屈曲し、等高線の幅がゆるやかになっていることがわかったと仮定する。そしてそこで野営できそうだ、と考えられたとする。時刻はまだ午後二時前だ。右の藪壁を高巻き気味に登ったとして、滝を越えるまで二時間ほどかかるとしても、暗くなる前にゆるやかな野営候補地にたどりつけるだろう。そう判断できる。そのときはじめて私は、よし登ろうと決断できる。

このように、地図があり蓋然性の高い予期を得られたなら滝を登ると決断できたと考えられる。ではこのときの行動がどうなっているのか、というと、地図があることで生じる未来予期が心的余裕をもたらしてくれるがゆえに登ると決断できる、という構造になっているわけである。

ただ問題なのはその先だ。地図なし登山の難しさを分析したとき、では通常の地図をもった登山とはいったい何なのだ、私たちは地図をもって普段何を登っているのだ、という新たな観点からの疑問が生じたのだ。

地図を見るということは、未来を予期できるということだ。われわれ登山者はほぼ例外なく、地図や遡行図や山行記録など事前情報をえることで具体的な未来図をえがき、目の前にある山にその予期を重ねあわせたうえで登る。相手にしているのは、目の前にある山、突如そびえたつ岩壁、不意に姿を見せた大滝等々、その瞬間ごとの事物事象ではなく、つねに地図で先の展開を予測しながら、その予測を確認するように山に登っているのである。つまり相手にしているのは先の地形や展開をトータルにふくめた、地図をとおして表象された山である。目の前に存在する剝き出しの山ではなく、未来予期フィルターの覆いかぶさった山にすぎないのである。

先の地形を確認できたとき、はじめて大滝を登ることができる。言いかえると未来予期フィルターをかぶせないと大滝を登ることはできない。普段、地図を片手に私たちが登っている山は、ナマの山ではない。山の本当の恐さ、人類に不安をあたえてやまない本源的威圧感、ナマの山がもつ本当のパワーが未来予期フィルターにより希釈された、いわば仮象の山である。剝き出しのナマの山は、地図を捨て、未来予期フィルターをとりはらわないと姿をあらわさないのだ。

私がこの登山で経験したのは、剝き出しとなった山それ自体だった。地図というシステムによって見えなくなっていた山それ自体。山それ自体とは〈いま目の前〉の風景そのもののことだ。地図や未来予期により秩序立てられていない、いっさいが無分節で渾沌とした状態で表出したモノそのものの顕在化である。

あらゆる情報がはぎとられたモノの顕在化。

いま目の前にあるなんらかのモノを見つめる。いま私の目の前には机がある。机の上のパソコンのキーボードをうち、日高山脈地図なし登山の原稿を書いている。しかしこの机は、机という名前があたえられ、机の役割にそった形状で木材が切り出され、机という言葉で認識しているから、机として現象しているだけだ。机から机という名前をとりさり、机の役割をはぎとったうえで対峙すると、ただの机の形をした木材にすぎない。木材はもともと有機化合物の集合体で、その組成物を科学的に細分化してゆくと、分子から原子、そして最後は量子の世界にはいりこむ。量子の世界は、超微小な粒子が規則もなく自由に動きを展開する境目のない世界であり、因果ではとらえられず、時間すら存在しない。

存在の根底にあるのは、このような時間から解放された無規則な混乱と混濁という極限の自由である。そして地図とは時間の認識を空間的に表象したメディアツールである。

そこまで考えたとき、ふと、地図をもたないということは時間性が喪失した存在の根底に直面すること、カオスの世界に入りこむことだったのではないか、そんな考えにとらわれた。私が直面したあの大滝、すなわち剝き出しの裸の山は、微小な存在の根底が巨大な物体として具象したものだったのではないか。情報で武装したときには絶対に感じることのできない実在の精髄に触れていたのかもしれない。

では、それは私にとってどのような経験だったのか――。

ふりかえってみると、この日高山脈地図なし登山を実行しているあいだ、私は、あのフランクリン隊の旅のときに発見した風景との距離、世界からの疎外をいっさい感じていなかったのだった。

未来を読みながら行動することで、いま目の前の風景とのあいだに距離が生まれて疎外されるという地図（＝情報）がもつ宿命。でも、それがなかった。目の前の風景を判断のよりどころとするしかないので、風景と私のあいだには距離がない。知覚、認識、判断、一歩また一歩とまさぐるように前進する四肢の動き、すなわち行為、いや私という存在のすべてが、目の前の風景と、日高の山と寸分たがわず一致していた。日高とのあいだに隙間がなく、私という人間の等身大の輪郭線が、日高の山の等身大のそれと相かさなっていたのだ。ある意味で私という人間が、私の自我が溶けてしまい、日高の山と混ざり合ってしまっていた。そんな感覚すらあった。

旅の最中に、あるいは生活の節々で終始感じて消えることのない世界との縮めようのない距離。あの鬱陶しくて、生の虚無の根源たる距離は、地図（未来予期）を捨てることで消失し、実存的な疎外感はものの見事になくなっていたのである。

生きることとは何なのか、これまで私はそれが知りたくて山に登り、極地を彷徨い歩いてきた。

生の横溢が自然との関係性のなかで経験できるものなら、そのもっとも劇的な瞬間があのときあったのかもしれない。

ただし、問題はそれが決して心地よい経験ではなかったことだ。山に溶けこむことで経験した山それ自体は逃げ出したくなるほど恐ろしく、不快であったのだから。

私が求めていたモノとの距離のない世界は、あまりに渾沌としており、人間が生きるにはつらすぎる場所だった。

人が生きるには未来予期が必要だ。未来予期こそ人間の第一の存立基盤である。それがこの登山で得た結論だったが、それは私がとり憑かれていた脱システムの思想とは矛盾するものでもあったのである。

第四章 新しい道を見つける

二〇二〇年夏

1

早朝の五時半に起きて、コーヒーを一杯だけ飲み、前日にパッキングを終えたザックを背負って自宅を出た。朝早いにもかかわらず六歳の娘が玄関の外に出て「気をつけてね！」と大きな声で手をふり、見送ってくれる。

こんなにかわいい子がいるのに、どうして私はまた山に向かってしまうのだろう。

江ノ電で鎌倉駅まで行き、羽田空港から日航機で新千歳空港へ飛ぶ。前回はバスで日高にむかったが、今回はレンタカーを借りた。高速道路を飛ばすと、空港からわずか二時間で静内の町に到着した。昼飯もまだ食べていない。日本最大の原始的山域である日高山脈は、意外にも鎌倉の自宅からさほど遠くないところにあるらしい。国道沿いのラーメン屋の暖簾をくぐり、近くのマックスバリュにたちよって十二日分の食料を買いだしした。

日高で最初の地図なし登山をおこなってから、じつに三年の月日が流れていた。

結局、あれから日高の地図をみることができなかった。なんだかんだ言って地図のない世界、完璧なる漂泊行為としての地図なし登山にまだ未練がのこっていたのである。

一回目の登山は苦しいなかにも様々な発見があり、私の実存的認識がかわる経験となった。あの登山をやるのとやらないのとでは、北極での活動をふくめて、その後の私の活動はかなりちがったものになっていたかもしれない。

未練というのは、特定エリアの土地全体を自分の世界として獲得してゆく、というところまではいかなかったことだ。一回しか行っていないのだから当たり前で、その域に達するには二回目、三回目と継続的に同じ山域に通いこむ必要がある。それをやりたいのだが、完全に先が見えないなか、あの日高のゴルジュ沢をまた迷走することを思うとどうにも腰があがらなかった。

ゴルジュを避けるための代替策も考えた。一番手っ取り早いのは、沢が雪で埋まる春から初夏に行くことだ。しかし一回目の地図なし登山の翌春から私は北極で長期の漂泊旅行をはじめたため、その時期は日本にはいない。

思い切って日高をやめて別のエリアにきりかえる、というのも考えた。一回目の登山とは切り離し、もう少しマイルドな別の山域で一からやり直そうというわけだ。

候補に考えたのは青森と秋田にひろがる白神山地だ。白神に関しても私は日高と同じぐらい無知で、地図なし登山の前提となる私的処女地であるという条件をみたしていた。面積的な広がりも申し分ないし、山塊の構成も、主稜線の東西に沢がながれる日高とちがい、尾根と沢がモザイク状に入りくみ、沢から沢へとつなぎやすいだろう。ただ問題は、世界遺産に登録されて以降、様々な規制がかかり焚き火と釣りが禁止となっていることである。私がやりたい原始的な登山はできず、結果、候補からはずれた。

白神がダメだとなると他にいい候補地は思いつかない。南北アルプスは登山者が多すぎるし、只見はもう行った。越後や奥利根の沢は土地勘がある。どうしようかなぁとうすぼんやりしながら、普通に沢登りや釣り登山を楽しんでいるうちに二シーズンが過ぎさったのだった。

解決は年月がもたらしてくれた。

人間、二年もたつと、どんなに過酷な記憶でもその痛みは風化し、よき思い出だけが美化される。私の妻も最初の子供は難産で、出産直後は二度とごめんだと宣言していたが、二年が経過したころから二人目が欲しいと言い出した。それとおなじで二シーズンが経過したころ、私も夏の日高で二回目をやってもいいかなぁと思いはじめたわけである。

だが問題はほかにもあった。何を目的にしていいのかわからないことだ。

漂泊とは別の言い方をすれば無目的放浪のこと、なので目的はなくてもよい。目的をもたないことが目的みたいなものだ。しかしどこに行き、何をしていいのかわからないというのは困りものである。具体的な目的地はなくてもいいが、行為全体をつらぬき、それに身をまかせられるぐらいの大きな流れはほしい。

そもそもこのような大目的として、この地図なし登山には、シュンベツ川のすべての沢を徹底的に踏査し、水系全体の山域概念を獲得すること、というのがあったわけだ。

葉脈のように広がる特定の川の水系全体をひとつの土地の広がりとみなし、葉っぱ全体を数年かけて隈なく知悉（ちしつ）する。広大な未知の山域を一歩ずつ解明していき、山や沢や岩といった顕著な自然物に名前をあたえ、人が歩きやすい自然な道を発見し、少しずつ土地勘を深め、地図などなくても庭のように自由に動きまわれるようになる。つまり、あるひとつの山域を舞台に、何年もかけて、まったくのゼロから自分の世界を作りあげてゆくことだ。だから二回目もこの線でいきたい。

しかし、あの巨人が山肌に鉞を打ちこんだかのごときシュンベツ川の切れこみをふりかえると、それが現実的なのか、それをやって本当に楽しいのか、また辛いだけじゃないのか、という疑問がつきまとう。

主峰カムエクにつきあげる本流と思われる沢筋は前回踏査した。である以上、水系全体を調査するには支流が対象となるわけだが、東の主稜線方向にむかう支流はいずれも前回同様の悪い渓相が想定され、正直気乗りがしない。

それに登る対象となるような支流はかぎられる。たとえば、あの七十メートル大滝があった大滝沢などは規模からいっても有力な支流のひとつだが、あそこを地図なしで登るのはやはり心理的抵抗感がある。ほかに主稜線方向にのびる支流としては、神々の庭の入口にある〈クフ王の墓〉の手前に大きな支流〈クフ沢〉があったが、あの沢も上流部に発達したゴルジュや滝がありそうだった。

シュンベツ川にこだわらず、思い切って別の水系に行動範囲を広げるのはどうかとも考えたが、水系を変えたからといってゴルジュがなくなるわけではないだろうし、主稜線の直下はどの沢も激しい峡谷になっているにちがいない。別の水系にうつるなら主稜線越えではなく山容のなだらかなエリアで尾根を越えたいところだが、そんな都合のいい沢などあるのだろうか……。

シュンベツ川の渓相をふりかえると、上流部の主稜線付近のゴルジュは滝も多くて険しかったが、一方、神々の庭の手前はのんびりとした、釣りに向いた楽園系の沢がつづいていた。この地形のゆるい段階で別の水系に移動できる支流があれば行動範囲をひろげることができるかもしれない。

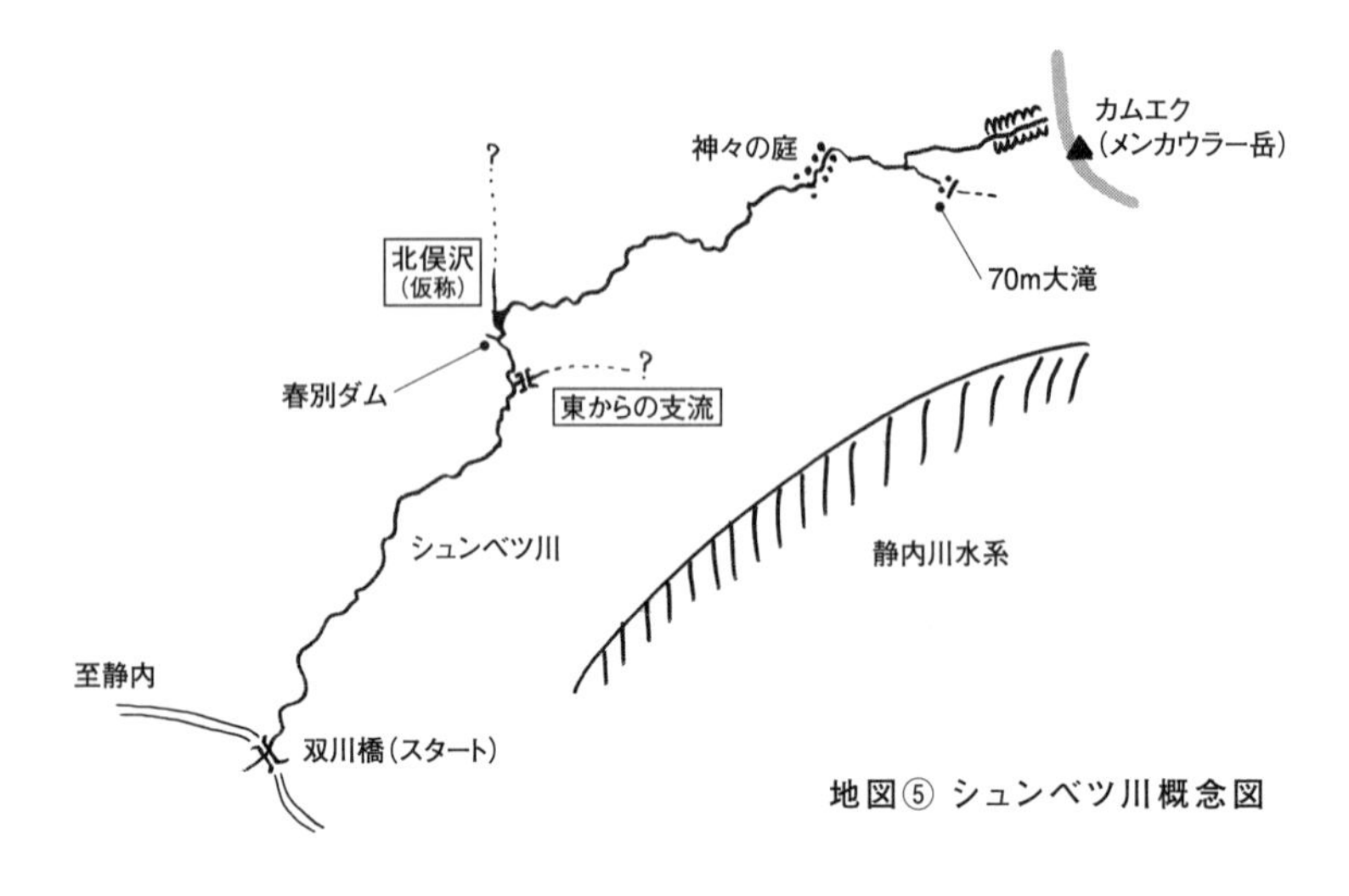

地図⑤ シュンベツ川概念図

前回の登山の概念図をあらためて検討する(地図⑤)と、中流部以下の渓相のゆるいエリアで遡行に値する沢は二つしかなかった。

ひとつはシュンベツ川最奥の春別ダムの数キロ手前で東から流れこむ沢である。まだ林道があり、合流点には橋がかかって車の轍ものこっていた。そこそこ大きな支流だったが、沢ののびる方角はあまり食指がうごかない。この沢を遡行して尾根を越えたところで、ほぼ確実に静内川水系の沢に出てしまうからである。下山時に見たように静内川水系には大きな林道や巨大な橋梁、トンネル、ダム、人造湖があり、作業員がはいっていた。開発が進み、野生というより人工的な雰囲気に満ちた空間だ。

もうひとつの選択肢は春別ダムのダム湖の奥にあった、北へとむかう沢だ。

ダム湖についたときはその沢を本流だと思ってめざしたが、途中でそれとはちがう大きな沢が東から流入しているのに気づき、こちらを遡行した。結果的にこのとき選んだ沢がカムエクにつきあげており本流筋だったわけだが、あの北からダム湖にそそぐもうひとつの沢もかなり大きな沢だったように思う。それに北へとむかっている点も、主稜線をかわして別の水系に出られそうで魅力的だ。

諸々検討すると、二回目の地図なし登山で行くべき場所は、北から春別ダムにそそぐ支流以外にはなさそうだった。この沢を登るとどこに出るのか。またシュンベツ川にもどるのか、はたまた尾根をはさんで北に流れているだろう別の水系に出るのか。ふたたびゴルジュ沢に苦しむのか、岩魚が跳ねる楽園系の沢が待っているのか。ともかくもう一度行ってみるしかなさそうだ。


はじめてだった前回は双川橋からシュンベツ川をすべて歩いたが、今回は下流のダム群をショートカットし、春別ダムから出発することにした。右岸の林道がダムまでつづいているのは前回確認済みなので、そこまでレンタカーで行く。

マックスバリュで買い出しを終えて双川橋へ車を走らせた。橋の手前に林道の入口があり、山奥にのびている。すぐゲートがあらわれたが、鍵は開放されており、誰でも通行できるようになっていた。その先を偵察気分で運転していると、前回の登山で釣り人と出会った最初の砂防ダムに到着した。どうやらこの林道でまちがいないようだ。

林道はアップダウンをくりかえし、水溜まりでがたがたの悪路だった。セダン型の二輪駆動ではパンクが怖く、必要以上にゆっくり走行していると釣り人らしきエクストレイルが抜き去っていく。先ほども一台対向車がすれちがったところを見ると、シュンベツ川下流部はかなり釣り人が入るようだ。

春別ダムに到着したのは午後五時半。ダムの管理所の近くの広場に車を停め、この日のためだけに持ってきたテントを張り、コンビニ弁当を食べてすぐに寝た。

2

翌日から登山開始となった。

双川橋からつづく林道はそのままダム湖の右岸を奥へとのびていた。車から歩きはじめて前回遡行したシュンベツ川本流の流入点を通過すると、遡行対象である北から流れる支流（仮称・北俣沢）が近づいてきた。

ちょうどダム湖を越えたあたりで都合よく川にむかう道が見つかり、スムーズに北俣沢に下りられた。林道はそのまま北俣沢沿いにつづいているようだ。林道があるということは上流にまたダムや堰堤があるのかもしれない。

北俣沢は沢というより、小川のせせらぎといった渓相で、水量はシュンベツ川本流にくらべると三分の一程度しかない。想像より規模の小さな沢である。

河原に下りると、やや高いところに橋がかかり、その先で七、八人の釣り人の集団と出くわした。数人が竿をにぎり、あとは見物している。話しかけると今日で三日目、昨日まではシュンベツ川で釣りをやっていたという。

北俣沢の上流にダムがあるのか訊ねると、先頭にいる、地元の住人だという若者が「ダムはもうないんじゃないかなぁ……」と自信なげに答えたその瞬間、隣の人の竿がぐいんとしなり糸の先で飛沫がはねた。おお、でけえっ！　と歓声がいっせいにあがる。

四十センチ以上ありそうなニジマスが水面で跳ねるのを横目に先にむかう。一キロほど先でまた別の、今度はかなり玄人っぽいおじさんが早瀬に毛鉤を打ちこんでいた。腰にぶらさげたビニール袋に、こちらも四十センチ近いかなりごついアメマスが黒光りしており、ふてぶてしい顔がすけて見えた。釣ったばかりらしく、うねうね動いている。

次々と大物の釣果を見せつけられるとつい竿を出したくなるが、先に来た者に優先権があるのが渓流釣りのマナーだ。どこまで行くのか訊いてみると、「もう少し登るけど、今日中に帰るよ」との答えだったため、おじさんに迷惑をかけないよう、釣りは少し我慢して河原を先に急ぐことにした。

……が、すぐに魚影が走り、いかにも釣れそうな瀞場のポイントが出てきて我慢できなくなった。おじさんとはそこそこ距離もあいたし、もういいだろう、と竿を振ると、二十七、八センチの良型のアメマスがたてつづけにヒットした。これだから渓流歩きはやめられない。前回ははじめての地図なし登山で余裕がなかったが、今回はもう少し釣りを楽しみたいところだ。

その後も滝や淵のない穏やかなせせらぎがつづいた。魚影は濃く、竿を振りながら歩く。河道がせまく樹木の枝葉が川にかぶさっているため、油断するとすぐに毛鉤が枝がかりしてしまうのが難点だ。あいかわらず沢沿いに林道が奥のほうへとのびており、しばしば護岸工事の擁壁があらわれる。

歩きながら頭に思い浮かぶのは、この登山の目標をどこに据えたらいいのだろうか、という例の問題だった。できれば尾根を越えて、シュンベツ川水系とはちがう新しい川に出てみたい。ただ、そうなるとシュンベツ川水系の土地をくまなく探査するというそもそもの地図なし登山の趣旨からズレてゆく。それに、水系を越えるとどこに下山するかわからず、レンタカーをとりに春別ダムまでもどらなければならず面倒くさい、という次元は低いけれどそれなりに現実的な問題もあった。

先のことがわからない地図なし世界で今後のことを考えても答えは出ない。なりゆきに身をまかせるしかないという心境で先をめざす。

小さな落ち込みで三十センチある尺物のアメマスが釣れた。その手前の早瀬でも小型のアメマスが数匹釣れて、夕飯と朝食にはもう十分なので竿をしまった。

やがて二俣があらわれた。右俣のほうが水量が多く、それにシュンベツ川本流から離れなくてすむ。いつでも本流にもどれる位置にいたほうが、水系全体の土地概念を手にいれるというそもその目的を手放さなくて済む。迷わず右俣をえらんだ。この二俣の手前で林道は崩壊し、通行不能になっていた。まだ奥にのびているようだが、使用不能となってかなり時間がたっているようで、すでに樹木にのみこまれており獣道だけがついている。ようやく人間の来ないエリアに来たと思うとうれしくなる。

午後三時頃、左岸に平らな場所が見つかり、この日はそこで野営した。

翌朝、目覚めると小雨がぱらついていた。たいした雨ではないので行動できるのだが、何となく気乗りがせずごろごろ横になっていた。

寝袋にくるまりながら、なぜこの程度の雨でオレは出発しないのか、とどうでもよいことを考える。

前回の登山では先が見えないながらも主稜線を目指すという明確な目的があった。だけど今回はある意味、その程度の目的すらない完全な漂泊だ。出発したところでどこに行っていいのかわからない。そのせいで行こうという気力もわかず、こうして寝袋でダラダラしているのではないか、と自己分析をつづける。

前進の意味すら喪失した完全漂泊状態におちいると、はたして目的とはどのようなプロセスをたどって生じるものなのか、という新鮮な疑問がわいてきた。

人は何のために旅に出るのだろう。どうして未知の世界に飛びだすのだろう。その目的は？　動機は？

近代的探検には地図の空白部を埋めるという目的が国家によってさだめられていた。国家にとって探検は植民地獲得という実利につながっていたし、探検家という個人にとっては名声と栄達が手に入る。そういう現実的な駆動力はおそらくあっただろう。

では人間の移動の目的とは実利を得ることだけなのだろうか。近代的探検から離れて原始的探検はどうだったのだろう。アフリカから最後は太平洋の島々に進出した人類の拡散のような原始探検という行動に実利はあったのだろうか。

よくいわれるのは、人口増加の圧力が新たな食料生産地の獲得をうながすという、理解しやすい動機である。理解しやすいのは、そこに経済的な実利があるからだ。

しかし人が旅をするのは、実利の追求だけが理由ではなかったはずだ。実利とはちがう、何か意味や解釈から逸脱した説明不能な衝動に突き動かされて行動することもあっただろう。

実利説とは別に神話の始祖説を唱える人もいる。これは人類史上もっとも遠大で、ロマンにあふれ、そして謎めいた探検行動であるポリネシア人の太平洋拡散の動機を説明する説のひとつだ。

彼らが水平線の向こうにある、視界の範囲の外にある、存在さえ不確かな島々を命がけでめざしたのはなぜか。それは、一族を引き連れて、未知の島を発見してそこに子孫をのこすことで新しい世界を創造する神話の始祖となる、そういう信念に駆り立てられたのではないか、というものだ。

実利や合理性にとらわれたわれわれ現代人には理解しがたい動機かもしれないが、古代人は神話の世界に生きていた人たちだったから、十分にありうることのように思えるし、自分が大きな冒険旅行に出るときのことを考えても、この説にはとても説得力をおぼえる。探検や冒険でもとめるのは私は生きたという存在証明であり、この世界に自分だけの絵をのこしたいという欲求だ。その欲求が、旅の顚末を本に記したいという表現欲求につながるわけだし、本に書きたいという欲求は見方によっては神話の始祖になりたいというポリネシア人の欲求とおなじともいえる。

実利説が世間に受け入れられやすいのは、単に世間の価値観にあっているからにすぎない。神話の始祖になりたいと思って航海していたポリネシア人の行為を、いまの世間の尺度というひな型をおしつけて眺めると、彼らはきっと新たな食料生産地をもとめて嫌々旅立ったのだろう、という解釈が生まれる。もしこの解釈を古代ポリネシア人が聞いたら、いや俺たちはそんなつまらない目的で旅に出たのではなく、やりたくてやりたくてたまらなかったから船を漕ぎだしたのだ、と反発するかもしれない。世間の価値観からはみ出している人の行為に世間の価値観をあてはめたときのズレ、そこからわかりやすい目的が勝手に作り出される。

もちろん実利をもとめての行動もある。生きるためにカネが必要で、それを稼ぐために労働する、というようなものだ。でもそれが生きることのすべてではない。

ちょっとずれるが狩猟という行為を考えると、狩猟の経済的実利というものは現代においてはほとんどない。鹿狩りをしたら鹿肉がただで手に入るので、それが実利だ、と考える人がいるかもしれないが、それはまちがいである。鉄砲や実包の購入費、自治体に支払う狩猟者登録やハンター保険などさまざまな事務経費、猟場までの交通費、さらに狩猟や解体、精肉にかける時間を人件費として考えると、狩猟者が手に入れる鹿肉は百グラムあたり何千円するのかわからない超高級肉である。そんな苦労とカネをかけて鹿肉を手に入れるぐらいなら、スーパーで鹿児島産の高級黒豚肉を買ったほうがどれだけ安上りかわからない。毛皮の利用になると肉よりはるかに手間暇がかかって、さらに実利性は低くなる。そう考えると狩猟に実利性はない。でも狩猟者は狩猟しないではいられないのだ。

資本主義が高度に発達したいまの消費社会では、自分で何かを作るぐらいなら、お店で買ったほうがはるかに安あがりだ。ほとんどの物品においてそれはあてはまるだろう。実利という観点から考えたら消費が一番合理的、自分で手を汚すやつはただのバカ、となる。しかし、本当にそうなのか？　買い物だけして暮らすことが効率的でいい生き方なのか？　オレたちは買い物をするためにこの世に生まれてきたのか、と考えると、んなわけねーだろ、と一笑に付す人は少なからずいるわけで、そういう種類の人たちが狩猟をするわけである。

実利という結果ではなく、行為それ自体に何か面白味や価値があるから、それをやる。でもその面白味や価値はとても属人的というか、それぞれの人の志向や趣味性にかかわるので他人には理解がおよばない。つまりあらゆる行為には誰にでもわかりやすく理解できる客観的な目的というのはそもそも存在しない。もっといえば生きることの深みは他人の理解のおよばないとても不合理なところにしかない。

人間というのはとても不合理な領域で行為をし、それをやっているときに生きていることを実感できる何かがある。それはなぜなのか、本人にもその意味をはっきり説明できない。本当の目的もわからない。なんのためにやっているのですか、と訊かれたときに、ぱっとそれらしいことは答えるが、それは世間の尺度で自分の行為を眺めたにすぎない。だから本当にオレはそんなことのためにやっているのだろうか、とひそかに頭をひねる。そういうものではないだろうか。

そういうものである、ということにしてこの登山をつづける……と結論が出たところで雨が止んだので出発することにした。

急ぐ必要はないので最初から竿を出して遡行していく。二十センチほどのアメマスがひっきりなしに釣れる。型のいいのを三本ほどキープして、あとは全部リリースした。流れは右に左に屈曲をくりかえし、東に向かっている。二時間半ほど歩くとまた雨が降り出したので、この日はもうやめにした。やはり無目的ゆえの虚無から解放されていないのかもしれない。いつものように釣った魚を枝に突きさし、焚き火のまわりにならべて塩焼きにして腹を満たす。


沢を歩きはじめて三日目となった。昨日、一昨日とさほど歩いていないが、川の水量はみるみる少なくなり、すでに上流の雰囲気が出てきた。いつ、魚止めの滝が出てきてもおかしくない。夕食のおかずぐらいはとっとと確保しておきたいところだ。

落ち込みが連続する早瀬のあとで沢は左に屈曲し、その奥に滝が見えた。滝が魚止めだったら困るので、その手前の、釜が連続する釣り堀みたいなところで最低限必要なぶんの魚を釣ることにした。

毛鉤をうちこむと三十センチの尺岩魚が跳ねた。河原にひきあげ、昔どこかの沢で拾った網の袋にいれて腰にぶらさげ、また少し上流を釣り歩いた。しばらくして袋のなかの尺岩魚がいなくなっていることに気づいた。よく見ると網に穴があいており、逃げられたらしい。滝の先で岩魚が三匹釣れたが、二十センチ前後の小さなやつばかりで、大物をうしなったショックは補塡されない。やはりかなり上流にきているようで、魚体が小さくなってきた。

ひとまず夕飯分は確保したので竿をしまってその後は黙々と歩いた。山の傾斜が徐々に強まり、落ち込みが連続して高度がどんどんあがってゆく。思ったとおりそのうち魚影は見えなくなった。

水量比一対一の二俣に出た。左俣はほぼ西へ、右俣は北のほうへのびている。シュンベツ川本流からあまり離れたくないという意識がつよく、ここもまた右俣を選んだ。

背後を見やると、これまで歩いてきた沢筋が森のなかにきざまれているのが一望できた。下流の沢筋は足下のはるか向こうを流れ、高度がぐんとあがったことを実感する。この先いったいどんな風景と出会うのか。

このあとは稜線越えとなる。今のところ山容は穏やかだが、何しろここは日高だ。源頭で前回のような激しいゴルジュが控えていることも十分考えられる。地図がない世界にひとりではいりこむことによる、今この瞬間の経験。文明やシステムどころか未来予期優先の思考から隔絶することは究極の自由の経験にほかならないが、その自由は耐えがたいほど重苦しいものでもある。この重苦しさこそ剝き出しの山、ナマの山の重苦しさなのである。

二俣からはしばらく落ち込みばかりの急流がつづいた。沢は右に屈曲し、そこで滝らしい滝にはじめて出くわした。高さ二十メートルで全三段。左から高巻けるが、直登もできそうなので、ザックを背負ったまま滝にとりついた。一段目の五メートルは傾斜のゆるいクラックを登り、二段目五メートルは流心の右の凹角から流心を左に越えた。岩魚四匹に十日分の食料がはいったザックは濡れるとかなり重い。三段目は流心のなかで水圧に耐えないと登れそうもないので、右から巻くことにした。

滝を登ると広大な原っぱに出た。沢のまわりは湿っぽく、巨大なフキやイタドリが生い茂るトロ風の台地となっている。その外側も熊笹が密生した原っぱで、例の神々の庭のミニチュア版といった趣きがあった。

昼過ぎで野営をするにはちょっと早いが、水量や沢の規模から判断するに、いまから源頭をつめて尾根を越えるには逆に時間が足りない気がする。尾根に出るまで三、四時間。そこから反対側の沢を下っても野営地が見つかるまで一、二時間はかかるはずだ。尾根の手前で野営地を探したほうが無難だ。

そこから少し進んだところで右から支流がはいってきた。水量比は三対一で左俣が本流である。全体的な位置関係を考えると、この左俣をつめたらシュンベツ川本流ではなく別の水系に出ると思われた（地図⑥）。一方、規模の小さな右俣を選べば、シュンベツ川本流にくだる支流にショートカットできる気がする。沢の周囲には濃い緑に覆われた稜線がすでに強い傾斜でたちあがり、尾根までさほど遠くないのは確実だ。

右俣の小さな流れをすこし登ると、ルンゼのきざまれた藪斜面に、ひとりなら十分横になれる平らな草叢が見つかった。この先で野営適地が見つかる可能性は低く、この日はここで終了とした。

沢から水をくみ、ドロノキの枯れ枝を集めて火をつける。中まで湿っているのかなかなか火がつかない。

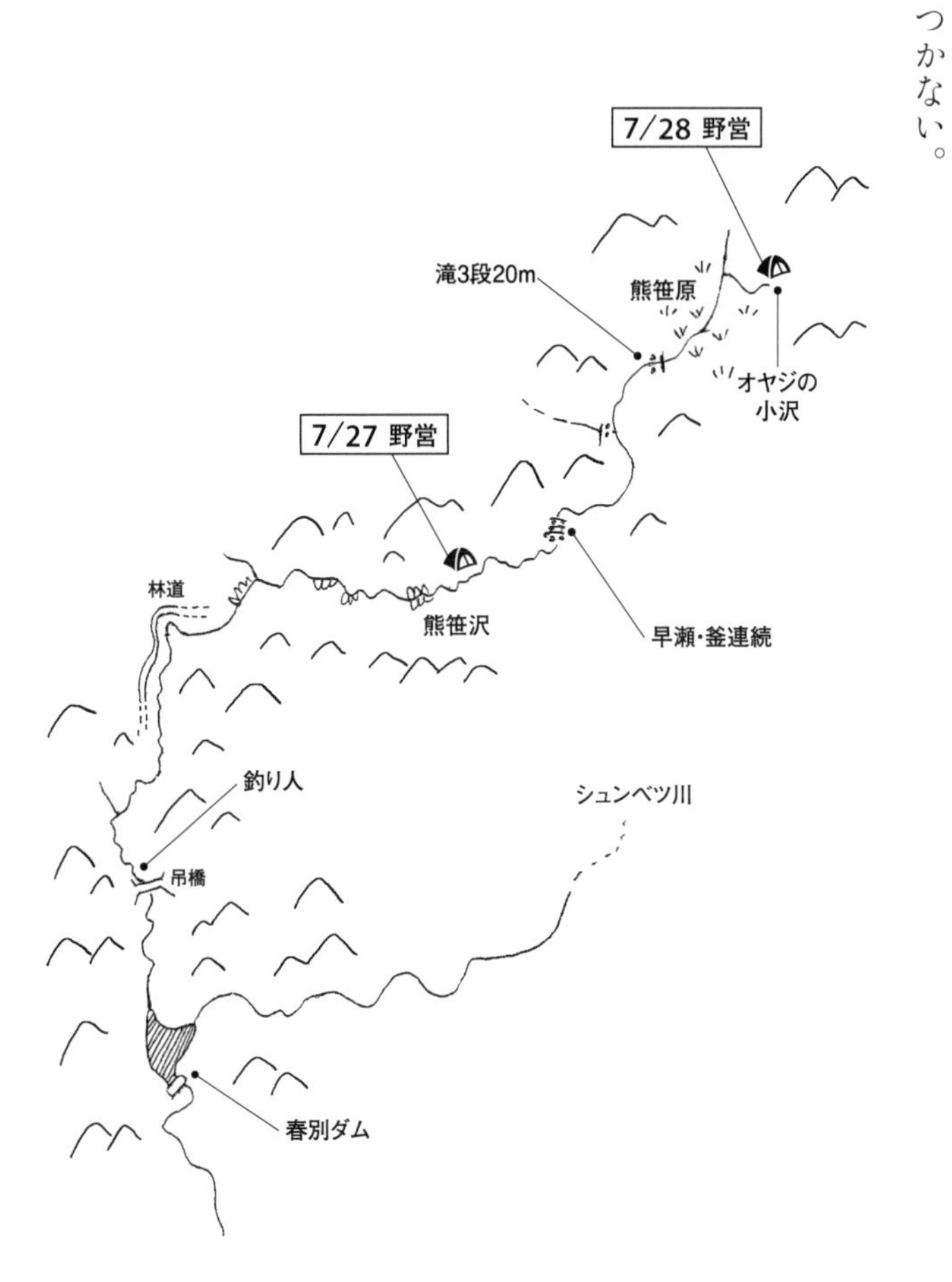

地図⑥ 春別ダムからオヤジの小沢

岩魚に枝を突きさし夕食の準備をしていると、対岸の熊笹がゆさゆさと揺れているのに気づいた。じっと見ていると、黒い毛の密生した獣の背中が笹の間からぬっとあらわれた。あ、オヤジだ、と思った。じつはナマの羆を見たのはこのときがはじめてだ。

かつての北海道開拓民は羆のことをオヤジとか山オヤジと呼んでいた。オヤジとの距離は五十メートルほどしかない。目の前では四、五十センチほどの高さに積みあげた薪から白い煙がもうもうとたちのぼる。オヤジがこっちに気づいていないことはないはずだが、一応、存在を知らせるため、刺激を与えない程度に「ホウホウ」と声を出した。オヤジは立ちどまることも、ふりかえることもせず、ゆさゆさ笹を揺らし、悠然と斜面をのぼり姿を消した。

3

野営地の草叢は小型のヤスデが大量発生しており、蚊帳の外側やザックやサンダル等、私の体臭がこびりついた装備に夥しい数でむらがっていた。

羆と出会ったことで、春別ダムからはじまるこの大きな支流を〈熊笹沢〉、そしてシュンベツ川本流にぬけるだろうこの小さな支流を〈オヤジの小沢〉と呼ぶことにした。オヤジの小沢は羆の移動路になっており、礫や砂のうえには真新しい足跡がたくさんのこっていた。藪のなかも草木が踏み倒された跡がつづき、フキやイタドリは根元から食われている。いたるところ食物繊維たっぷりの水っぽい糞だらけだ。朝から霊界のような濃霧がたちこめ、視界はなく、羆との不意の遭遇を避けるためにホウホウと大声をだしながら沢をつめた。

小一時間で水は涸れ、それから三十分で沢を隔てる尾根についた。天気がよければカムエクを望めるはずだが、笹藪がずぶ濡れとなるような霧雨で視界などのぞむべくもない。

山域の詳細な概念がほしいので回復を待ったが、ちょっと晴れそうな天気ではなかった。ただ、分水嶺の尾根はほぼ南に走っており、反対側の東側の斜面をくだればシュンベツ川本流に出そうな感じではあった。

だが、それもあくまで、たぶんの話だ。予想に反して北へ流れる沢に出るかもしれず、そうなったら別の水系に出ることになる。とるに足らない小さな尾根にすぎないが、地図なし登山で尾根を乗り越え向こう側の沢に出るのは、これがはじめてだ。どこか異世界にむかうような新鮮な感覚があった。

尾根の反対側の藪にとびこみ下ってゆくと斜面はすぐに沢状の地形となり、ちょろちょろとした流れとなった。水のなかに足を踏みこむと、透明な水に泥がわきあがり、下流は濁り水にかわる。

下るうちに霧が晴れ下流部の地形が見えてきた。全体的な山の傾斜は南へ行くにしたがい低くなっている。やはりシュンベツ川に下るのはまちがいない。途中からまた羆の糞や足跡が頻繁にあらわれる。小さな沢は少しずつ大きくなり十メートルのソーメン滝（白い細い筋に枝分かれして岩肌を滑り落ちる滝）となって大きな沢に流れこんだ。一瞬、シュンベツ川本流に出たのかと思ったが、川幅は小さいし、水量も少ない気がする。こんな顕著なソーメン滝を見た記憶もないし、前回つけた遡行図を見ても記載はない。やはりここはまだ支流の沢のようだ。

沢はひたすら南方向にくだっており、まもなく魚影も見えはじめた。魚がいるということは下流部に大きな滝はないと判断していい。河床には赤岩が転がり、蛇行をくりかえしている。下るにしたがいさらに水量は増し、規模は大きくなってゆく。もはや方角的にシュンベツ川に合流することは疑いえないが、こんなに大きな支流があった記憶はない。魚影は濃く、途中の反転流で三十センチの尺岩魚を釣ったが、その後は枝が覆いかぶさり竿を振りにくいので下ることに専念した。

夕刻になり野営地を探したが、沢はせまく両岸の斜面もけわしい。快適な野営地は見つかりそうもなく、まいったな……とつぶやきながらウロウロしていると、ちょうど藪のなかにひとり分のスペースが見つかった。ひとまずザックをおろし、もっといいところがないか偵察すると、そのすぐ先で沢はさらに大きな沢に合流しており、そこで明るい河原がひろがっているのが見えた。まちがいなくシュンベツ川だ。

三年ぶりのシュンベツ川だった。山の何たるかを教えてくれた、特別な川、シュンベツ。苦しさと懐かしさで胸が満たされ、青春を振り返ったときのような不思議な気持ちがわいてくる。ただ、記憶より大きな沢で、本当にここはシュンベツ川なのだろうか、との疑問も若干あった。

一応シュンベツ川と仮定したとして、ここはシュンベツ川のどのあたりなのか。前回の遡行図や記憶をまさぐり、コンパスで方角をしらべるうちに、どうも前回下山に利用した作業道のある支流の一本上流の沢であるように思えてきた。距離的なつじつまも合う。ひとまず、赤い岩が多かったことから、下りてきた沢を〈赤岩沢〉と呼ぶことにする。近くで野営地を決め、夕食のおかずのためその辺で竿を振ると、二十センチと三十センチのアメマスがすぐに釣れた。

位置関係は翌日判明した。出発して上流に行くと神々の庭の手前にあった崩壊地があらわれたことで、昨日下りてきた赤岩沢が、推測どおり作業道の沢の隣の沢だと確定できたのである。

崩壊地は左岸に三カ所ある。ひとつ目の崩壊地を過ぎると、ちょっとした落ち込みがあり、左から張りだした大岩のしたで流れが死んで、ちいさな瀞場になっていた。いかにも岩の下に岩魚が身をひそめていそうな絶好のポイントである。前回はこのポイントに気づかなかったが、それは先のことばかりに気を取られ心の余裕がなかったからだろう。今回はちがう。シュンベツ川は既知の場所であり、本流に関するかぎり知らないところはもうない。魚に見つからないよう岩に身を隠してそぞろ足で近づき、その先に毛鉤をうちこむと、たて続けに四匹あがった。それなりの経験をつむと山はそれ相応の見返りをほどこしてくれる。はやくも夕食用の食材が手に入り、気分よく神々の庭にむかった。

神々の庭を前にすると不思議なほど気持ちがはやる。

地図をもたないことで、私の心にきざみつけられた、神々の庭を見たときのあの強烈な印象。一生忘れることのない風景を開示した神々の庭は、私には特別な場所としてほかの地よりも一段上等な位置に祀りあげられている。

緑の樹木が生い茂り、清流が心地よい音をたてる奥山の風景というものは、何気なく歩いていると単調のように思えるが、決してそんなことはなく、おなじ場所でも季節や時刻や天気、何より、当事者の気分やおかれた状況によってことなる風貌を見せる。荘厳で神秘的ですらあったあの大河原は、今回どのような表情で私をむかえてくれるのか。はやくあの場所に行き、もう一度見てみたい。そんな焦りにも似た気持ちで私は三つ目の崩壊地を過ぎた。

沢が左に屈曲し、風景が開ける。

濃い靄につつまれた三年前とちがい、今回は突き抜ける晴天にめぐまれ、全景がのぞまれた。正面奥にメンカウラー王の墓、右にクフ王の墓が見える。せまい函状の峡谷をぬけると険しい山々と豊かな森にかこまれた秘密の内院がひろがっていた。

またここにやってきた……。深い感慨に満たされた。その感慨は前回の衝撃的な光景を見たときとはことなる性格のものだった。なんというか、この地にきたことで私は日高の山々にたしかに繋ぎとめられている、そんな感覚をもったのだ。

地図がないことで私はこの広大な日高山脈のどこにいるのか、はっきりとした現在地の決定ができない状態だった。世界から切断され、亡霊のようにふわふわ浮遊しているようなものだ。それが神々の庭にくることで、はじめて自分が地球上のどこにいるのか、はっきりわかる。私はこの場所に以前来たことがある。この場所を知っている。ここは浮遊していた私を世界に繋ぎとめる強力な大地の支点である。

人間とは何かという問いにたいして、旅する存在だというのは、ひとつの答えだと思う。人間は歴史の原初よりつねに移動してきた。今もそれはかわらない。徒歩で、車で、飛行機で、馬で、犬橇で、船で、いつもどこかで誰かが移動している。

移動のためには、まずは現在地の把握が最低条件である。広漠とした自然環境のなかの、どこに、いま、自分はいるのか。それがわからなければ、目的地を決めて、そこにむかうことはできない。では位置を教えてくれるのは何かといえば、それはもともとは自然界に存在する地標である。文明以前の人々は森のなかにある大岩や巨大な樹木、海岸の顕著な岬や氷原にうかぶ奇怪なかたちをした氷山などを目印にしてきたし、現代の街にすむ人は信号やコンビニの位置、交差点の標識や道路のカーブなどを認識することで位置を確認する。カーナビやスマホのＧＰＳ機能に頼りきりになった昨今ではすっかり忘れてしまっているが、地標こそじつはわれわれと外界とを繋ぎとめる具体的な支点であった。

地標は移動や旅が命がけであった時代は、まぎれもなく命をこの世に繋ぎとめてくれる支点だっただろう。北極を旅するときに私はそれを常々実感する。単調で何も特徴のない真っ平らな氷原を何日も旅していると自分がどこにいるのかわからなくなるときがある。正しい道がわからなくなったときの焦り、不安、もう帰れないのではないかという恐怖。それらネガティブな心理状態が一度におそってきて半分パニックのような心理状態になる。

そのとき私を救ってくれるのはいつも地標だ。

一見何もないように見える氷原のなかで、ふと目にしたこんもりとした隆起や、うっすらとした影、記憶の底にしまいこまれた特徴的な蒼氷。そうした何気ないけれど、過去に何度も目にしたことのある土地の特徴を発見することで、あ、自分はいまあの場所にいるのだ、とはじめて現在地を確認できる。そのときの心情を言葉で表現すると完全に命が繋がったという安堵感である。

おそらく文明が登場する以前の原始探検の世界においても、地標はおなじように、人間の命と土地とをつなぐ結節点の役割をはたしていたのだと思う。

移動について考えるとき、私がいつも思い出すのは、オーストラリア先住民であるアボリジニの世界観だ。ソングラインで有名な移動する民である彼らにとって、場所や景観はそれ自体が法なのだという。

〈一度法を犯してしまうと、もはや正しい道を歩むことはできない。道を失ってしまう。（中略）

「アボリジニの法は、あの丘だし、この川だ。丘や川を移動させることはできない。だから、法を変更してはいけないんだ」〉（保苅実〔ほかりみのる〕『ラディカル・オーラル・ヒストリー』）

場所性や景観自体が人々の行動を決定し、人々を大地とむすびつけ、それゆえに土地はモラルそのものでもあるという世界観。地標はつねに正しい道を啓示しており、その導きを無視し、自我を優先して行動すれば命をうしなう結果となる。そういう人と土地との関係性。

そもそも聖地とは命を守ってくれる土地のことであり、人間と自然とのあいだにこのような深いむすびつきがなければあらゆる聖地は存在しえなかっただろう。それは、移動するさいの位置決定をすべて先端技術にゆずりわたし、土地との直接的なむすびつきを喪失した現代人には想像さえできなくなった世界である。

地図をもたないという状態についてあらためて考える。それは私の心が空白になるということだ。なぜなら地図がないと未来を予期できないからだ。予期できないということは、計画することができないということであり、どこどこに、いついつまでに行きたいという意志すらもてないということでもある。

予期できず、計画できず、意志すらもてない状態。さらに考えると、これは私が土地に対して何も働きかけることができないという状態でもある。つまり私は日高という山を、シュンベツ川という沢を〈対象〉として認識できない。ただ私は目の前に展開する風景を、ただそれとして、あるがままに受けいれるしかない。このとき私というものがなくなる。私はゼロで、風景が百。私という空の容器のなかに風景がなだれ込んでくる。私の存在のすべては風景にからめとられ、私のつぎの行動は、私のなかに入りこんだその土地の状況によって決められる。私という人間は土地に組みこまれ、私の行動は土地に操られる。私は土地になり、土地が私になる。

こうして人間と土地の一体感が生まれる。調和の状態だ。地図がない世界の旅は必然的に人間と大地の調和をもたらすのである。

アボリジニや太古の探検家は、つねにおのれの内部に風景がはいりこむ時間のなかで土地と接し、土地を受けいれ、ときに土地に導かれ、ときに翻弄されてきただろう。このとき土地は人間に対して存在の本源を発揮する。人間が土地を全的に受容しなければならない関係性のなかで、土地ははじめて、予期し、計画し、意志をもった者によっては決して見ることも知覚することもできない本来の相貌を開示する。

こうして土地は法になる。


神々の庭の風景が空っぽの容器である私の内部を隅々まで満たす。そして私の心的機制を太古に呼びもどし、始原的な次元に触れさせる。ここは私にとって特別な場所だ。そういうものを聖地と呼ぶなら、そうなのだろう。

この聖地の東方の彼方にはカムエクがそびえる。カムエクを見たいという思いに駆られ、主稜線に目を向ける。しかし山の頂稜は雲がかかり姿を隠している。

いまやカムエクは霊山である。カムエクは見えない。しかし、そのとき神々の庭は、それとは別のまったく新しい相貌を私の前に開示したのだった。

靄にまかれた前回とちがい、このときは晴天で周囲の全景を視界にとらえることができた。神々の庭の大河原の一番奥にはメンカウラー王の墓が鎮座する。メンカウラー王の墓は前回は小ピークに見えたが、それは上部に靄がたちこめていたためにそう見えたのであって、その正体はピークではなく、比較的急傾斜で落ちる大きな尾根の途中にある隆起にすぎない。つまり大河原の最奥に控えるのは三角のピークではなく、じつは立派な尾根〈メンカウラー尾根〉だった。

そのメンカウラー尾根の左に沢が流れているのが見えた。遠目に見てその沢はそれなりに規模がありそうで、メンカウラー尾根の右に流れるシュンベツ川の本流と、さほど差がないように見える。

もちろん前回の遡行時でも、そこに沢が流れていることはわかっていたが、あのときは靄で視界がなく、合流地点の様子しか確認できなかった。その印象はただの小さなせせらぎといったもので、まあほかに行くところがなかったら登ってみるか、ぐらいにしか思わなかったのだが、今回の晴天であらためて全景を見わたしてみると、そんな小さな支流ではなさそうだ。

空っぽの容器である私の内部に風景がなだれこむ。私は無理なく、なんの飛躍もなく、きわめて自然にナチュラルに、嗚呼あの沢を登りたいという気持ちになった。

導かれるように、その沢にむかって大河原を歩きはじめた。大河原の途中で竿を出すと、今回も三十センチ弱の泣き尺クラスのアメマスがたてつづけに三匹釣れて、シュンベツ川本流は私の到来を寿（ことほ）いでくれた。昼前の時点で釣果は七匹となり、いずれも良型、すでに明日の朝飯のおかずのぶんまで確保できたので釣りは仕舞いにして先を急いだ。

河原の奥にゆくと、手前の尾根の陰となり見えなかったメンカウラー尾根周辺の山容が、徐々に視界にはいり明らかとなっていった。

メンカウラー尾根は、日高山脈主稜線から西に派生する（と思われる）稜線につきあげていた。

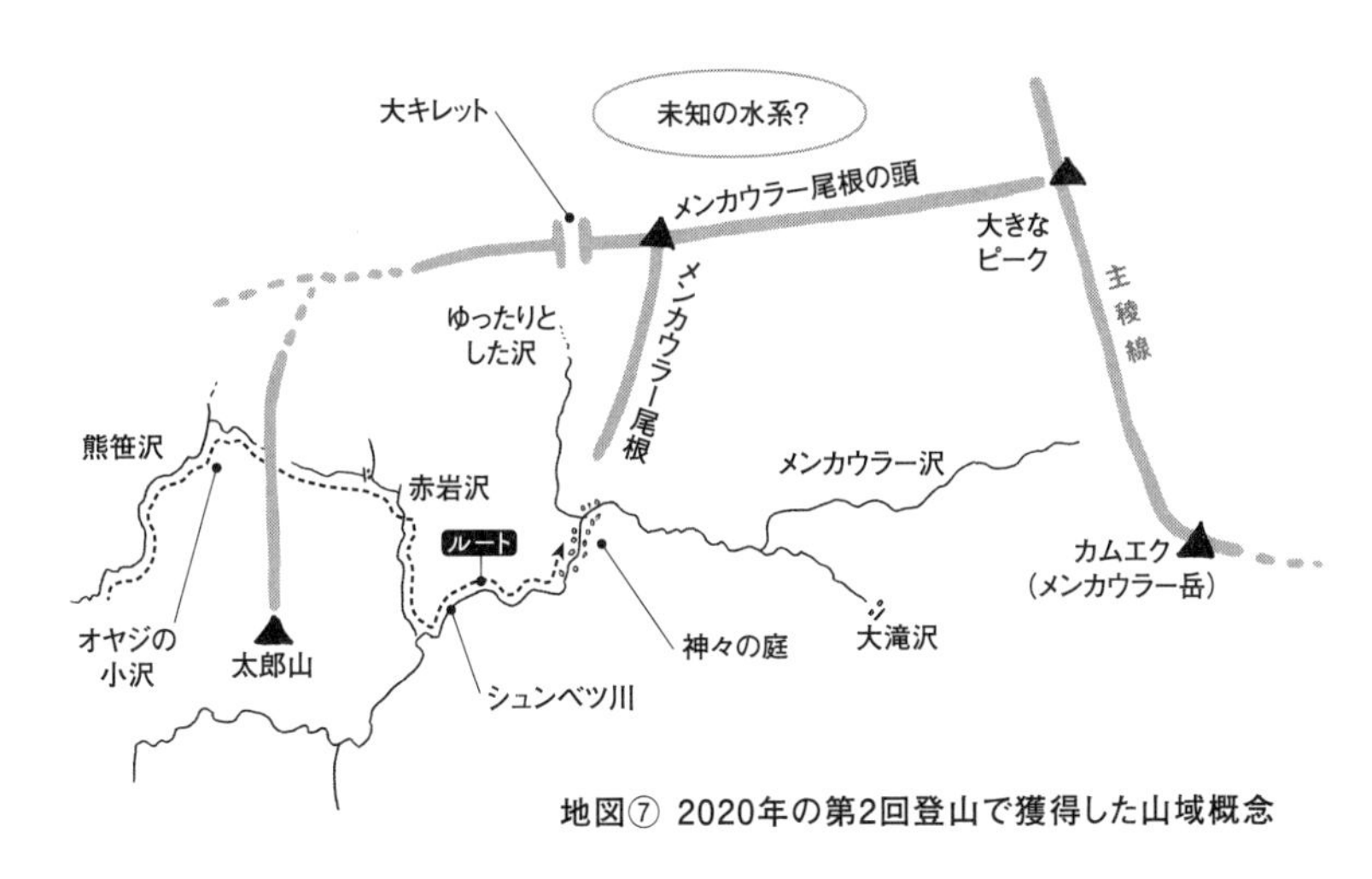

地図⑦　2020年の第2回登山で獲得した山域概念

その稜線は東西に大きなスカイラインをえがいている。

稜線の模様を東（私の右手）から西にむかって図式的に記すと、まず東のほうに比較的大きなピークがあり、そのピークから稜線を西にたどると、メンカウラー尾根の頭が天につきあげている。そして、それをすぎるとこの稜線は馬の背のようになだらかに高度を落としてゆき、最後は一気に落ちこんで大きくて、とても特徴的な鞍部となっているのである。

鞍部は稜線に深く切れこみ、その両側を分断している。鞍部というより大キレットといったほうがいいかもしれない。この大キレットから流れているのが、先ほど発見し、嗚呼あそこを登りたいと思ったメンカウラー尾根の左の沢なのである（地図⑦）。

まだ遠くからしか望めないが、沢の様子は自然の回廊とよぶにふさわしいものに見えた。メンカウラー尾根を筆頭に周辺の山容は全体的にかなり急峻な角度をもって天にせりあがっている。その急峻の象徴がカムエクである。だが、この沢だけは周囲の急峻さから取り残されたように、ゆったりと流れており完全に自然の登路、はじめてここに来た人なら絶対にこの道をゆくだろう、といった趣で、大キレットの向こう側につづいているのである。

位置関係から、大キレットのむこうに別の水系の沢が流れているのはもはや疑いえなかった。地図なし世界で別の水系に行くのは異界に行くようなものだ。とくに日高は主稜線にゴルジュが発達しているので、別の水系に出るとしたら、主稜線手前のなだらかな沢からしかないと思っていた。まさにそれにおあつらえ向きの沢が、あたかも蜘蛛の糸のように、これにすがりなさいと言わんばかりに天からゆるゆると舞い降りている。

見れば見るほどあの大キレットのむこうには何があるのか見てみたいという思いに駆られた。大キレットは異界へつうじる入り口として、ブラックホールのような吸引力で私を誘った。大袈裟ではなく、このとき私は、あんなところに別世界へつながる通路があったのか！　すごい道を発見したぞ、と異様に興奮し、それをたどることしか考えられなくなったのだ。

地図がなく目的地をもてない。どこかに行こうという意志すら持てず、私という存在は空の容器であった。その空の容器のなかに風景がなだれ込み、はじめてあの道を行こうという意志が生じる。だから厳密にいえばこの意志は私の意志ではなく、山の意志だった。なぜなら私は空であり、私のなかになだれ込んできた山の風景が生き物となって私を動かしていたからだ。

そのとき私と山は同化し、私の判断のなかに山それ自体が体現していた。一連の地図なし登山の象徴的場面だったと思う。

ずっと曖昧だった地図なし登山の次のステップがはっきり見えた。あの回廊をたどってシュンベツ川水系を飛びだし、異界たる北の水系に出ること、これだ。

神々の庭から見る風景は、ある意味、天界と地上界を二分した宗教画のようだった。

メンカウラー尾根を境に世界の様相は二分されている。尾根の右側を進み、本流筋たるメンカウラー沢を遡ればそれは悪相ゴルジュの地獄谷につづくが、その試練をのりこえた者は神の住む山すなわちカムエクの天界にいたる。逆に尾根の左の沢をたどると異界へとつづく天然の回廊がのびているが、それは俗世の道、生活の道でもある。

前回は不遜にも天界への道に挑み、神に罰せられ痛い目を見た。次は生活の道をたどろう。合流点を左に行き、大キレットへとつづく沢の遡行を開始した。沢は神々の庭を延長したような浅瀬がつづき、やさしく、柔和なせせらぎが延びている。水のなかに一歩足を踏み入れるたびに岩魚が閃光となって走る。背後から陽光をあびて、水面がキラキラと輝いている。母なる大地の切れ目から黄金の水がどくどくあふれだし、そこに夥しい数の魚が遊びまわっている。神の恩寵のような沢だった。

翌日、〈神の恩寵沢〉の源頭をつめた。沢は上流部で細かな流れが複雑に分岐し、迷路のようにわかりにくい。何度かうろうろして、どうやら背丈以上ある草叢のなかの小さな流れが大キレットにつづく沢だと突きとめ、つめていった。

やがてひどい倒木地帯となった。いかにも風の通り道といった地形なので、冬になると大キレットから強烈な北風が吹き降ろすのだろう。トドマツの巨大な倒木が積み重なり、壁のように行く手をはばんでいる。天然の回廊と思ったのはまちがいだったのだろうか……。

途切れることのない倒木の壁をのりこえ、しばらく進んだ。できれば大キレットまで登り、その向こうの異界の様子を確認したかったが、もはやこの沢がキレットにつづくのはまちがいなかった。まだ六日目だが、ダムにのこしたレンタカーまでもどらなければならないことを考えると次の水系を探検する日程的余裕はあまりない。

次につながる新しい道が見えただけで今回は満足だ。キレットの向こう側の風景は次回の楽しみにとっておき、今回の探検はここまでとした。帰りはシュンベツ川本流を二日かけて春別ダムまで下り、七泊八日の探検登山を終えた。

第五章

巨大な山に登る

二〇二一年夏

1

三回目の登山の目的は明確だった。まずはシュンベツ川水系の外に出ること、すなわち二回目で発見した神の恩寵沢をたどり、その北側を流れる別の水系に出ることである。

シュンベツ川水系全体の土地を隈なく知悉するという当初の構想からは外れるが、大キレットを発見したときの、あの山に導かれるような感覚は地図があれば絶対に経験できないものだった。

計画的なものから離れ、現場での出会いや偶然にしたがうというのが漂泊の理念だ。山からの呼び声が聞こえたのなら、それに身を任せるのが方向性としてただしい。大キレットを見つけたときはあの沢の向こうにどんな世界が広がっているのか、それを想像しただけで心臓が高鳴り、気分の昂揚をおさえきれなかった。

よし、つぎは新しい水系に出るぞ、と意気揚々と神の恩寵沢を下る途中、来年は山口君でも誘ってみるか、との考えが不意にうかんだ。それはいいかもしれない。ひとりも気楽でいいが、二人のほうが旅は楽しそうだ。一緒にシュンベツ川を遡行し、神々の庭に数日定着し、釣った魚で大量の燻製をつくり、それを糧に未知の水系をめざす。想像しただけで生唾がわくほど面白そうだった。

山口君というのは山口将大（しょうた）という、若く、実力派の旅系シーカヤッカーである。私とは以前、極夜探検の準備のためにグリーンランドの海で長い旅をして、一緒に海象（セイウチ）の襲撃をくらったこともある仲だ。

カヤッカーなので長旅への耐性はつよい。グリーンランドの旅ではおよそ四十日間におよんだが、彼は野外生活のストレスを抱えることもなく平気なようだった。子供の頃から釣り好きで、渓流釣りやテンカラへつよい関心があり、沢にフィールドをひろげたいという話も聞いていた。なるべくモノやテクノロジーに頼らず、内在的な経験と技術で、つまりなるべく自分の力で自然物を利用しながら旅をしたいという志向性は私に近いものがあった。

私としても仲間がいたほうが助かる。原始的な登山は仕事量が多く、野営地を決めたら、タープを張り、薪を集め、火をおこし、釣った魚の処理をしてからコメを炊かねばならず、夕食までたっぷり二時間はかかる。作業自体は楽しいのだが、年のせいかもう一人仲間がいて手伝ってくれたら楽なんだが……と思うことが増えたのも事実だった。

とはいえ、山口君はカヤックの実力はあるが山の経験はほとんどない。夏山や簡単な雪山はしばしば登るらしいが、沢や岩など特殊な経験と技術がもとめられるフィールドには出たことがない。そのため一緒に山に登ろうと思ったことはなかった。

ただ、考えようによっては登山経験に差があることには好都合な面もある。経験値がおなじだと互いの意見がぶつかり意見をすり合わせなければならないが、私と山口君であれば実力差がありすぎて議論は起きず、ストレスを感じることもないだろう（向こうがどうなのかは知らないが……）。

それにこの登山は技術的な難しさを追求する登山ではない。過去二回の日高の経験から、神の恩寵沢を越えて北の別水系に出ても、主稜線にむかわないかぎり穏やかな渓相がつづく予感がした。歩き中心の山旅になるだろうから、フィールド的にはさほど問題ないはずだ。

　連絡をとると、「行きます」と即座に返事がきた。逡巡や熟慮を一切感じさせない呆れるほどの即断だった。

　とはいえ、沢の経験が皆無な人間を、ぶっつけ本番で地図なし登山に参加させるほど私も能天気ではない。沢登りには独特の悪さがある。滝の登攀やゴルジュ突破といったロープ技術の必要のない沢でも、スリッピーな斜面の草を摑み、泥壁にしがみつきながら足の指を踏ん張って登る、みたいな、きわどい場面がすくなくない。支点がとれずロープを出せないことも多く、滑落の危険がつきまとう。こういうのは正直慣れるしかない。

　二度目の日高からもどったあと、二〇二〇年九月に山口君と、かつて漂泊登山でもおとずれた南会津で五日間のプレ山行をおこなった。ルートは安越又川(あごまたがわ)道行沢(みちぎさわ)～黒谷川(くろたにがわ)梯子沢(はしごさわ)（下降）～スギゾネ沢～ミチギノ沢（下降）～御神楽沢～会津駒ヶ岳というもので、台風で駆け足となった漂泊登山のラストの行程をあらためて登りなおすものだった。前に行ったときは名渓・御神楽沢で釣りがほとんどできなかったので、今回はそれを堪能したい。

　アプローチとなる林道の脇の斜面で、沢登りで必要な最低限のロープワークを山口君に教えた。山行前に宿題として指示しておいた〈もやい結び〉〈八の字結び〉〈マスト結び〉〈半マスト結び〉〈シートベンド〉等、基本となるノットの習得具合を確認したあと、立木を利用して懸垂下降の反復練習をする。

懸垂下降は基本中の基本技術だが、それだけにうっかりミスでの死亡事故が多い。そのことを頭に叩き込ませ、ロープに下降器具を取りつける前にかならず落下防止用の自己確保をとることをしつこく指示した。ロープに体重をかけて、斜面に足をつっぱり体勢を安定して下りられるようになったら、ザックを担いでおなじことができるようになるまでくりかえす。

とはいえ山口君に教えたのはそれだけだった。本来なら滝や岩場を登るための確保技術も教えるべきだが、ロープを使う登攀はたぶんないし、かりに悪場に遭遇しても、単独遡行のときと同様、私がひとりで先に登って山口君を上からロープで確保すればいい話だ。確保技術はおいおい教えるということで、ずぼらな私はそれを先延ばしにした。

途中で熊と出合い頭で遭遇するというドッキリはあったが、それ以外はとくに波乱はなく、プレ山行を無事終えた。日中は釣りをしながら沢を登り、テンカラの竿の振り方やポイントへのアプローチの仕方をアドバイスする。夕方になると野営地を決め、焚き火をおこし、岩魚を串刺しにして塩焼きにする。タープの張り方や山での焚き火のおこし方など野営技術も仕込む。

私のほうも山口君からは大事なことを教わったように思う。何かというと釣りにたいする姿勢である。

山口君は渓流釣りが下手だった。はじめてだから当たり前なのだが、まず、竿の振り方がまったくなっていない。テンカラ竿の振り方はスイングバックのときに十分糸をのばし、その反発を利用して毛鉤を前にとばすのがコツだ。竿はしなやかに曲がる構造なので、前に出すときに腕を途中で止めないとラインの先端まで力がつたわらない。だがそれをいくら教えても、山口君は竿を前に振るとき力が入り過ぎて、水面をたたきそうなほどつよく振る。そのため毛鉤が全然遠くに飛ばない。

ポイントでの接近の仕方も何も考えていないように見えた。岩魚は上流を向いているとはいえ、目玉が横についているので視界が広い。見つかったら警戒されて毛鉤に食いつかないので、ポイントではまず水の流れ方を読み、どこに岩魚がひそんでいるかを見極めたうえで、身をかがめてこっそり接近する必要がある。しかし彼は岩魚から丸見えの状態で無造作に水のなかにじゃばじゃば入り、竿をばしばし振っている。

あんなんじゃ何度やっても釣れんだろ……。私は呆れて上流にむかう。そして何匹か釣って山口君のところにもどって、釣れていないことを予想しつつ、「どお、釣れたぁー？」とわざとらしく声をかけるのだが、驚いたことに彼も私と同じぐらい釣っているのである。

しかも私のより魚体がよく、太っており、大きな魚を釣っているのだ。

不思議なことだった。あんなに技術はなっていないのに、どうして釣れるのか。

渓流ではポイントを一度荒らすと岩魚が警戒するため、しばらく釣れない。上流に誰かが先行して岩魚が逃げてしまったら毛鉤を打っても食いつかないし、下降するときも、岩魚に姿を見られながら竿を振ることになるため、ほとんど釣りにならない。渓流釣りは先行者がいない沢を釣りあがるのが基本なのである。なので、私が先行して山口君がその後ろをついてきても釣れないはずなのだが、彼は後ろからニコニコした明治時代の作家の書生のような朴訥とした笑顔を見せて、「二匹釣れましたぁー」などと喜んでいる。

なんでこいつはこんな適当なやり方で釣れるのだろう。しかも私より大きな魚が……。

苛立ちと嫉妬がないまぜになった複雑な感情がわいた。そして、山口君、君ねえ、そんなんじャダメだよ、それじゃあ毛鉤は全然飛ばないよ、ここのポイントは右から接近しないと岩魚に見つかるよ、などと偉そうに教えながら、ひそかに彼の釣りに注目した。

彼の釣りはテンカラの常道を無視したものだった。竿の振り方、接近の仕方だけではなく、同じポイントでしつこく魚を追いかけてもいる。テンカラは見極めのはやさがひとつの特徴で、同じポイントで二、三度毛鉤をうちこみ反応がなかったら、次に移動するのがよいとされる。反応を見せない魚で粘るより、次に移動して無警戒の獲物をねらったほうが効率がいいからだ。それは竿を購入した渋谷の釣具店の店員から教わったことでもあるし、黒部(くろべ)や奥秩父の谷でテンカラ釣り師に同行したときもそうやっていた。しかし山口君は同じ場所でしつこく粘る。ストーカーのように十回も二十回も毛鉤を打ちこむ。そして水面がバチバチと跳ね、「あ、釣れた」とか言って、はにかみながら上手に岸にとりこむのである。

彼の釣りを見て、私は自分の釣りを反省した。私の釣り方はテンカラの常道的正しさに縛られた釣り方だったのかもしれない。本で読んだやり方、釣具店で聞いたやり方に固執していたのかもしれない。そして釣りの割合が昔より増してきたとはいえ、まだまだ私の釣りは、あくまで夕食の食材のために釣るというやり方、つまり実利をもとめた釣り方だった。すなわち釣りそのものを楽しむ純粋性にかけているのだ。

山口君は、食材確保の問題以前に釣り行為そのものを楽しんでいた。常道を知らないがゆえに、それに縛られることもなく、幼少期から積みあげてきた彼独自の魚との距離感で岩魚を釣っている。それは子供の釣りと同じやり方だ。純粋に釣りが好きだという理由でおこなわれる釣りである。

彼の釣りを見ることで——そのことは決して彼には言わなかったが——自分の釣り観が少しだけ変わった。もっと言えば登山観もちょっと変わったかもしれない。たぶん、というか確実に、その時点の私は釣りより登山のほうが上級な活動だと考えていた。なぜなら登山のほうが肉体的にハードで、かつ危険性と直接むきあうからだ。危険な場所で強靱な肉体と精神を駆使しておこなう活動のほうがレベルが高い。釣りを登山に従属させていたのは、そうしたニーチェ風の超人志向が私のどこかにあったからなのだが、山口君の釣りを見て、私は、その思想に毒されている自分とその馬鹿々々しさに気づかされたのである。

それ以降、私はもっと自由に釣りを考えるようになった。釣り自体を山に登る目的のひとつととらえ、これまでより時間をかけ、毛鉤やハリスを頻繁に替え、魚との間合いや駆け引きを楽しみながら、場合によってはしつこく、何度もトライする。当然のことながら遡行スピードや移動効率は落ちる。でも釣果はあがり、登山はそれまでより格段に楽しくなった。

表面的な移動効率を求めるのではなく、目の前にあらわれるポイントとじっくりむきあい、釣果によってその後の行動を決めるのは漂泊原理にもかなっているといえた。釣りを楽しむことで、私はそれまでよりも山の表層ではなく深層を旅できるようになった。テンカラの初心者山口君は、その意味で私の釣りの師匠でもある。

プレ山行の目玉である御神楽沢では思ったような釣果は得られなかった。小型や中型は釣れるが、時折、水面下でゆらゆら見える四十センチクラスの超大物がどうしても釣れない。

大岩の下の流れが死んだ小さなたまり場で、信じがたいほど巨大な岩魚がヒキガエルの腹にくらいつき、じっとこちらを見ていた。その刹那、電光のような動きで岩の隙間に消えた。腹が食い破られ、腸がピロピロと露出したカエルの死体が水底に沈んでいる。小さいながらも凄惨な光景のなかに、生と死が等量のものとして循環する野生の掟がむき出しとなっている。

滝が連続する中流部の釜の岩の陰には、そんな超大物が五匹も六匹も遊弋(ゆうよく)するのが見えたが、何度、毛鉤を打ちこんでも疑似餌と見破られ食いつかなかった。結局、超大物は釣れず、今回もまた宿題をかかえたまま会津駒ヶ岳から下山した。

2

静内の町はまたしてもあいにくの天気で、上空を覆いつくす灰色の雲で日高の山々は姿を隠していた。スーパーでコメ(二キロ)、朝食用のラーメンやそば、各自の行動食、味噌や醤油、ニンニク等々を買いだしする。ザックのなかにはタープや蚊帳、薄い寝袋など野営道具、釣り道具一式に鍋など調理用具、五ミリ四十メートルのロープ一本に各自カラビナ数枚、スリング数本といった最低限の登攀具がはいっている。十七、八キロなので重さはあまり感じない。

今回も出発はシュンベツ川である。前回見つけた神の恩寵沢をぬけて北の別の水系に出て、新しい異世界を旅することが目的だ。その先は未知、どうなるかわからないが、そのためにも、まずはじっくりシュンベツ川で釣りを堪能し、神々の庭で燻製をたっぷり作り、未知の世界に出るのに必要な食料を確保するつもりだった。

タクシーで春別ダムまで向かったが、手前四キロのところで林道が崩壊しており、そこで下車した。運賃が一万円少々と思っていた額の半分ですんだのは助かった。

「事前に運賃二万円で交渉しないでよかったですね」

「本当だな」

その日は林道の広いところで野営し、スーパーで買いこんだ焼き肉を網で焼いた。朝方、藪のほうから聞こえるガサガサという動物がうごく音で目が覚めた。肉の臭いにおびき寄せられ、羆がやってきたらしい。

本格的な遡行は翌日（七月二十六日）からとなった。すでに三回目となるシュンベツ川は、地図がないとはいえ沢の内部の地形は知りつくしており、ダム周辺の構造物の配置も前回下山したときにチェックしておいた。ダムから少し林道を歩き、熊笹沢にかかる橋を越えてしばらく行くと、シュンベツ川本流へ下りられる作業道がある。その道から沢に下りたつと、しばらく蛇行した河原帯がつづく。河原帯が終わると、轟音がとどろく巨岩帯〈鴨の大岩〉があり、その先に沈黙でしずまりかえった空間に暗緑色の水をたたえた淵にでる。一回目のときに〈鹿淵〉と名づけた場所だ。鹿淵を軽く高巻くとまもなく〈中流部ゴルジュ帯〉に突入する。

ゴルジュ帯の手前の落ち込みで尺には若干とどかない、きれいな型のアメマスが釣れ、近くでシマヘビも捕獲できた。ひとまず最低限の食料を確保し、ゴルジュ帯の高巻きを開始する。左岸の藪に飛びこむと、全身から汗が滴り、数十匹の虻がたかって養蜂家のようになった。二時間の高巻きを終え、シュンベツ川にふたたびおりたつと時刻はすでに午後三時半となっている。そこから真面目に釣りを開始した。

右岸に流れが静かに淀んでいるところがあり、何度か毛鉤を流してみた。絶対にいるはずだが反応がない。試しに普通毛鉤を逆さ毛鉤に替えて上流から流してみると、今度はすごい引きがあり、道糸に切れそうなほどのテンションがかかった。巨大な物体が水面でのたうちまわっている。道糸がたるまないように慎重に手前の河原に引き寄せ、動きが落ち着いたところで胴体を摑んで捕獲した。胴回りは手のひらが回りきらないほど太く、計測すると四十センチ近い大物だった。前年から魚体を計測するようになったが、それ以降では一番の大物である。

山口君を呼び寄せ、存分に見せびらかし、彼の〈写ルンです〉で記念撮影を要請する。

「すごいですねぇ」

いかにも悔しそうな彼の顔が私の自尊心を満たす。

大きいのを釣ったので順番を交代して今度は山口君が先行する。当然、先行者が有利だが、私も一応、目ぼしいポイントに毛鉤を打ちこみ後を追った。左岸の大岩の下を狙うと、二投目でグイッと強い引きがあった。雨粒模様の大きな魚体が暴れながら糸を引っ張って上流に逃げてゆく。このままだと左の落ち込みのほうに行き、鉤が外れてしまいそうだ。強引に引きよせ、足元の小さな河原に引き上げ、回収に成功した。

大物の連発で、私は快感に酔いしれた。山口君に追いつき、ふたたび自慢のために見せびらかした。

「また釣れたよ」

「え、またですか？　同じところでやってみたんだけどなぁ。どうしてだろう……」

激しい嫉妬に駆られる彼の様子をみながら、はっはっは、どうだ、これが経験と実力の差である、と内心勝ち誇り、自尊心ゲートのメモリは満タン近くをさした。

だが、その自負は翌日簡単にうち砕かれた。

その日も私の釣りは好調だった。出発して早々、〝神魚〟ことニジマスが毛鉤に食いつく。激しい引きで竿がしなり、水面を大きくジャンプしたかと思った瞬間、水面下で煌めく魚体が閃光となって下流に走り、早瀬を下ってゆく。うまくコントロールしながら力を逃がし、対岸の河原にひきあげると、これも尺をゆうに越える大物だった。つづけて尺物のアメマスを釣りあげる。

絶好調だ。この山行から四メートルの長い竿を新規投入していた私は、「やっぱり長い竿のほうがよく釣れるみたいだな……」などと余裕綽々の会話を想定しながら、気分よく、二匹の大物を見せびらかすため、先行する山口君のもとへむかった。

山口君は五十メートル先の河原でしゃがみこんでいた。てっきり悔しさのあまりゲロでも吐いているのかと思ったが、そうではなかった。彼は私に気づくと、やおら五十センチはありそうな信じがたいほどバカでかい魚を、トーナメントの優勝トロフィーみたいに両手に高々とかかげてみせたのだ。

なんだ、あの化け物は……と啞然とした。その様子はアラスカでキングサーモンを釣った開高健そのままだ。ただしあまりの大物に焦ったのか、曇った眼鏡がすこしズレ気味だ。

山口君は表情をうしなったまま、すぐ脇の真っ黒い反転流の淀みを指さした。

「そこです。釣れるとは思ったけど、まさかこれほどの大物とは……」

「何これ？　ニジマスというより鮭じゃないか。完全にシュンベツの主だな。これ以上の魚がこの川にいるとはとても思えない……」

「アラスカ級ですね。アリューシャン列島でカヤックを漕いだとき、これぐらいのサクラマスを何度か釣ったけど、川で釣れるとまたちがうな。こんなに大きいとうれしいな」

山口君は魚体の大きさとはおよそ不釣り合いな奥ゆかしい感想をぶつぶつつぶやいている。あまりに見事な逸物で、私も悔しさや嫉妬はわかず、ただすごいとしか思えない。さすが大物釣りの山口だ。それ以降は尺程度の魚は小物にしか見えず、二十五センチ以下の魚は全部リリースした。釣れすぎて処理しきれないので、朝に私が釣った大物は三枚におろして刺身にし、行動食としていただいた。

陽が高くなると百匹以上の虻にたかられ、全身真っ黒になって竿を振る。肌のわずかな露出に虻が群がり集中力が途切れるが、それでも釣れる。前回、前々回の地図なし登山では先の見通しがなく、釣りに集中できなかったが、今回はじっくり取り組めている。三回目の登山にしてはじめてこの川の良い部分を引き出しながら登れている、そんな気がした。

流れのなかに魚体が見えている。普通毛鉤を流しても反応がないときは、水に沈むタイプの毛鉤や逆さ毛鉤に替えてくいくいと動かして食い気を起こす。ときには竿をこまかく振り、毛鉤で水面をバチバチたたいて反応を促したりする。魚と駆け引きして釣れると面白いし、流れや魚がいる場所も前より読めるようになり、ヒットする確率が高くなった。

上流にいくと型が小さくなるので、この日は釣りに集中した。昼間に食べたぶんもふくめて尺以上が三本、泣き尺七本などキープが十三本で、リリースしたのは数え切れないほどだった。山口君の釣果は五、六本だが、何といっても王様級のニジマスをあげている。魚が満載で、ザックが重く、午後二時半に、大曲ビーチを五百メートルほど過ぎたところで野営することにした。

王様ニジマスをふくめた大型四本を刺身にし、その次のクラス五本を塩焼きにした。あとは煙であぶって燻製にして、明日以降の行動食に充てる。焚き火の上にタコ糸を張り、魚を吊るして、もうもうとふきあがる白煙でいぶすうちに、熱で水分が抜けて魚体はしぼんで小さくなってゆく。それを見ているだけで不思議と心が安らぐ。

魚が釣れると嬉しい。この喜びは生の原理にかなっている。生存に直結する活動に成功すると、その報酬として体内では快楽物質が分泌される。登山家の服部文祥（ぶんしょう）さんがいうように、生きることが面白くないと、他の動物種との競合にまけて人類は滅亡してしまうわけだから、生存活動に肯定的感情が生じるのは当然である。

生きることに直接つながる行為は、その行為それ自体が面白い。そして面白い行為は実存のニヒリズムを解消する。なぜなら生と結びつく行為にはモノとの距離がないからだ。

現代の都市生活がつまらない（と私は感じるのだが）のは、あらゆるモノとのあいだに距離があるからだ。

食材は自分でつくったものではなく、コメや野菜は農家が、牛や豚は畜産業者が、魚は漁業者が生産したものだ。家は大工が建てたものだし、衣類は上から下までショッピングモールで購入したファストファッションだ。生の根幹である衣食住にかかわるほぼすべてに貨幣やテクノロジーが介在し、本人が関与できない仕組みになっている。衣食住だけでなく、移動には車とGPSが、コミュニケーションにはスマホが、労働にはパソコンが必要で、それらは全部カネで購入したものだ。おまけに仕掛けが複雑すぎて故障したら直すこともできず、また買うしかない。生きるために必要なあらゆるものを自分の手で生み出せず、手直しすらできないことによって、私の命と生活は銀河系にもひとしい距離によって隔てられている。

でも奥山に何日も入り込み、魚を釣りながら旅をしている日々だけは、この距離がゼロになり、生きることとつながれる。だから釣った魚は食べないと意味がない。山が生み出した命を釣り、食べて、生きることで、私は山ともつながることができる。釣りの喜びは生きる喜びであり、そして生きる喜びとは山とつながる喜びでもある。山を旅すると大地のなかで生きる人間本来の喜びを経験できる。

釣りをつうじて山とつながれるのなら、釣りの成功は山からの祝福である。でも釣りは魚を殺すことだ。本当に山が私の釣り行為を祝福しているのなら、山が釣りという殺生行為を認めているということでもある。それは、私が殺されることを山は求めているということでもあろう。

山においては生と死は等価値のものとして循環している。アメマスの死は私の生だが、私の死はほかの動物の生である。それは意味や価値や善悪とは無関係な自然における事実にすぎない。魚を殺して食い物を手に入れ、そうすることによって風景との距離が消え、私は生きることと直接つながれたことを無邪気に喜ぶが、でもそのとき、じつは私は生につながっているのと同じぐらいの近さで死ともつながっている。

自然と調和するほど死に近接する。山の奥深くに入りこめば生きる喜びは増すが、そのぶん死を引き寄せることにもなる。山における生と死は意味論的にも存在論的にもおなじであり、私の生を祝福するのとおなじぐらい山は私の死をのぞんでいる。だから山のなかに入りこみすぎるのは危険なのだが、より深く生きようと思ったら奥深くにはいりこみ死に近づくしかない。その矛盾のなかでうまく立ち回ることに登山や冒険の妙味がある。

沢のカーブを曲がった二百メートルほど先に、大きな羆が河原をのしのしとゆっくり歩いているのが見えた。

「ホウホウ」と甲高いかけ声を出したが気づかない。「オウオウ」と喉から低い声を出すと、今度はその声に気づいて森のなかに立ち去った。気をつかって逃げてくれた、というか道を譲り渡してくれたように見えた。遠目からではあるが大きくて痩せた羆で、〈その一帯が自分たちのものであるかのような歩き方〉（ジョン・ミューア）でゆったり消えた。私たちの存在を確認したうえで移動したところを見ると、人間と適切な関係をみきわめたうえで行動を判断しているようで、深い知性の存在を感じさせる。

ふと、あれが太郎なのだろうか、と思った。一回目の登山のときに大量にのこされた足跡から、私が勝手に命名した想像上の個体。そういえば去年、熊笹沢の笹原でも羆を見たが、あれも太郎だったのかもしれない。日高の森では羆は時折私たちの前に姿を現し、ただそこにいることを知らせたうえで、また消えてゆく。

羆の動きは、人間と自然が完全に一体になることはありえない、お前が消したい距離とやらは絶対にのこる。そういう山からのメッセージのように思えた。あの羆を獲ったら私はもっとこの山とつながることができるのだろうか——。

3

翌日もその翌日も一日中、竿を振りながらの行動となった。上流に行くほど型はいくぶん小さくなるが、それでも時々尺以上の大物が釣れた。雨が降ると魚が活性化して文字通りの入れ食いとなる。水面が雨で跳ねているのか、魚で跳ねているのかわからないほどだ。こんな楽園のような沢だと誰がやっても釣れるにちがいないが、釣るという経験が上積みされることで腕があがるのはまちがいないと思う。水流から魚がひそむ場所を読んで正確に毛鉤を投げいれ、ときに毛鉤で誘い、食いついた瞬間にあわせる。釣れるとますますテンカラが面白くなってゆく。

技術が向上することにより、登山戦略もかわっていった。

それまでは晩飯と朝食用に一日五、六匹釣って終わりだった。水系を変えるのに不安があったのも、その先で魚が釣れるかわからなかったからである。しかし釣りの腕が向上すれば、水系を越える前に大量の魚を確保し、燻製にすることができて、何日か保存することができる。

通いなれた沢で沢山燻製をつくり、魚の消える源頭部から尾根を越えて未知の沢をくだり、また魚が出てきたら釣りをして燻製を作り、つぎの源頭越えに備える。未知なるエリアへの突入の連続である地図なし登山では、それをくりかえすのが一番合理的なのではないか。そんなふうに考えるようになった。

かつてのヒマラヤ登山の世界では、キャンプをつくってはそこをベースに固定ロープをはって高みをめざす極地法というやり方が普通だった。ポイントごとに釣りで食料を増産しながら前進する戦略は、ある意味それに近い。本当に未知の世界を探検するときの方法論はいまもむかしも変わらないのかもしれない。ただし、かつての極地法は、物資と人員を大量に投入し、ポーターに運ばせる軍事作戦さながらの戦略だったが、私の地図なし登山は山と溶けあい食料を増産するわけだから、そこが全然ちがう。

神々の庭に到着したのは遡行開始から五日目だった。朝から小雨がパラつき、その後、本降りとなったが、神々の庭に着くときにはすっかり回復し、青空がひろがっていた。

神々の庭がいかに素晴らしい土地であるかを私から吹きこまれていただけに、現場に到着したときの山口君の表情は完璧に拍子抜けしていた。食べログで三・五の評価がついたラーメン屋に入ったが個人的には二・五だったみたいな顔だ。なにしろ私の話によれば、ピラミッド状の壮麗な山が三つあり、霧のなかで鹿が踊り、川に毛鉤をうちこむと神魚が入れ食いの酒池肉林の地だ。ところが、ピラミッドなどどこにもないし、鹿はいないし、そもそもここより大きな魚が下流でわんさか釣れていたのだから平凡な河原にしか見えなかっただろう。

これまでは雲に邪魔され神々の庭から主稜線をのぞめたことはなかったが、今回はじめて全景を見ることができた。ちょうど北東方向に比較的大きなピークが見える。

一回目の登山で稜線に出たときに見えた山で、カムエクの北に位置するピークだ。日高山脈の主稜線はこのピークから北にむかって伸びている。一方、ピークの西には主稜線とは別の尾根が派生しており、メンカウラー尾根をこえた先で、神の恩寵沢の源頭がある大キレットに落ちこんでいる。

すでに十分な量の魚を確保したため、釣りはそこそこにして神々の庭をそそくさと通過した。神の恩寵沢に入り込み、すこし先の左岸にひろがるさわやかな広葉樹の森を野営地にする。タープを張り、薪を集め、さっそく燻製づくりをはじめた。焚き火の上にタコ糸を張ってずらりとアメマスをぶら下げる。夕食用に十匹以上の魚を刺身と塩焼きにして、明日の朝食用に六匹ほどをホイル焼きにした。連日の岩魚、ニジマス三昧だが、それでも前日に作ったぶんとあわせておよそ二十四匹分の燻製ができた。尾根を越えて未知の山塊にはいるには、十分な保存食である。

飯を食べると日が沈み、夜行性の昆虫類が野営地にたかりはじめて騒々しくなってきた。焚き火を見ながら山口君に年齢を聞くと、もう三十四歳だという。

「三十四か、けっこうきてるな」

「大瀬さんにもそういわれましたよ」

「肉体的には三十五あたりが一番力の出るころじゃない？」

「そうなんですかねえ……。ピークが過ぎたら山とか海の活動って面白くなくなるのかなぁ」

「いや、面白くなるのはその後じゃない？　三十代は体力があるから、どうしても自己の存在証明のために限界に挑みたくなるんだよ。自分に負荷をかけるから、面白いというよりむしろつらくて苦しい。でもそれを過ぎたら自己存在証明は必要なくなるから、行為そのものを楽しむことができる。オレはそんな感じかなあ」

「よく三十代がマックスだっていうけど、そんなことない気がするんですよねぇ」

「いや、マックスは三十代でしょ」

「肉体的にですか」

「肉体と経験を掛け算した総合値は三十代のほうが高いと思う。三十代が勝負だよ。感受性も高いし、人は三十代にもっとも価値の高い行動作品をのこすことができる。でも最近は四十代かもしれないってちょっと考えるようになってきた。何しろもう四十五だからな。今より昔のほうがよかったとは思いたくないでしょ」

おやじ臭い持論のあと、明日以降の見通しの話になった。

「神の恩寵沢を越えたら別の水系に出ると思うけど、赤岩沢の源頭に出る可能性もゼロじゃない。三割ぐらいあるかもしれない。でもまあ新しい水系に出るとして、そうしたらどうすっか。それで満足して下ってもいいけど、それじゃあ面白くないから、できればその水系の大きな沢に出て、それを遡ってデカイ山に登りたいね」

「そうですね」

「名もなき山にな……」

夜中はかなりの土砂降りとなり、避難してきた蚊や蚋がタープの下に群がった。暑くて蚊帳をのけて寝たため、全身痒くて仕方がない。

雨が降ると途端に遡行は憂鬱になる。未知の沢を行くのでなおさらだ。

雨が降りつづくと山の地肌の保水が進み、増水しやすくなる。一回目の下山時にシュンベツ川が一気に増水したのも、それまでの雨で山に水がたまっていたからだ。このまま雨が降り続くようなら、増水のリスクも考慮して行動しなければならないが、なにぶんこの先は未知のエリアなので、下界までどのぐらい時間がかかるかまったく読めない。一回目の登山でヒッチしたときは静内の町まで七十キロあった。一度、日高の奥山にはいってしまうと、そこから人里に下りるまで四日ぐらいかかるかもしれない。いまは七月三十日の朝だ。妻に告げた最終連絡期日までにもどるとなると八月五日には下りはじめなければならないことになる。登山期間は二週間とっていたが、日程的にそれほど余裕があるというわけでもなかった。シュンベツ川でちょっと遊びすぎたかもしれない。

小雨のなか八時四十分に出立し、黙々と神の恩寵沢を遡った。足を踏み入れるたびに小さな魚影が走るが、目もくれず尾根をめざす。午前中は時折小雨が落ちるが、しばらくすると止んだ。大気は湿っぽく、上空をおおう厚い雲はしばらく晴れそうもなく、山の上の様子はうかがえない。

神の恩寵沢の上流部は細かな流れが分岐し、方角も複雑で、去年も迷いながら源頭をつきとめた。草叢のなかの見逃してしまいそうなほど目立たない分岐を見つけ、細流をたどると源頭の倒木帯にはいるのだが、記憶をたよりに草叢の沢を登ってゆくと、倒木帯ではなく、土砂で埋まった沢となり、そのまま傾斜がきつくなり水が消えた。

どうやら一本西側の沢に入りこんでしまったらしいが、方角的には問題ないのでそのまま尾根に出ることにした。

沢に不慣れな山口君はどうしても藪漕ぎで遅れをとる。密生したネマガリダケのなかで離れると姿が見えない。お互い、声を出しあいながら羆がつけた古い獣道を利用し、上をめざした。野営地から四時間、雨があがって上空に晴れ間がひろがった頃、尾根の上に到着した。

大キレットは右下に見える。山が用意した天然の道は外してしまったが、少しズレただけなので、まあ仕方がない。

「ようやくついたな。この向こうが未知の水系だ。ニューワールドだ」

山口君の到着を待ち、満を持して二人で反対側の景観が見えるところまで藪を漕ぎ進んだ。そして足下に展開した光景に仰天した。

「なんだ、あれは！　すごいでかい林道がある！」

「え、あれが林道ですかっ？」

山口君は目の前にあるちょっと大きめの獣道を指さし、目を丸くした。

何をすっとぼけたこと言っているのだろう？　獣道をどこからどう見たら林道に見えるというのか……。私は呆れてはるか彼方を指さした。

「あっちだよ」

私が指し示す方向を見ると、山口君が「本当だ……。湖がある」とつぶやいた。

「え、湖？　あ、本当だ。あれ湖か！」

見間違いをしていたのは私のほうで、林道だと思った茶色い線は、湖が減水してあらわれた土手だった。湖はかなりの規模がある。こんな山奥にあれほど大きな自然湖があるわけがない。つまりあの湖はダム湖だ。

ついに達した未知の水系は原始の世界などでは全然なくて、巨大人工物によって大きくゆがめられ産業化された山の姿だった。神々の庭のような千古の森にかこまれた原始境を想像していただけに、ダム湖の存在は私をかなり幻滅させた。

と同時に正反対の感情もわいた。

あれほどの規模のダム湖なら林道がのびているに決まっている。道があれば人間のいるところまで安全にもどれる。道とは下界そのものだ。日数が足りなくなったらその道を下ればいいわけだから、下山予定日ぎりぎりまで探検できる。人里まで何日かかるだろう……とうじうじ悩んでいた朝の不安は吹き飛び、奇妙な安心感をもつことができた。

ダムはさておき、水系をつつむ山全体の光景は悪いものではなかった。湖の対岸には見るからに堂々とした山があり、主稜線から少し外れて、やや独立峰気味に鎮座している。あたかも世界の中心にそびえる須弥山（しゅみせん）のような風格の山だった。また、ダム湖からは東の主稜線方向に大きな沢がのびており、この沢をつめるとまたしても大きな鞍部に出るように見える。しかもその鞍部はおそらく主稜線に切れこんでいる。渓相は穏やかで、この鞍部からなら容易に主稜線を越えて十勝方面に抜けられそうだった。つまりゴルジュの険谷を通過しなくても主稜線を越える道はある、ということだ。

「この感じだと稜線を越えて十勝のほうに出たほうがよさそうだな」

「帯広って近いんですか」

「知らないけど、十勝側には登山道があるんじゃないかな。前にカムエクを登ったときに登山者が来ていたんだから。登山道をたどればどこかに着くでしょ」

ひとまず方針としてはこの鞍部から十勝側に越えるという前提でダム湖に下りることにした。

4

巨大人工物だ、歪んだ産業化された山だ、と散々ディスっておいて何だが、このダム湖は神々の庭に勝るとも劣らない楽園のようなところだった。何が素晴らしいかというと四十センチ前後のアメマス、ニジマスがうようよしているのだ。大量の燻製をつくって食料枯渇にそなえていたが、行きついたのは食料調達地としてはこれ以上ないほどの場所だった。

尾根からゆるやかな沢を二時間下ったら湖畔についた。平水時より水量が少なく、尾根上から見たとおり、湖の縁には砂地の土手があらわれていた。湖の様子を見に行くと、沢の流入点の近くに巨大なニジマスがゆったり遊泳している。それを見て、近くの乾いた快適な砂浜を野営地にすることにした。

湖の魚を釣るのははじめてで、テンカラで釣れるのか不明だった。先ほどの大きなニジマスはやや深みに沈潜しており、水に浮くドライではなく、水中に沈むウェットの毛鉤で誘う。四メートルの竿を振ると、毛鉤は七、八メートル先の水面に落ちて波紋を起こした。やがて毛鉤がゆっくり沈むとニジマスは反応して食いついたが、それと同時に疑似餌だとわかって吐き出してしまう。それが二回つづき、三回目でようやくあわせることに成功したが、ハリスが切れて逃げられてしまった。その後は毛鉤を替えて何度も挑戦するが誘いにのってこない。やはりテンカラで湖のニジマスを釣るのはむずかしいのだろうか。

山口君もうまくいかず、あきらめて先に退散した。私のほうもそろそろ潮時かと思った頃、少し奥の水面でニジマスが大きく跳ねて飛沫がとんだ。そこをめがけて毛鉤を打ちこむ。二度目のスイングで食いつき、ついに竿が大きくしなった。

アメマスとちがってニジマスはあわせてから激しく動き、飛び跳ねながら逃げるのが特徴で、荒々しいファイトが醍醐味である。折れそうなほどしなる竿をうまく操作して力を逃がし、動きがおさまったところで砂浜にひきあげた。計測すると四十三センチもある肉付きのいいニジマスで、燻製だけでなく刺身も堪能できた。

翌日はダム湖の東に流れこむ、鞍部へとつづく例の大きな沢を目指した。

ダム湖をトラバースするのは湖畔の藪漕ぎがつづき通常時間がかかるが、このときは水量が少なく土手の砂地を歩くだけで、わずか一時間ほどで目的の沢の流入点にたどり着いた。

無論、移動中も周囲の地形の確認をおこたらない。

ダムの堤体が湖の西の端のほうに見える。また正面北側には、昨日尾根の上から見た立派な山容の山が鎮座している。頂上は猫の耳のように小さなピークがならぶ双耳峰に見えたので、この

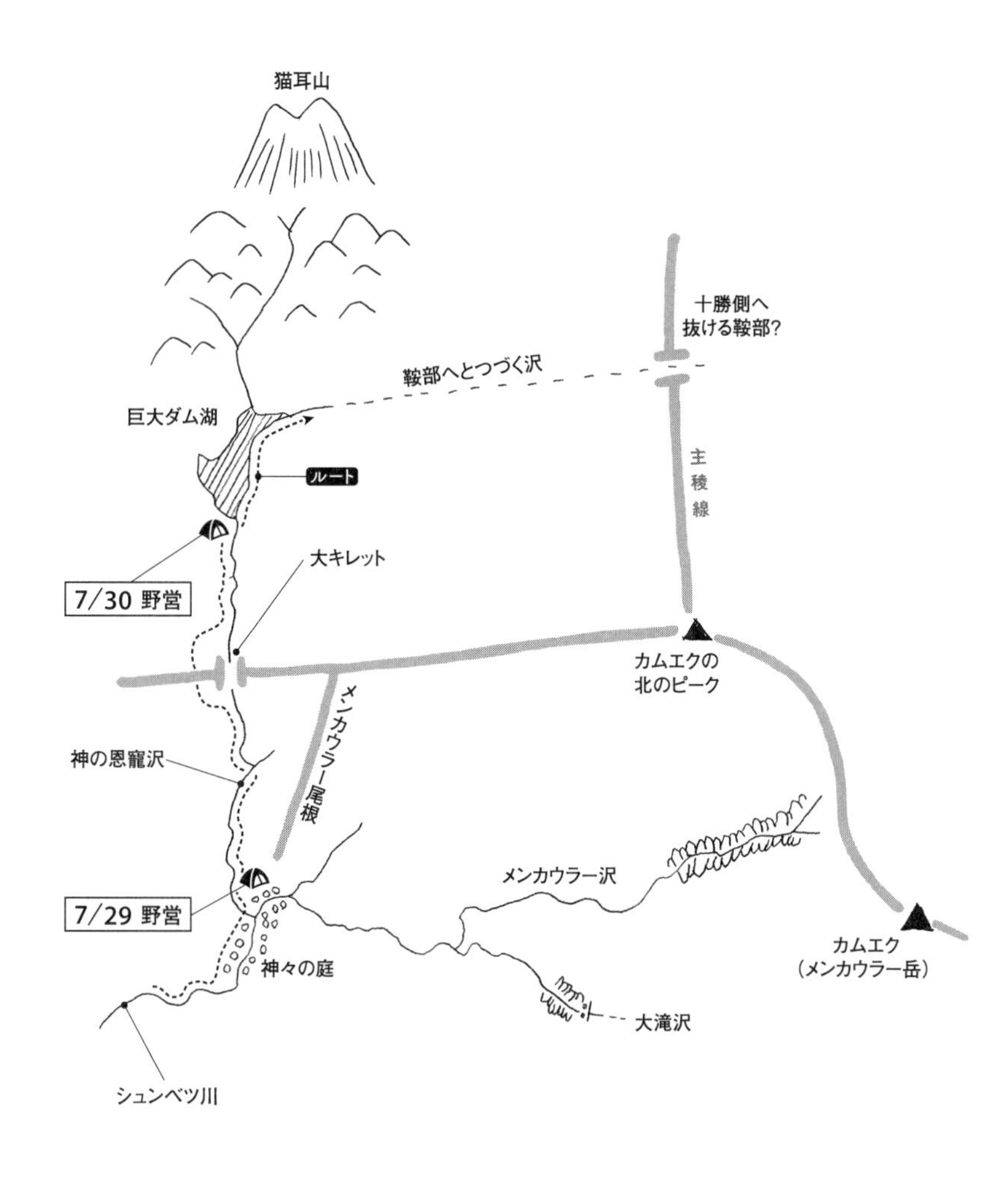

地図⑧ 神々の庭から巨大ダム湖

山を〈猫耳山〉と呼ぶことにした。猫耳山からも別の沢が白い流れをつくり、途中で西側の山の麓からまわりこんでくる沢と合流して、ダム湖の北にそそいでいる（前ページ地図⑧）。

目的の沢にむかう途中も湖には大きなアメマス、ニジマスがうじゃうじゃしており、毛鉤をうちたい強い誘惑をおぼえる。沢の流入点には巨大な流木が横たわり、砂浜には羆ではなく人間の足跡が上流へつづいていた。

ダムまで車が入れるのかどうかは知らないが、こんな山奥の渓流までわざわざ足をのばして釣りをする人は北海道にはほとんどいない。というのも、下流でも十分魚は釣れるし、羆を恐れて野営しない人が多いからだ。

登山と釣りでは文化がちがう。登山には滑落や悪天などリスクがつきもので、ある意味、リスクとむきあうところに行為の核心がある。だから、多くの登山者は熊も山のリスクのひとつだと割り切って考え、北海道の山でも平気で野営する。しかし、釣りは登山のようにリスクと直接むきあう行為ではなく、熊を山のリスクとして受けいれる人は少数派だ。釣り師の多くが日帰りで帰れる場所か車で行ける範囲内で満足するのは、このリスクへの距離感にちがいがあるからだと思う。

足跡が沢ヤのものか釣り師のものかはわからないし、どっちでもいい。重要なのはこの湖は魚のパラダイスで、燻製はまだたっぷりあるが、私も山口君も竿を出さずにいられないということだ。

「湖にはデカいニジマスがうようよしてましたね」

山口君は口から涎（よだれ）をたらしそうな顔で仕掛けをとりつけ、沢が流れこむあたりで竿を振りはじめた。すぐに私も後をおいかけ、たて続けに尺サイズのアメマス二匹と四十センチ近い太ったニジマスを釣った。まだ午前十時で天気も快晴である。夕方までザックに入れたら暑さで身くずれするし、荷物も重たくなる。その場で三枚におろして刺身にした。

食事が終わると湖を離れて沢を登りはじめたが、釣りの誘惑は激しいものがある。すこし先の瀞場にデカいニジマスが見えたので、つい竿を出した。一投目で食いつき、強烈な引きとともに激しく飛び跳ね、凄まじい勢いで下流に走る。このパワーを渓流竿で受け止めきれるか？　限界までしなる竿を引いて岸を歩き、河原のうえに大根を引っこ抜くように取りこむと、前日のニジマスをうわまわる四十五センチの大物だった。

食べたばかりなのでさすがにこれはリリースしたが、その先にまたすごい場所があった。河原の端っこにできた直径七、八メートルの池のなかに三十センチから四十センチのアメマス、ニジマスがうじゃうじゃ泳ぎまわっているのだ。地形的に増水時に反転流となる場所で、近くを屯（たむろ）していた魚が急な減水で閉じこめられたのだろう。釣り堀どころの騒ぎではない。こんなせまい池にこんなに魚がいたら窒息するんじゃないかと心配になるほどで、前代未聞の壮観である。竿を使わずとも全部手づかみできそうだ。いったい何なんだ、この沢は？

沢も庭園のような申し分のない美渓で、白亜の岩のなかをエメラルドグリーンの水が流れている。悪い滝やゴルジュはなく、五メートル程度の滝や淵、瀞、ナメ滝が連続するだけだ。登っていて飽きないし、順層の岩は手がかりが豊富で登りやすい。

〈釣り堀池〉の少し先で大きな支流が分岐していた。水量比は五対一ほどで、左の本流筋はずっと北東方向にのびている。沢の流路は直線的で、正面に終始、三角形の山が見えた。この頃になると、日高山脈はきれいな三角形の山ばかりだということにさすがに気づいていたが、安易に私はこの沢を〈三角沢〉と呼びはじめた。この伝でいくと日高の沢は全部三角沢になるはずだが、とりあえずよしとする。

河原があり、その先に岩畳のナメ滝がつづき、小さな釜と淵の先は小滝がつづく。釣り堀池から先は魚影が見えなかったため、もしかしたらもう消えたのか？　とちょっと心配になり、試しに竿を出してみると、たてつづけに大きなアメマスがかかった。天気も申し分ない。ここもまたシュンベツ川におとらぬ楽園沢であった。

ただ、楽園沢こと三角沢はその先で大きな分岐をむかえた。正面に見えていた三角山のちょうど麓で、かなり悩ましい二俣があらわれたのである。

水量比は二対一、左が本流で渓相も広く、北にむかっており、一方の右俣は北東にのびている。規模と向きからして北にむかう左俣が本流筋だろうが、この沢をつめるとどこに向かうのか、よくわからない。ダム湖の北にそびえていた猫耳山の北側に出るのかもしれない。

一方、北東方向にのびる右俣をたどると、まずまちがいなく、昨日、尾根の上から見た主稜線をこえる鞍部にむかうはずだ（地図⑨）。

昨日の段階では、この鞍部から主稜線を越えて十勝方面に下りるつもりだった。予定どおり行動するなら右俣を行くことになる。だが日数にまだ余裕はあり、ここで十勝方面に出る積極的な理由はなかった。

ひとまず本流の様子を見てみよう、ということで左俣を登ってみたが、少し先で渓相が急にせばまり野営地が見つかるか微妙な雰囲気となったため、いったん二俣までもどり、右岸の少しあがった藪の平らなところを整地し、タープを張った。

　地図なし登山のむずかしさはこういうところにある。どこで野営地がとれるのか、この先で魚は釣れるのか、予想がつかないので判断が慎重になりがちだ。水量や渓相から推測するに、本流

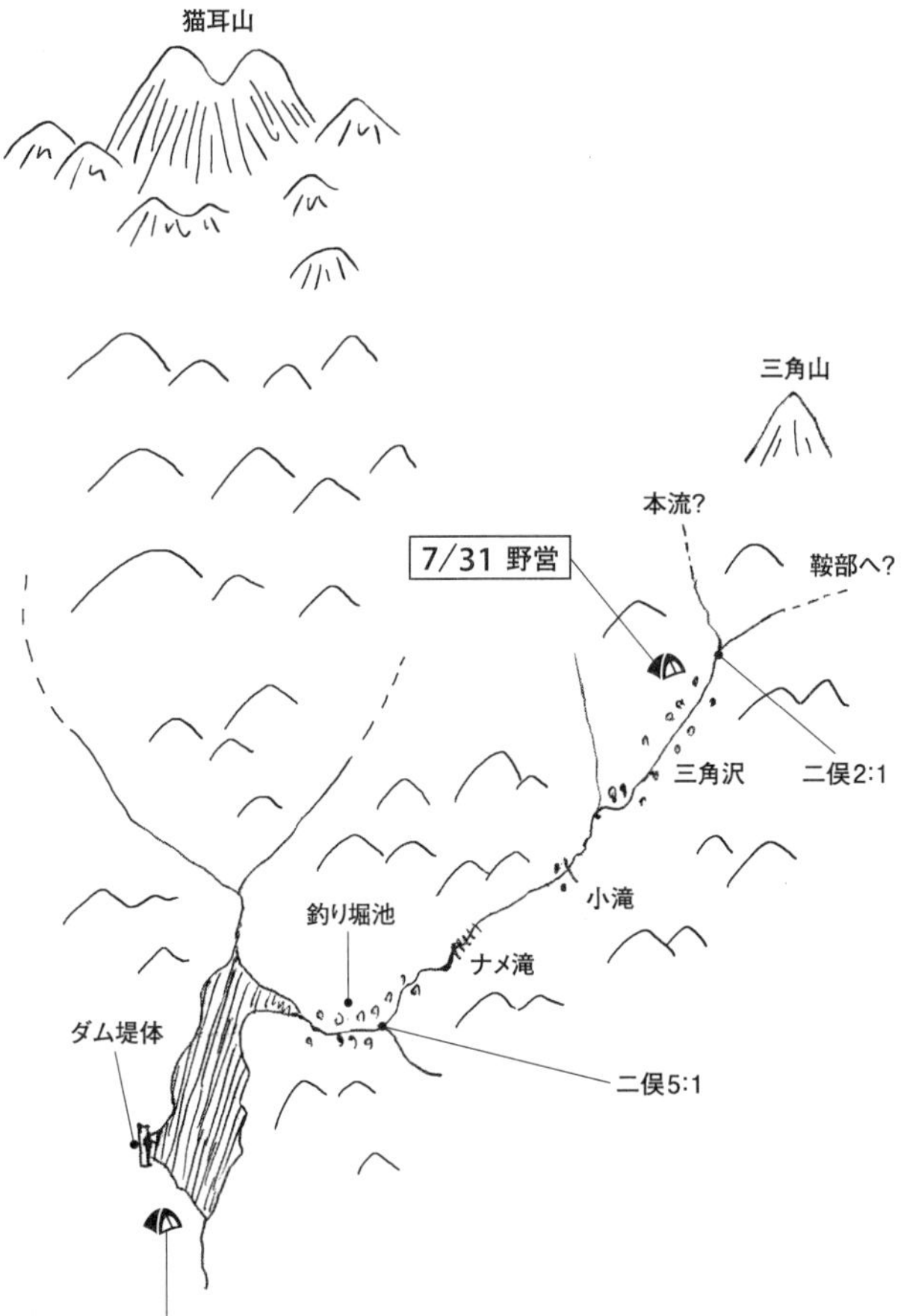

地図⑨　巨大ダム湖から三角沢

を遡行してもまもなく魚止めがあらわれ、釣りができなくなる可能性が高い気がする。用心のために燻製はキープしておくことにした。

それにしても問題はどちらの沢に行くかだ。

右俣から鞍部に出ると十勝方面に出るはずだが、確信はもてない。沢の位置関係が完璧に摑みきれておらず、シュンベツ川水系にもどってしまう可能性もゼロではない。一方、本流をたどって北に向かったら、そこには別の鞍部があって、そこから主稜線を越えられる可能性もある。

焚き火の前で三十五センチのアメマスが焼けてぶすぶす脂をたらしている。

「右俣ってどうですかねぇ」

「主稜線を越えられるとは思うけど、でもなあ……」

「シュンベツ川にもどっちゃうとか？」

「その可能性はゼロじゃない。もう前の場所にもどりたくないでしょ？」

「嫌ですね」

「北の本流をたどって尾根の上まで登って、それが日高の主稜線だったら登山道や踏み跡があるかもしれないし、藪が少なかったら近くの山に登ろう。一応、登山だからしっかりしたピークに登りたいし。それに稜線を越えたら、また別の水系だ。新しい世界が待っている。まだ日数に余裕があるから、もう一本、新しい水系を探検するのもいいかもしれない」

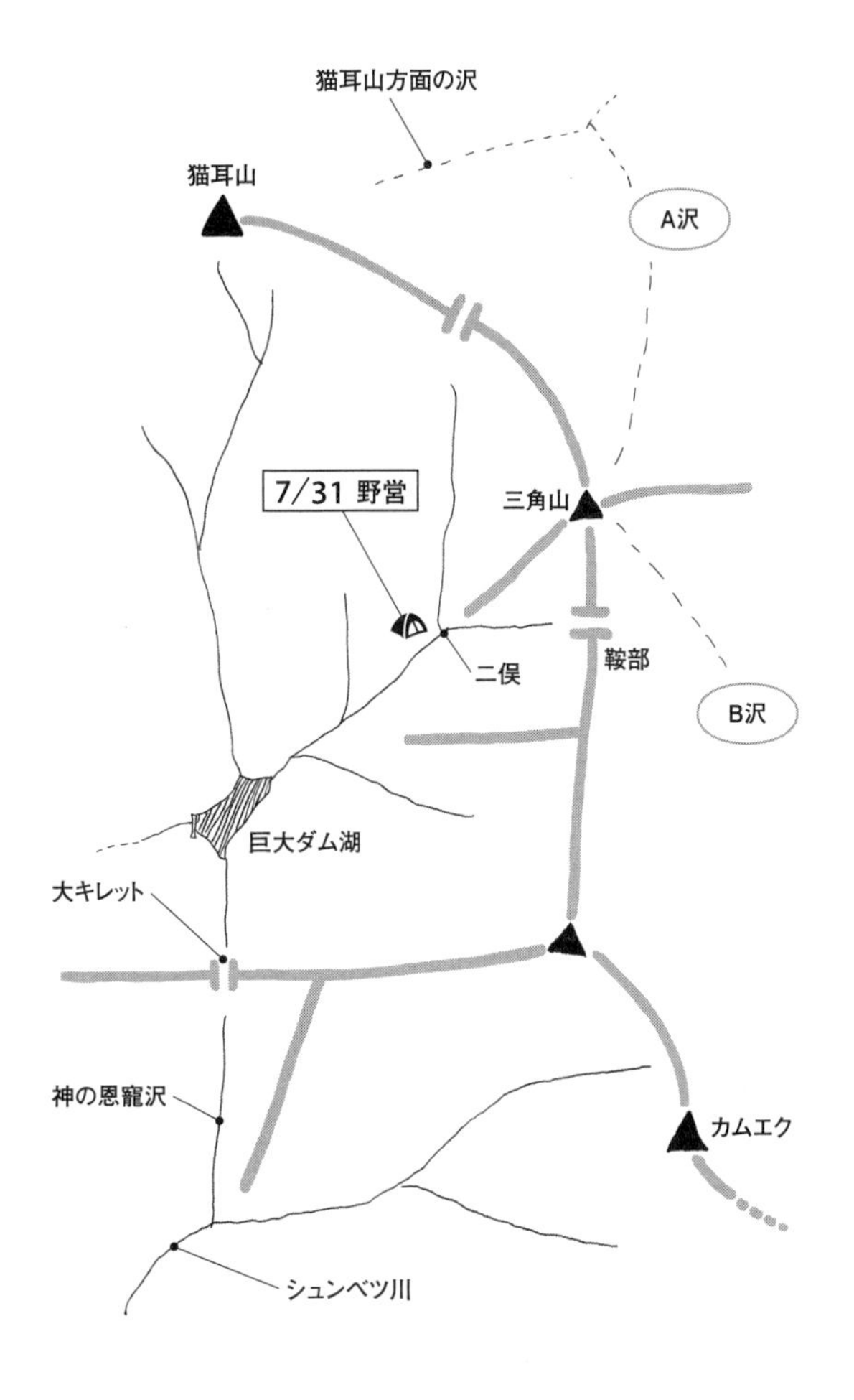

地図⑩ 新水系の推測概念図

夕方から風が強まり、タープがばさばさ揺れ、夜はかなりの大雨となった。朝、目が覚めても降雨はつづいている。ラジオの気象通報を聞くと、熱帯低気圧と前線の影響で大気の状態が不安定になっており……とのことで、しばらく様子を見ることにした。

これまでの探検で今回の新水系の概念がすこしわかりはじめてきたので、現時点で想定される尾根と沢の位置関係をノートにまとめてみた（前ページ地図⑩）。

　概念図はこれまで見えた風景をもとに推測で描いたものなので、当っているかどうかわからない。当ってないだろうが、頭のなかでごちゃごちゃっとなっている山域の全体構造を整理できるのでそれだけで意味がある。

　この図から想定されたのは、三角山の東にはおそらく尾根がのびていることであった。尾根が実在するとしたら、それを境に北と南で別々の沢が流れていることになる。北の沢をＡ沢、南の沢をＢ沢とする。このＡ沢とＢ沢は五十パーセントの確率で別々の水系で、Ｂ沢をくだるとおそらく十勝方面の川に出るだろう。一方、Ａ沢のほうはどこにつながるのか、なんともいえない。北向きに流れてＢ沢とはちがう十勝方面の川に出るかもしれないし、おなじ川に合流するかもしれない。また、猫耳山の北側にむかって平取（びらとり）方面の川に合流する可能性もある。

　そんなことを考えながら、Ａ沢のほうが安心だな、と思った（実在するとしたら、だが）。

　Ａ沢が本当に予想通り北方面に流れるなら、裏側から猫耳山に登頂できるということである。猫耳山からはダム湖に下る沢が流れ落ちていたので、かりにタイムリミットが近づいても、その沢を下ればいい。ダムの周囲にはどこかに林道があるだろうから短時間で下山することができるだろう。退路を確保したうえで行動できるのは大きな安心材料だ。

　それに対し、Ｂ沢から十勝に下りるとまた先が読めなくなる可能性が高い。十勝方面の沢は下流部に暗い井戸底のようなゴルジュをかかえているかもしれず、ドはまりする可能性がある。先の見えないゴルジュ越えは正直もうやりたくない。

　最初の地図なし登山でうえつけられた〈日高の沢はエグい〉という固定観念を完全に払拭でき

ていなかった私は、A沢（くどいようだが実在するかは不明）のほうが安心度が高いと判断し、二俣から北の本流筋をたどることにした。

昼になるとようやく雨は止んだが、時間が中途半端なので釣りをかねて本流筋の偵察に出た。羆を警戒し、食料は袋につめてロープで木に吊るす。最初にあらわれた淵で尺物と二十五センチのアメマスを二匹つり、魚籠に入れてその場に残置して奥へとむかう。その先にまた淵があり魚影を見たが、その次に五メートルのハング状の滝があり、これを越えると魚の姿は皆無となった。どうやらこの滝が魚止めのようだ。

それからは段々の落ちこみが連続する、明るく開放的な沢となり、白い岩と深緑色の流水によって作り出される景観は美しかった。ダムも近いし、この沢を目的にした遡行者もそれなりにいるのではないかと思われた。

水量比二対三の二俣に出た。しばらく登ったが思ったより水量は減らず、まだ先はそこそこの流程がありそうだった。思ったより大きな沢のようだ。ただ周辺の山々の気配や斜面の勾配からも威圧感はかんじられず、この先とくに悪場があるようにも思えない。偵察を打ち切り野営地にもどることにした。帰りにまた釣りをして、泣き尺一本をふくむ計三本を追加、これで夕食の刺身用に五匹を確保したことになる。

野営地近くの二俣に着くと、先にもどっていた山口君から意外な事実を耳打ちされた。

「そこに単独行者がいますよ……」

二俣からすこし入った右俣の沢の河原のうえで、うすいツェルトが風でばさばさ揺れていた。焚き火から白煙があがり、その横には、ひとりでは到底使いきれそうもない大量の薪が、太さごとに丁寧に分類されて積まれている。

こちらの特殊な山登りのことを説明するのは面倒くさい。最初は話しかけるのをやめようと思ったが、山口君が「僕はもう挨拶したんで」というので「せっかくだから俺も……」となりゆきで声をかけた。

地図を捨て、あらゆる情報を遮断することで再現される原初で無垢な山を登る。それがこの山登りの趣旨である。想定しているのは、人為的に作り出されたものではあるが、完璧なる未知な状況だ。原始時代の人類の旅を追体験したいと思っていたぐらいだから、ほかの人類と遭遇することなど正直考えていなかった。日高山脈を選んだのも人間の立ち入りがほとんどない山域だからだ。林道近辺はともかく、奥山でほかの人類に会うのは完全な想定外だった。

でも、そこにニンゲンがいる。

この探検のあいだ、私の頭には終始、太古の人類の行動があった。原始時代の探検家が人跡未踏の森のなかでほかの人類と遭遇し、びっくりする、などということはあったのだろうか……。

当然あっただろう。山には険しいところもあれば緩やかなところもあり、人がたどる道はおのずとかぎられる。人だけではなく獣道だってそうだ。森や藪のなか、あるいは北極の乱氷のなかもふくめて、自然のなかでは人も動物もおなじような歩きやすい場所を選ぶものだ。南のほうから探検をすすめた原始人が、同様に北のほうから来た人と、移動しやすいルート上でたまたま出会い、お互い情報交換する。そういう場面はめずらしくなかったはずだ。

となると、私が〈原始人A〉だとしたらこの単独遡行者は別方面から探検してきた〈原始人B〉であり、私が彼から色々情報を得ても、原始探検的に何ら不自然なところはない、ナチュラルだ、ということになる。むしろ積極的に情報収集したほうが人類の行動として合理的である。私は合理的にふるまうべきである。

「こんにちは。どちらに行かれるんですか？」

ツェルトの脇にたたずむ単独遡行者に声をかけると、彼は景気の悪そうな顔でナナツヌマがどうのこうの……と地名をあげて説明をはじめた。もちろん具体的な地名を出されても、私はわけがわからない。行先を質問したこと自体あやまりだった。

「いやぁ、じつは僕ら地図なし登山というのをやってまして、このへんの山域概念も知らないし、地名も全然わかんないんですよね」

男はきょとんとした顔をした。

「今回はシュンベツのほうから入って、下のダム湖に下りて、つぎはこの沢を登ろうと思っているんですが、今日は天気が悪いんで偵察してきたんです」

男は当惑し、何を話していいか判断しかねる表情を見せた。

「……何も知らないんですか？」

「ええ、山の名前も何も知りません」

男の顔には当惑を通りこし、絶望の相がうかんだ。だが、その表情はある意味で彼の聡明さをしめしていた。というのもそれは彼が次のような気遣いをしている証拠だったからだ。……山の名前も知らないとは驚きだ。あえて未知状態を人為的に作り出し、仮想空白部を探検しているということなのだろうか。だが、そうなると、いよいよ彼らに何を話していいのかわからない。地名を出しても無駄だし、そもそも地名を出すと彼らが何より大切にしているらしき土地の仮想処女性を損ねるかもしれない。話せることは何もないではないか！……

口ごもる男の顔を見て、私は責任を感じて過去の経緯を話した。

「僕はもうこれが三回目の地図なし登山で、最初はずっとシュンベツのほうを登っていて、今回ようやくこっちの水系に出られたんです。とにかくシュンベツのほうはゴルジュがすごくて……。日高の沢ってどこもこんなに悪いのかと思うとビビっちゃって。こっちの沢もおなじように悪いのかなと心配で、それで今日は偵察したわけです」

「いったいどこの沢を登っていたんですか？」

「最初に登ったのはシュンベツからカムエクに直接突きあげる沢です」

男は、えっ！　と絶句した。

「あそこは日高最悪の沢ですよ！　あんなところを地図ももたずに登ったんですか！」

「え、そうなんですか！」

驚いたのは私のほうだ。日高はどこもかしこもあんな沢ばかりだと思っていたのに、それはまちがいで、あれは特別に難しい沢だというのだ。

「そう言われると、このあたりは緩やかな沢ばかりですねえ」

男がその後の地図なし登山の方向を決定づける情報を口にしたのは、そのときだった。

「いや、難しいのは日高南部の沢で、カムエクから北はどこもこんな感じで、悪いところは全然ありません。大学山岳部が初心者の一年生を連れてくるようなところばかりですから。山深いので人気はないですけどね。魚も多いし、いいとこですよ。今日もさっきちょっと竿を出しただけで、すぐこんなのが釣れた」と、男は焚き火の横で串刺しになった二匹の尺アメマスを指さした。

男にはほかにも下山情報について訊ねた。この下のダム湖の右岸には山小屋があるらしく、そこから林道を歩いて四時間で車の通れる道に出るという。ただし携帯電話の電波はとどかないので、町に出るにはヒッチハイクしかない。そして「この沢を登って稜線に出るんなら十勝方面に下りたほうが町は断然近いですよ」と教えてくれた。なぜ近いのかは聞きそびれたが、稜線に登山道でもあり、それを下るとバス停でもあるのかもしれない。

礼を述べて男とわかれた。ちょっと聞きすぎたかもしれない、と思わないでもなかったが、原始の探検家も人と出会ったら根掘り葉掘り質問しただろうから良しとした。

のちのち実感したことだが、男の情報は決定的、いや革命的とすらいえるものだった。ここから北は山岳部一年生が来るような緩やかな沢しかない。たったそれだけの話だったが、この情報により地図なし登山は完全に新たなステージにはいったのである。真っ暗闇の部屋を手探りで進んでいると突然扉が開き、一筋の光明がさしこんだようなものだった。

極夜の探検や最初の地図なし登山など、極端に先行きの見えない状況のなかでハードな旅をつづけていた当時の私は、未来予期こそ人間の存立基盤である、というのが持論になっていた（正確には、でも情報を集めすぎて未来予期でがちがちに固めると人生がつまらなくなるので、ほどほどにしなければならないが、それがむずかしい、というところまでが持論）。

太陽が昇らず、二十四時間の漆黒の闇につつまれた極夜の世界では、現在地の把握に苦労し（GPS機器は携帯しなかった）、自分がどこにいるのか幾度も混乱した。いまどこにいるのかわからないという不安は死の不安に直結している。現在地がわからなければ正確な進路など決めようがないわけだから、変なところに出たら余計混乱し、村にもどれなくなる危険がある。そういう不安が絶えずあり、月の光や地平線の下からわずかに洩れる太陽の光で地形が少し見えただけで、数日間の行動を見通すことができて助かった気がした。この探検で私が知ったのは、光とは世界を明るく照らすだけでなく、未来の見通しを可能にし、人に希望をあたえるものだということ。すなわち光とは希望。それは比喩表現ではなく文字通りの事実なのだ、ということだった。

最初の地図なし登山もおなじだった。日高の沢は難しいという風聞が作り出す無言の圧力のなか、不意に大滝に遭遇し、それを登れなかったことで、普段見ている世界ははたして真実なのか、と考えさせられた。もしあのとき私が地図をもっていて滝の先の地形を予測できたら、そして滝の先にはゆるい二俣があり野営できそうだな、などと予期できれば、きっとあの滝を登れただろう。だが地図がない以上、そのような予期は生じようもない。ただただ目の前にひろがる剝き出しの風景、すなわち純然たる山それ自体を相手にしないといけなかった。

極夜の探検も地図なし世界のゴルジュ谷も先行きがまったく見えない、現在だけがおもむろに露出した無秩序なカオスだという意味ではおなじだった。この世界の実相はじつは事物事象が溶け合う境目のない渾沌なのだ。

だが世界の実相が極夜や地図なしゴルジュで見たカオスであるなら、あまりに仮借がなさすぎて人間が生きるにはつらすぎる。そこで人類は歴史のどこかの時点でカオスを秩序に作りかえる思考操作をおこなうようになった。言葉の発明がそれに大きな役割をはたした。事物事象に名前をあたえて境界線のないところに境界線を入れてみたり、似たような特徴をもつ共通項で分類したりといったことだ。

この秩序化の作用を時間という位相でとらえると、地図をもったり、インターネットで情報を検索したりすることで確実な未来予期を入手し、未来がどっちに転ぶかわからない居心地の悪さを削ぎ落とす、ということになるだろう。そうすることで人間の実存ははじめて安定し、この世界は居心地のいいものに変質する。

人間の存立基盤は未来予期だというのはそういう意味だが、この単独遡行者がくれたささやかな情報こそ、私にとっては究極の未来予期であり、極夜の天空に突如のぼった眩しいばかりの太陽だった。彼のくれたたった一片の情報により、地図なし日高は常に不安をよびおこすカオスから突然居心地のいいコスモスに変わったのだ。

思考はふくらみ、人類の拡散にまでおよんだ。

当時の私は原始の探検家と共振しようとしていたので話がどうしてもそっちにいってしまうのだが、旧石器時代にアフリカを出て、南米ホーン岬まで生活圏を広げてゆく過程で、人類は移動のたびごとに未知の地を探検し、旅をつづけてきた。この拡散の旅で、人類はどのように未開の地に入りこんだのか。

たとえば近代以降のヒマラヤ登山や極地探検の世界では、勇猛果敢な男たちがまったく未知の地域にのりこみ、危険をかえりみず、多くの死者をだしながら、その屍を乗り越えて突き進み、真っ黒だった地図に実線を引いてゆき既知の世界に塗り替えてゆく、ということをしてきたわけだ。今回の地図なし登山の第一回カムエクゴルジュ編も、それとおなじ方向性だったといえる。でも、こういう冒険自体が目的化したような冒険、死に近づき生還することに生きがいを見出すような行動は、一般的な人間のふるまいとしてはやはり不自然ではないだろうか。今更ながら、普通の人はこういうことはしないと思うのである。

　おそらく人類の歴史が始原としてもつ拡散の旅は、近代の冒険のような屍を乗り越えて進む猪突猛進型ではなく、このとき私が体験したような、先行きの見通しが得られたときにはじめて進むゆっくり着実型だったのだろう。前進し、新しい土地が見つかれば、そこで何世代も生活し、地域の風土や土地柄を把握し、代々経験を蓄積してゆき、その先の地域のことが予測できるようになったときにはじめて前進する。そんなやり方だったにちがいない。

　単独遡行者との何気ない会話は、旅のあり方についても再考させた。少なくともこの地図なし登山では、人類史における正統なやり方で、つまり無理矢理険しいルートを乗り越えるのではなく、移動のしやすい自然な道を見つけながら山脈の北をめざしたい。そんなことを考えていた。

6

　翌朝は小雨がタープをたたくなか目を覚まし、七時四十分に荷物をまとめて出発した。前日偵察した北沢を遡行する。

　昨日出会ったニンゲンはすでにツェルトをたたんで立ち去っていた。極限まで軽量化を押し進めた装備を見ただけで、男が一気に山を駆け抜ける現代的な登山者であることがうかがわれた。われわれとは文化のちがう異民族だった。

　地図のない私たちにそれは無理だ。魚をつりながら食料を確保し、じわじわと行動をすすめる旧石器時代系の方法論でこの未知の山を旅したい。スピードとは情報で武装し、徹底的に不確定要素をとりのぞいたうえではじめて生じる概念である。

とはいえ既知の場所ではやはり足が速まり、前日偵察した二俣までわずか一時間で到着した。単独遡行者は、この沢を登るとナナツヌマがどうのこうのと言っていた。〈ナナツヌマ〉とは普通に考えたら〈七ッ沼〉だろう。いかにも名所っぽい名前である以上、そこには登山道があり、十勝側に簡単に下りられるのではないかと想像される。万が一のときのエスケープルートの確保という意味でもその七ッ沼とやらをめざしたいが、沢の二俣を前にすると、どっちが七ッ沼なのかさっぱりわからない。

すでに雨は止み、晴れ間がではじめた。水量比二対三で右俣が本流っぽいので、そちらを進む。二股を越えると岩の積み重なった三十メートル滝があらわれた。流心近くを攀じ登ると、その先で沢は右に小さく屈曲し、内部に滝を秘めたやや陰惨なゴルジュとなった。話がちがうなぁと思ったが、微妙なバランスを保持しながら白い側壁をへつって水際をへばりつくように移動して越えると、その先でふたたび沢は開け、ナメ滝のつづく観光地風の美渓となった。

鬱蒼とした緑のなかに河原がひろがり風景が開けた。そのとき、沢の合間から見事な三角形のピークが望見された。

あれはこの沢の下流部で見た三角山だろうか、一瞬そう思った。三角沢の命名の由来となったピークである。でも、そうするとちょっと位置関係がおかしい。先日の三角山はすでに通過したはずなので、いま見えているのは新たな三角山であるはずだ。日高はどこもかしこも三角形のピークばかりで幻惑される。

この新たな三角山はかなり標高が高そうで、名のある山だと考えられた。今回の目的はまず新しい水系に飛びだすこと、そしてその水系の沢を遡行し、できるだけ目立つ顕著な山頂に登ることだ。新・三角山（仮称）はまさにその目的にぴったりだった。

「よし、あの山をめざそう」

すでに魚もいないし、目的地もさだまり、足は一気に速まった。

河原を黙々と進む。上部に来ると沢の傾斜がゆるんできた。俯瞰できないのではっきりわからないが、周囲の山並みから、高層湿原でもありそうな、全体的に平らな広い台地状の場所に出たようだ。そこでまた沢の流れは二つにわかれた。今度は水量一対一でどっちが本流かわからない。右俣のほうは平らな台地がつづくようで、例の七ッ沼とやらに出る気がする。七ッ沼というぐらいだから稜線の直下に高層湿原的地形が広がっているのではないだろうか。

でも、私たちの目的地はすでに七ッ沼から新・三角山に変更された。濃霧が立ちこめ稜線付近の様子は皆目わからないが、感覚的に新・三角山にむかうのは右俣ではなく左俣が進路だと思われた。

左俣をたどった。すでにかなり上流に達しており、沢の水量は一気に減った。沢が左にカーブしたところでガスが短時間途切れ、山がふたたび姿を見せた。

どうも沢がカーブして新・三角山を眺める角度が変化したせいか、山容がさっきと全然ちがう気がした。

目の前にそびえる巨大な山は三角形のピークではなく、右と左に乳房のような盛りあがりをもつ双耳峰的な山にかわっていた。麓にむかって大きく広がる山容は、力士のような重量感をたたえ、とても先ほど見た新・三角山とおなじ山とは思えない。沢の方角は新・三角山を発見したときよりだいぶ左に曲がったようだ。

とすると、あれはちがう山なのか？　新・三角山ではなく、それとは別の乳頭山（仮称）なのか？　よくわからないまま、稜線付近はまたガスで隠れ判別不能となった。

もうどうでもよくなった。何が何だかわからないが目の前に巨大な山があるのはまちがいない。新・三角山だろうが乳頭山だろうがどちらでもよい。とにかく源頭をつめて目の前の巨大な山に登るだけだ。そう思い、ひたすら高みを目指した。

水が涸れ、沢は斜面に吸収され、一気にガレ場の急登にかわった。緑の藪斜面のなかにくっきりと白くきざまれた直線的なガレ場は、一筋の道となって上部の靄のなかに消えており、天界へとつづく階段のようだ。天界めざしてひたすら高みへ、高みへ、足をすすめた。背後をのぞむと、三十メートル下で山口君が息を切らしてガレ場を登り、そのはるか下には高層湿原の緑の絨毯がひろがる。濃霧で全容を見せないが、時折ガスが切れた隙間から判断するに、山はやはり東と西にピークのわかれた双耳峰だった。そして二つの峰のあいだには氷河時代の名残をとどめた巨大なカール（氷河の源頭に形成される円形状の地形。圏谷）状地形が大地を陥没させている。ガレ場から鹿の踏み跡をたどって草原を横切ると、ようやく稜線に出た。予想通り登山道が走っていた。

そのとき、ガスがぐーっとあがって周囲の山並みがのぞまれた。主稜線は北にのび、稜線上には顕著な三角形のピークが三つならぶ。三つ子山（仮称）だ。もしかしたら沢の途中で見た新・三角山は、三つ子山のうち一番南にあるピークだったのかもしれない。三つ子山から南に主稜線がのび、カムエク方面へつづいているようだが、カムエクの姿はガスで隠れている。

一方、主稜線は南北にのびているのだが、目指す巨大な山・乳頭山はそれから西にすこしはずれているようだ。乳頭山は主稜線上の山ではなく、派生した尾根にある独立峰的山なのだろうか。もしかしたら人のあまり顧みないマニアックな山なのかもしれない。

でもそれにしてはデカい。主稜線上で威張って立ちならぶ三つ子山よりも頂上の標高はさらに高く、ボスキャラ感がある。

ふたたびガスが立ちこめ、山々は姿を消した。視界がなくなるなか、登山道を西に歩いた。わずかな登りがあるだけで、めざす山頂にはそこからたった四十分で着いた。

予想外なことに山頂には立派な看板が立っていた。日高の山にも看板なんかあるのか……と思い目をやると、そこには予想外の山名が記されていた。

〈日本百名山　幌尻岳　標高２０５２ｍ〉

それを見たとき、名状しがたい感動がどっとおしよせた。

幌尻岳──。

それは、この地図なし登山をはじめたときに、私が日高で唯一知っていた山の名前だったのだ。日高でもっとも巨大な山ポロシリ……。アイヌ語で〈大きな山〉を意味する神の山。こんなところにあったのか……。

そのときの私は幌尻岳は日高山脈のもっと北部にあると思っていた。静内との距離感からシュンベツ川を南部の川だと認識していたため、幌尻岳をはるか遠くの山だと考えていたのだ。でもここにあった。

濃霧で山頂からは何も見えなかった。ただ、歩いてきた身体感覚から、幌尻岳はもしかしたらダム湖から見た猫耳山だったのではないか、とはじめて思い至った。あらためてＡ３用紙の一部に書いていた遡行図を確認すると位置関係の辻褄はあう。

ダム湖についたとき、猫耳山はその真北にあった。そしてダムから遡行した三角沢は最初は北東にのび、途中で真北に向きをかえ、源頭近くにくると半円をえがくように西につきあげた。三角沢は猫耳山の麓をぐるっと反時計回りに半周する沢で、源頭は猫耳山の東斜面にあったのだ。

途中から乳頭山とふざけて呼んでいたこの巨大な山はじつはダム湖から見た猫耳山で、それは私が唯一知っている山、幌尻岳だった。おそらくまちがいないだろう。

地図をもたずに日高山脈を漂泊していたら、いつのまにか日高最大の山ポロシリに立っていたのだった。それは、壮絶な戦いの果てに勝ち取ったカムエクの山頂とは、全然ちがう種類の感動だった。シュンベツ川で発見した、穏やかで登りやすい登路（神の恩寵沢）をたどり、無理のない道を探しながら、ただひたすら一番高いところをめざしてきた。何も考えず、計画せず、どこに行こうという意志すら持てない。山に働きかけることができない状態で、ただ目の前に出現する風景に忠実に導かれ、山の意志にしたがって歩いてきたら、そこは私が唯一知っている山脈の最高峰だったのである。

これは日高からの祝福なのだろうか。名前のない場所で見つけた、私が唯一知っていた名前。なんとも不可思議な感動だった。後にも先にも山に導かれたという感覚をこれほどつよくもったことはない。視界ゼロの濃霧のなか、私はしばらくたたずんだ。

7

幌尻岳頂上直下は見事なほどの巨大な圏谷が口を開き、カールの底でいったんお盆の底のように平らになったあと、滝のような傾斜で北の沢に流れ落ちていた。その脇には毅然とたちあがった尾根がカールの縁を象(かたど)っている。登山道はこの尾根についているものと思われるので、道をたどれば幌尻岳の北側にかくれたまた別の水系に出るのは確実だった。

道には途中で道標があり平取方面と新冠方面に分岐した。新冠方面にくだるとダム湖にもどるので、平取方面に進み、新しい水系に出ることにした。案の定、道は尾根の上をつづき、そこから幌尻岳の北の沢めざして一気に下っている。

尾根から眺めるはるか彼方の山々の光景は印象的だった。尖ったものや丘陵状のものなど、大小ことなる無数の特徴的なピークが緑の荒海のように地平線まで視界を埋めつくし、山塊の広大さが実感された。山並みを遠望し、この先どう登るか思案しながら下った。

尾根上から見るかぎり、幌尻岳の北斜面から発する沢（仮称・幌尻岳北沢）は、山の麓で西に向きをかえ、しばらくそのままつづいているようだった。そして、その北側には三つ子山を起点にした大きな尾根（仮称・三つ子山西尾根）がやはり西にむかってのびる。幌尻岳北沢を西にずっと進むと、そのうち林道が出てきて下界に至るのはまちがいない。登山をつづけるにはどこかで三つ子山西尾根を北に乗り越えないといけない。

考えられるルートはつぎの二つだった（地図⑪）。

①尾根の上から遠望したところ、幌尻岳北沢をしばらく西にむかうと三つ子山西尾根の末端に出ると予想される。末端まで行けば別の大きな沢が尾根の北から流入してくるはずなので、その沢

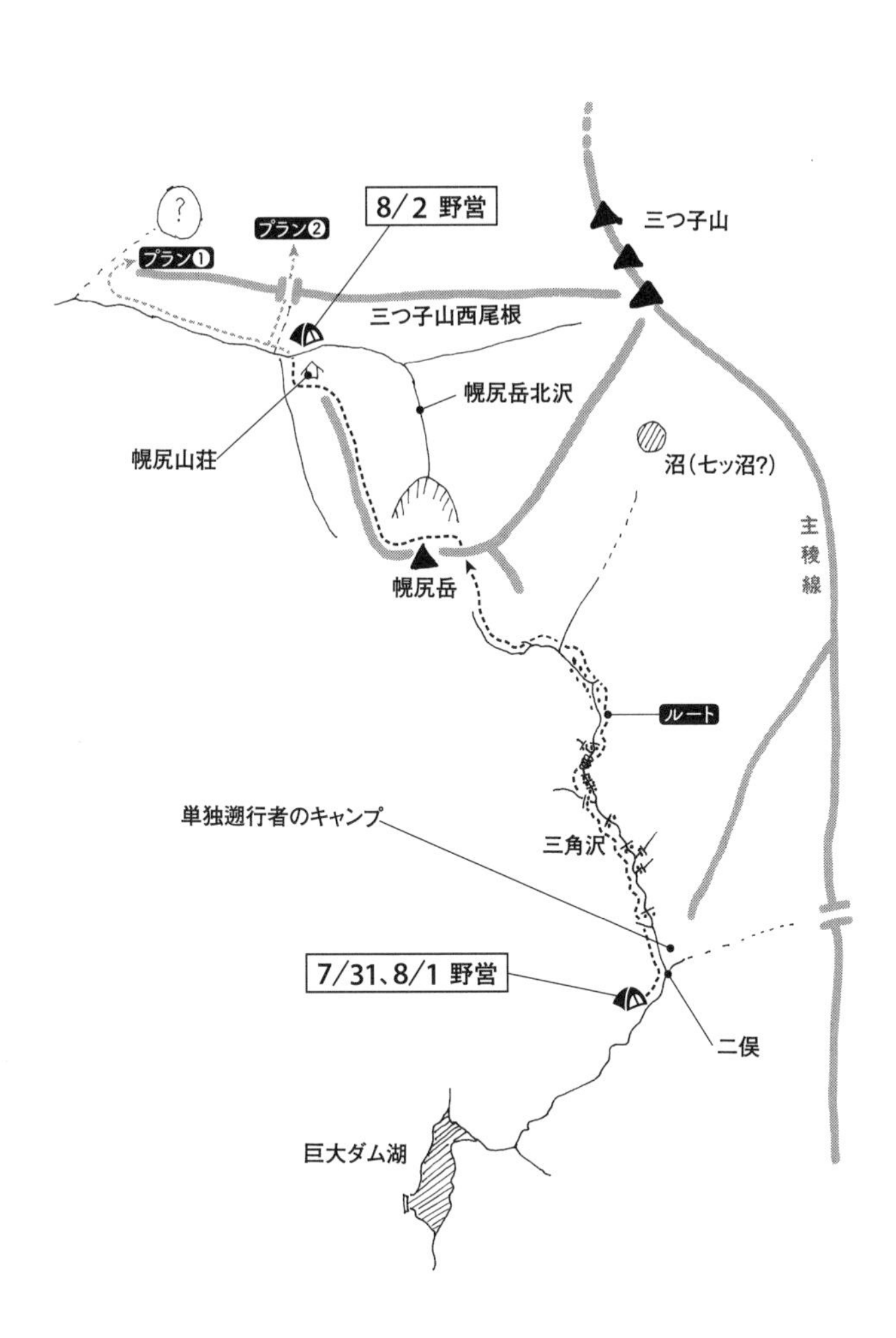

地図⑪ 幌尻岳付近で得た山域概念

を遡行し、ふたたび主稜線をめざす。
②ただし、尾根の末端まではかなり距離がある。そこまでいかなくても幌尻岳北沢をすこし下ったところで北から小さな支沢が流れこんでいる。これを登ると三つ子山西尾根の鞍部に出るので、そこから北のほうに抜ける。

尾根を下りきると沢のほとりに幌尻山荘という立派な山小屋が建っていた。小屋のなかは快適そうだが、周囲の草叢に夥しい数の虻がとびまわり不快だ。登山道はそのまま沢伝いを下流にむかっているが、上流方面への分岐もあり、こちらを登ると三つ子山頂上にいたるようだった。

焚き火をおこして炊事しないといけないので、山荘は利用せず、そこからすこし下った沢の脇にタープを張った。巨大なフキとイタドリの生い茂る河岸の段丘上を剣鉈で整地し、土の地面にフキの葉を絨毯代わりに敷いて、すこしでも居心地よくととのえた。ちょうどすぐ脇で沢が落ちこんだ釜があり、山口君が二十五センチほどの太ったアメマスを釣りあげた。

翌日はよく晴れた。山口君と相談し、近くの支流から三つ子山西尾根を乗っ越す②ルートでいくことにした。だが、道を下っても乗っ越すための支流の入口が見つからなかった。水の涸れたものすごく小さな沢はあったが、さすがにこんなに小さな沢のはずがない。昨日の尾根上からの眺望では、似たような規模の支流がふたつあったのに、なぜか両方とも見つからなかった。

気づかないまま通過してしまったのだろうか。結局、幌尻岳北沢をかなり下ってしまい、もどるのも面倒なので、予定を変更して①の三つ子山西尾根末端から大きな支流を北進するプランでいくことにした。

昨日の眺望だと沢をしばらく下れば大きな流れとぶつかるように見えた。その大きな川にはニジマスやアメマスが群れているにちがいない。私たちは勝手に夢のような沢を妄想し、きっとあるにちがいないその沢を〝ゴールデンリバー〟と呼んだ。

野営地から登山道を一時間ほど下ると取水堰堤があらわれ、おなじみの林道が姿をあらわした。幌尻岳の山頂からわずか数時間である。原始の環境をもとめてえらんだ日高であったが、どこもかしこも北電の施設が山奥まで建設されており、正直本州の山より開発されている感じさえする。

取水設備には〈水利使用標識〉が立ち、そこに記された河川名から沢の名前が判明した。〈1級河川沙流川（さるがわ）水系額平川（ぬかびらがわ）〉。私が昨日から幌尻岳北沢と呼んでいたのは額平川という名前らしい。

三つ子山西尾根末端、そしてそこにあるはずのゴールデンリバーめざして、額平川の林道をさらに下る。川には橋梁がかかり右岸から左岸へ、そしてまた右岸へと行き来する。取水設備から四十分歩いたところで北から沢が流れこんでいた。

はたしてこれが昨日見た尾根の末端をまわりこむ沢なのだろうか……。

判断に悩み、林道にザックを置いて少し先を見てみたが、沢の規模は小さく、ゴールデンリバーでないことだけはまちがいない。それに、流れの脇を草木の藪がとりかこみ、雰囲気も遡行意欲がわくものではなかった。ここは通過して、もう少し林道を先まで歩くことにした。しかしそこから数キロ林道を下っても三つ子山西尾根末端に出ることはなく、大きな沢の流入もなかった。

結局ゴールデンリバーは見つからないまま、その日は額平川で釣りをしながら昨日の野営地にもどることにした。

額平川は岩魚の宝庫だが、釣り場としてはイマイチである。毛鉤をうつと十〜十五センチの仔魚が真っ先に群がり、リリースばかりで大きいのが全然かからない。二人で何とか二十五センチ程度が二匹、あとは小物を六匹ほどキープして夕食用の食材だけは確保したが、正直釣りとしては全然面白くない。

晴れて暑かったので、素っ裸になって釜に飛びこみ身体をあらった。釣った魚を刺身と素揚げにしてご飯と一緒に平らげ、焚き火を囲んで今回の登山をどうしめくくるか話し合った。

「ゴールデンリバーも見つからなかったし、三つ子山西尾根の鞍部に出る支流もなかったなぁ。どこにあったんだろう？」

「気づかずに通過しちゃったんですかね」

「まあ、とにかく額平川を下っても林道歩きばかりで面白くないから、ひとまず登山道をのぼって主稜線に出て十勝方面に下りるか。この前の単独遡行者も十勝のほうが町は近いっていってたし。十勝に下って時間があるようなら、来年の探検にむけてむこうの沢を偵察してもいい」

「そうですね」

方針が決まって翌日、快晴のなか三つ子山にむけて登山道をのぼりはじめた。

出発から三十分ほどで左手からそこそこの水量をもつ支流が流れこんだ。かなり源流に近いので規模は小さいが、昨日の沢とはうってかわって明るく開放的な気持ちのよさそうな沢だった。登ってみたい、という衝動にかられる。

登山道ではなくこの沢を登ることに方針を変更し、水流に足をつっこんだ。しばらく北東方向に急登の沢がつづいた。あいかわらず明るくて心地よい沢だが、水垢のぬめりがひどく、少々滑りやすい。滝のような急傾斜がつづくため滑落に気をつけながら高度をどんどんあげてゆくと、やがて谷は東にかたむき、小規模なゴルジュとなった。ゴルジュの内部には滝はなく、側壁をへつって容易に突破できる。その後は滝が連続し、山稜にむかってぐんぐんつきあげてゆく。

　沢の向きと一気に高度をあげる渓相から推測するに、この沢は三つ子山山頂に直接つきあげる沢らしい。前々日、幌尻岳山頂から北尾根を下ったときに三つ子山山頂直下をながめたが、ところどころ岩場の露出したバットレス風の谷だった……気がする。あるのはロープ一本と少量のカラビナとスリングのみ。心もとない登攀具で登れるのか不安だが、今更下りることはできない。いけるところまで登って、行きづまったら藪斜面に逃げて無理矢理山頂にむかうしかない。

　沢は二俣となり、両方とも出合いに大きな滝がかかっていた。右俣の滝はあきらかに手強そうなので、左俣の十メートル滝から越える。それから沢は強い傾斜で東に屈曲し、まもなく水が涸れて三十センチほどの岩がつみかさなったガレ場となった。落石に注意しながら慎重に攀じ登ってゆくと、幸運なことにまったく藪を漕がずに稜線に出ることができた。

　思ったとおり登っていたのは頂上に直接つきあげる沢だった。位置は三つ子山の二つ目のピークのやや西寄りで、登山道を少し登ると頂上に出た。頂上には〈北戸蔦別岳（きたとつたべつだけ）　１９１２ｍ〉との標識が立っていた。いま登った沢に堅苦しい名前をつけるとしたら〈北戸蔦別岳南西面直登沢〉といったところか。さらにそこから一番南寄りにあるピークに登ると〈トッタベツ岳　１９５９ｍ〉との標識があった。こうして三つ子山の名前が戸蔦別岳だと判明した。

8

空は晴れわたり、はるか彼方まで眺望がきいた。地図なし登山開始から三回目ではじめて主稜線から完全に山並みを一望できる機会にめぐまれ、私はいささか興奮した。ようやくカムエクから幌尻にかけての正しい山域概念を得ることができるのだ。

戸蔦別岳のすぐ足元には単独遡行者が七ッ沼と呼んでいた沼地の高層湿原があった。そのすぐ西側を顕著な尾根が南にはしり、その先で重厚な幌尻岳がどっかり腰をおろしている。頂上にはガスがかかっていたが、一瞬、晴れ間が広がり山頂が双耳峰になっていることが確認された。

また、七ッ沼から南には谷がきざまれているが、これは一昨日遡行した三角沢である。三角沢の下流部は幌尻岳から南東にのびる尾根に邪魔されて見えないものの、幌尻岳の山裾をぐるりとまわっているのはあきらかで、その先に例のダム湖があるはずである。頂上の形状と鳥瞰した地形から、ダム湖の真北にそびえていた猫耳山が幌尻岳だったことが、これで完璧に確認された。

一方、戸蔦別岳からはもう一本、大きな稜線が南東にのびている。これが日高山脈の主稜線だ。主稜線はしばらく南東にのびた後、真南にむきがかわり、三角沢から十勝方面にぬける鞍部がある。この鞍部から流れる沢と三角沢の合流点が単独遡行者と出会ったポイントだ。鞍部から先も主稜線は南につらなり、ダム湖のちょうど真東あたりに顕著なピラミッド型のピークが見える（地図⑫）。

あれがカムエクだろうか……？

いや、ちがう。あれがカムエクだとすると位置関係がおかしい。今回の登山では神々の庭から神の恩寵沢を真北に遡行して、鞍部を越えてダム湖に達した。カムエクは神々の庭からおおむね東に位置するはずだから、あのピラミッド型のピークよりもっと南にあるはずだ。だとしたら、どれがカムエクなのだろう？

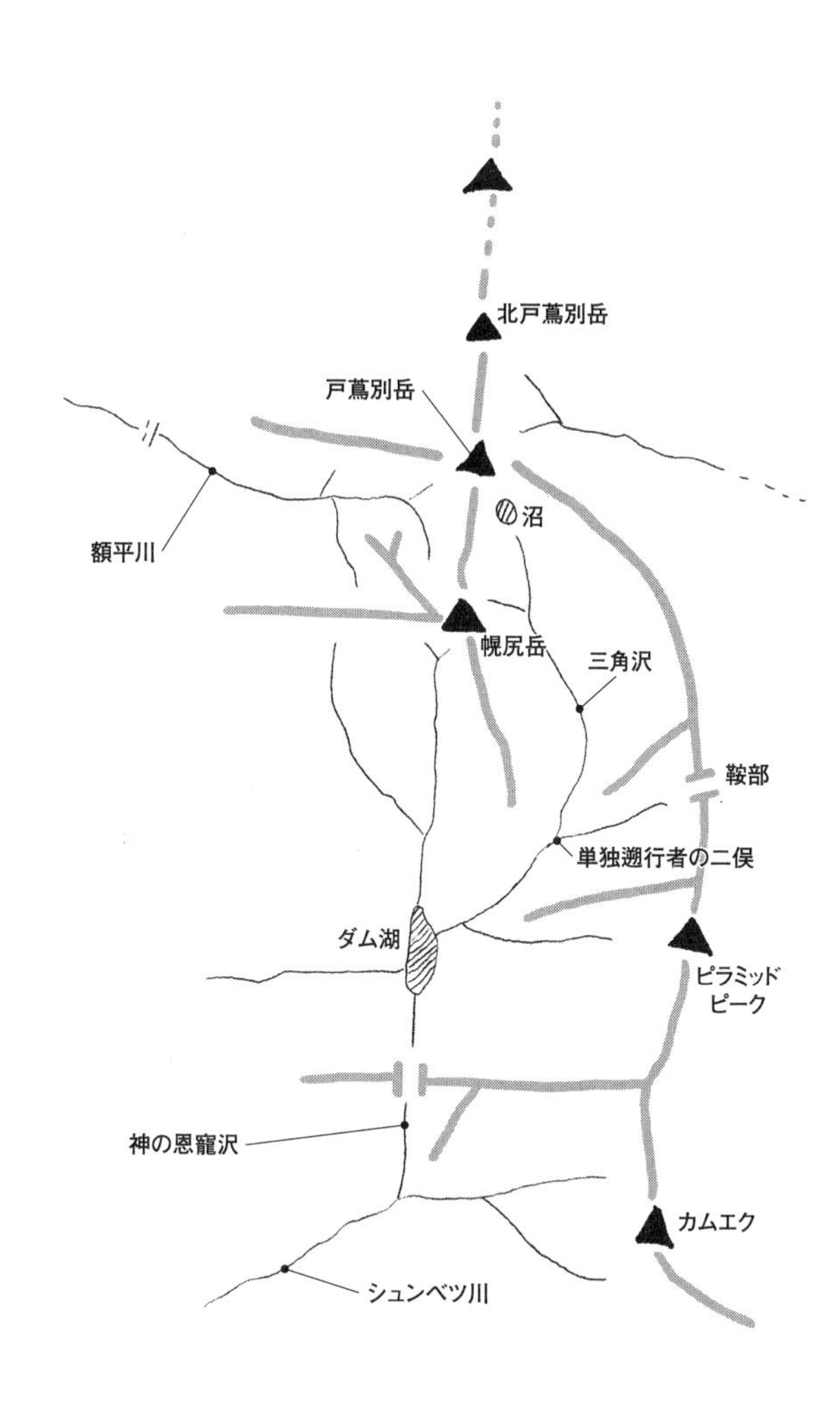

地図⑫ 戸蔦別岳山頂で獲得した山域概念

見わたすかぎり主稜線上には鋭い山頂がつらなり、遠大な尾根が波打ち、まさに重厚長大を地で行く景観をつくり出している。そして、そのはるか彼方に、ひときわ迫力のある、連峰の主といった力強さを醸す大きな山が睥睨している。山はあまりに遠く、夏の靄でかすむほど距離がある。

まさかあれがカムエクか？　あれがカムエクだとしたら、私とカムエクのあいだには、まったく越えた記憶のない山々がいくつもつらなっている。これらの山々はいったい何だ？　こんな山、どこにあった？

不思議だった。それにあまりに遠い。あれがカムエクだとしたら、シュンベツ川、そして今回の入山地点である春別ダムはさらにずっと南にあることになる。本当にそんなに歩いてきたのだろうか？　信じられないぐらい遠くにあるが、でもきっとあの大きな山がカムエクなのだ。

私はこれまでに記した遡行図と概念図を参照し、ぶつぶつ山口君に説明しながら山や沢を同定していった。

あれが幌尻だろ、で、その下のが七ッ沼だ。七ッ沼から谷筋があるでしょ。それが三角沢で、あそこが沢登りの人と会った場所。で、あの尾根の向こうにダム湖があるはずだ……。

いくら教えても山の初心者にひとしい山口君は、どこを歩いてきたかさっぱりわからないようで、私の説明に「うーん、そうですか……」と頷くだけだった。そして興奮気味に風景を見つめる私を見て、ぽつりと漏らした。

「なんか楽しそうですね」

「……ああ、無茶苦茶楽しいよ」

たしかに楽しかった。まったくのゼロの状態で山に飛びこみ、ゆっくりと歩みをすすめてパズルのピースをつなぎあわせてゆき、ついに山頂からの眺望を得たことで、それらが有機的に連関し、巨大な山塊の構造が解き明かされてゆく。命懸けでつくったジグソーパズルの答え合わせをしているようなものだ。楽しくないわけがない。

私は北に目を向けた。そこにはまだ未知の新しい山々が横たわっていた。北戸蔦別岳から主稜線を北にゆくと、さっきまで三つ子山と呼んだ山の一番北のピークがあり、そこから先も、これまで踏査した南の山々に劣らぬ個性的で魅惑的な形状の頂が波打っている。日高山脈はまだどこまでも雄大に連なり、北の果てには何日もかかりそうだった。今回で区切りが着くかもしれないと考えていた地図なし登山だったが、来年以降もやはり継続することになりそうだ。

こうして稜線の眺望から次なる登山の見通しを得たことで、三回目の地図なし登山は実質的に終わった。

あらためていいルートに恵まれた登山だと思えた。

まず最初のシュンベツ川がすばらしかった。一回目の地図なし登山ではゴルジュに苦しみ、二回目の登山では春別ダムの北側の熊笹沢を探検したので、シュンベツ川を下から登って本来の魅力を全身で堪能できたのは、この三回目がはじめてだと感じる。

シュンベツ川の良さを引きだせたのは釣りだった。未知の山域を余裕をもって探検するために、その手前で燻製をたっぷり用意する。この戦略をとったことで、結果的に険しいだけではない、この川のもうひとつの魅力を知ることができた。大きな魚、無数の魚影の存在は山の豊かさそのものだ。それだけではなく釣り師や登山者がほとんどはいっていない原始性と隔絶性の証でもある。

シュンベツ川で人間と遭う可能性はほとんどない。人里から隔絶しているし、全体を遡行するには何日もかかる。羆の気配が濃いことも大きな理由だろう。メディアで熊の恐ろしさが過度に強調される昨今、熊の多発地帯に立ち入ることは、どこかルール違反というか、下手したらSNSでたたかれそうな空気感がある。社会全体が萎縮し、登山者も全体的に有名ルートなど先の読める安心な山に群がる傾向があり、余計奥山への長期入山者は減っているのかもしれない。でも人間がほぼ立ち入らないおかげで日高の奥山にはいまも魚がうようよしている。

シュンベツ川から幌尻岳にいたる全体のルート構成もまたすばらしかった。この長い長い沢のルートのなかで高巻かなければならない悪場はシュンベツ川の中流部ゴルジュ帯だけだ。このルートなら源頭の険しいゴルジュ帯をうまく避けて北へと尾根を越え、そこから三角沢に出て幌尻岳までまっすぐ登ることができる。たどった沢はどれも登りやすく、しかも無理なく最高峰へ導かれるという意味で、まさに日高の核心部をつらぬく自然の回廊だといえた。

魚の豊かさと自然の奥深さ、スケール等々を考えると〈シュンベツ川～神の恩寵沢～ダム湖～三角沢～幌尻岳〉は国内最高峰の釣り登山ルートとして誰にでも推奨できるルートだと思う。

私がこの自然の回廊を見つけたのはたまたまなのだろうか？　単なる偶然と幸運の結果だったのだろうか。最初はそう思ったが、でも時間がたつとそうではなかったのではないかと考えるようになった。つまり今回のルートは必然だった。地図なし登山ゆえの必然である。

今回発見したこの自然の回廊こそ、まさに日高という原始的山域を体現するルートだと思った。

行為とルートの双方に山が体現している。今回の長い登山全体が日高山脈の山そのものの表現となっている。そう感じた。それは地図なし登山の方法論ゆえの発見だったのではないか。計画できず、山に働きかけることのできない状態のなかで、空洞となった私の内部に山がなだれこみ、私は山に操られ、導かれてそこまで来た。ただ目の前の風景だけを判断材料に山にしたがったがゆえにルートとして自然な沢をたどったのではないか。そんなふうに考えるようになった。このルートこそ私にとっては何よりも大きな財産なのだった。

戸蔦別岳で周辺の概念をできるだけ細密に記録したあと、私と山口君は十勝方面に下山した。単独遡行者の話の内容から登山道があると想定していたが、どこにあるのかわからず、結局、頂上から北東に流れ落ちる沢をくだった。たいした悪場もなく夕方に左岸の砂浜で野営し、翌日の午前中に頂上直下から見えたダム湖に到着した。

このダムは発電や治水目的のものではなく巨大な土砂止めのための堰堤で、湖の規模も大きくない。しばらく釣りを試したが魚がいそうな気配はなく、右から湖岸の藪斜面を高巻くと、荒れ果て、森に半分のみこまれた古い林道が見つかった。

林道をおおうトドマツ林の真ん中についた鹿の踏み跡をたどると、まもなく作業服を着た一行と出会った。堰堤にあった看板によると、この沢は戸蔦別川という名前の沢で大型の堰堤が上流まで点々とつづいている。彼らは堤体調査のための作業員で、最近このあたりには人を襲った羆が一頭いるらしく、ライフルを担いだ猟師も同行していた。

林道をおおっていた樹木はやがて姿を消し、現役で使用されている開けた砂利の未舗装道路となった。先ほどの作業員の話だと、このまま林道を下ると新しい堰堤ダムの建設工事現場があり、その事務所からタクシーを呼べるのではないかという。

情報通り最初のダム湖から数時間のところに車が数台駐車していた。

そこにもう一台がやってきた。運転席の窓が静かに開き、中から長髪を後ろでしばった、やや眼つきの鋭い、でも柔和な表情をした豊川悦司風の五十絡みの男が顔をみせた。

「……何をしてるんですか？」

男はちょっと甲高い、剽軽（ひょうきん）な感じの声をだした。

「いや、この近くに工事現場の事務所があると聞いて、そこでタクシー呼びたいんですが……」

「それならもう少し下ったところにありますけど、電話は通じるかなぁ」

「二週間近く登山していて今日下りてきたんですが、十勝のほうに下りると町が近いと聞きまして……」

「二週間ですか！」トヨエツ風の男は素っ頓狂な声をあげた。「近いといってもまだ何十キロもありますよ。帯広まで車で二、三時間はかかりますけど」

「そんなにあるんですか！」

今度は私が声をあげた。一回目の登山とまったくおなじ展開だ。

「まあ、とりあえずここから一時間ぐらい走ったら、うちの出先の事務所がありますから。私も今日は会議に出ないといけないので、そこまで送りますよ。そこからならタクシー呼べますから」

　トヨエツはおそろしくお喋りな男で、車のなかでわれわれはひたすら世間話に興じた。彼の建設会社は戸蔦別川の中流域に中国の城郭みたいに巨大なスーパー堰堤を建設中で、「いや～こんなもの作っていると自然破壊だの税金の無駄遣いだの、散々批判されてまして……」と自嘲気味に笑う。じゃあやめりゃあいいのに……と心のなかで思いつつ、彼の笑顔にほだされて私も笑う。

まもなく目的地であった彼の事務所に到着したが、お喋りなだけでなく群を抜いて親切な帯広のトヨエツは、「もしアレでしたら帯広まで乗っていきませんか？　私も上司に事情を説明して、会議のほうは欠席させてもらいますから。ええ、いいんですよ。たいした会議じゃないので」と言って五分ほど事務所に姿を消したあと、またもどってきて「さあ行きましょう」と帯広まで送ってくれたのだった。

世間話に興じているうちに車は帯広の市街地にはいった。日高の山々が間近に聳えているのが信じられないほど十勝平野は真っ平らで、地平線の彼方まで芋畑がひろがる。

「どこまで送りましょうか。駅でいいですか？」

「ちょっと身体の汚れを落として行きたいんですが、どこかに温泉か銭湯はありませんかね」

「それならいいところがあります。駅の近くに安い温泉があって、うちの会社の人間も仕事の前にひと風呂あびてくるのがいるぐらいです。そこまで送りましょう」

知らぬ間に幌尻岳に導かれていた、あのときとおなじように、われわれはあれよあれよという間に見知らぬ男に駅前の銭湯にはこばれていった。

底抜けに親切な帯広のトヨエツは、われわれを温泉に送り届けて立ち去った後、またもどってきたと思ったら車窓をさげて「これ必要でしょ。たくさんありますから持っていってください」とマスクを五枚ほどわしづかみにした。そして「ええ、いいんですよ」と笑って走り去った。

第六章　ラストピークをめざす

二〇二二年夏

1

四度目の地図なし登山が近づいてきた。

今回の登山は過去三度とちがい、はじめて明確な目標をもって出発することとなった。日高山脈の北端まで行くことである。

前回の三回目登山ではシュンベツ川から新しい水系に世界を広げ、さらに幌尻岳に登って戸蔦別岳から帯広側にくだった。この幌尻・戸蔦別エリアが日高山脈全体のどのへんに位置するのかはわからないが、感覚的には北端までそれほど遠くない気がしていた。まったくおぼつかない記憶であるが、この登山を考えつく前に何度か目にしていた日高山脈の地図の残像が、たぶん頭の片隅にのこっており、それがこのような予測を私にさせていたのだった。
一、二回目のときに強くあった〈日高の沢は極度に悪い〉という固定観念も、あの単独遡行者から得た情報で消失していた。北に向かえば、大学山岳部一年生が合宿で訪れるような静かでやさしい魚の楽園がつづくにちがいない。単純なものだが、たった一片の情報で日高独特の威圧感はきれいさっぱり拭い去られた。地図なしならではの極地法風登山戦略も確立された。稜線を越える前に魚の燻製を大量につくって余裕をもって新しい水系にむかえば、燻製をあてにでき、行動食の用意も減らすことができる。そんな漠然とした安心感もあった。

具体的な計画は立てられないが、北端まで二十日間あれば十分だと予測した。釣りをして食料を増産し、偵察をおりまぜながらゆっくりと地図のない世界を探検する。計画にも情報にも束縛されない、これ以上ないほど完璧で自由な山旅だ。二十日間も自由に山々を流浪することを想像しただけで胸がおどった。

何より大きかったのは慣れだと思う。もう三度も経験しているので、〈日高で地図なし登山をやる〉ということがどういうことか、もうわかる。たしかに地形的にはまだ未知の世界だが、行為から未知性が削ぎ取られたことで実行には不安も怖さもなくなったのだ。四度目にしてはじめて地図なし登山の準備が本当の意味で整ったのだと思えた。

それと同時に、これが最後の地図なし登山になることも予測された。

この探検のあいだ、私はつねに原始の探検家たちのことを頭に思い浮かべながら旅をしてきたが、それでもやはり私の日高と彼らの日高はちがう。

原始の探検家の日高山脈には終わりがなかった。日高山脈という名前で他の山脈から区別されていなかった。彼らにとって大地とは、どこまでも森や川がつづき、山々がうちつらなる際限のないひろがりであり、探検は生活と密着した永久につづく無限の行為であったろう。

だが私の日高には終わりがある。北に向かえば、そのうち国道にぶつかり、日勝峠（にっしょうとうげ）という地域をくぎる境界線があることを知っている。そこで日高は途切れるし、北をめざすかぎり地図なし登山もそこで終わる。日高も地図なし登山行為も私の場合は有限だ。たしかに日高は私個人には未知の世界だが、区切りがあることをわかっている時点で、その未知は本当の未知ではない。

一過性の旅である以上、どこかで区切りをつけなくてはならない。その区切りは今回になるだろう。そういう予感をもって私は夏の北海道に飛んだ。

羽田空港で山口君と合流し、新千歳空港からバスを乗り継いで四度目の静内にむかった。今回も日高山脈には黒雲が垂れこめ遠望できない。こんなに何度も来ているのに、すっきり晴れた日高の全貌を目の当たりにしたことがないのは、ある意味すごいことだ。いつものように買い出しを終えてタクシーを呼ぶ。

入山地点をどこにするかは少し頭を悩ませた。前回の続きをやるなら帯広から去年最後に下った戸蔦別川を遡行すればいいが、私も山口君も、魚影のうすかった戸蔦別川にはあまり魅力を感じなかった。できれば最初に魚の濃い川を登り、燻製を準備したいところだが、その点、これまでの入山口だったシュンベツ川に比すれば戸蔦別川の風格は数段落ちる。

私の場合、長い山旅ではいつも三日目から四日目に一度疲労のピークをむかえ、筋肉痛で全身が痛くなり、これを越えると逆に体ができて行動が楽になるという経過をたどるのだが、出だしで釣りながらゆっくり歩けばちょうどいいウォーミングアップにもなり、最初の疲労を軽減できるメリットがある。となると、戸蔦別川より幌尻岳南面の、あの巨大ダム湖からはじめるのがよさそうに思えた。

ただ問題は、その巨大ダム湖までどうやって行ったらいいのかよくわからないことだった。

ヒントがないことはなかった。ひとつはダム湖があった沢の水系である。

前回三回目の登山でわれわれはシュンベツ川本流から神の恩寵沢をたどり、その北側で巨大ダム湖に行きついた。

　ダム湖が流れる川は、まちがいなくシュンベツ川とは別水系である。

　もしダム湖の川がシュンベツとおなじ水系なら、右岸のどこかにシュンベツ川と同規模かそれ以上の巨大な川が流れこんでいなければならない。だがそういう川が存在しないことは、一回目登山でシュンベツ川を一番下から歩いて確認済みである。シュンベツ川右岸で最大の支流は第二回登山で探検した熊笹沢だが、この沢も源頭近くまでつめてダム湖の川とは別物だとわかっている。

　となると答えはひとつしかない。ダム湖のある川の水系は、シュンベツ川の北および西側を流れるまったく別の水系の川なのである。ではその北西側の川が何川かというと、それは新冠川である。地図で確認したのではなく、静内まで行く海岸沿いの国道で毎回、看板を見ていたのである。

　したがって、タクシーを呼んで新冠川の道をひたすら奥にむかえば、そのうちダム湖につくはずだ。それは九十九パーセント確実である。ダムがあれば林道がそこまで延びている。そしてダムの名前は、たぶん新冠ダムだ。

　山口君の話だと、知床のカヤックガイドで知られる新谷（しんや）暁生（あきお）さんの本のなかに、若い頃に新冠ダムの建設現場で働いた思い出が記されているらしい。新冠ダムというぐらいだから新冠川にあるダムだろう。われわれが見たダムも新冠川水系なので、両者はたぶんおなじものではないか。

　そう考えたわけだ。

　ただし、日高の林道は途中でゲートがしまっている可能性が高く、あまり手前でゲート止めにぶつかると何十キロも歩かねばならない。それはやっぱり嫌なので、林道をどこまで車で行けるか事前に確認しておきたかった。そしてそれぐらい調べてもバチは当たらないのではないかと考えた（地図なし登山も四回目となり、多少気持ちがゆるんでいたことは否めない）。

私は日高に詳しい知人の登山家服部文祥さんに林道情報をメールで訊ねた。返事はすぐにきた。

〈数年前は、イドンナップ小屋まで車が入れて、そこから十九キロ歩きだったけど、今は、さらにその手前のゲートから歩きで、おそらく四十キロくらいになるんじゃないのかな？〉

正直、地名がわからず何のことやら見当もつかない。去年の単独遡行者は巨大ダム湖の畔に小屋があると話していた。イドンナップ小屋とはその小屋のことだろうか？　だとしたら、小屋から十九キロも歩くというのはおかしい……。いくら考えても解決しなかったが、それ以上のやり取りは地図を見ないと無理だ。結局どこまで行けばいいのかよくわからないまま静内にやってきた。

ともかく新冠川の最奥に目指すダムがあるのはまちがいない。タクシーを呼び、新冠ダム方面のどこまで入れるかを訊ねると「ダムの山小屋まで行けるよ」と運転手はいう。

「途中でゲートが閉まっていると聞いたんですが」

「あるけど、大丈夫じゃないかい？　新冠ダムって下新冠ダムと奥新冠ダムがあるけど、どっち？」

ダムが二つあるというのも初耳だ。目指すダムは最奥のダムなので「奥新冠です」と伝え、出発した。

新冠川沿いの道をしばらく行くとゲートがあったが、運転手がいうように開放されており素通りできた。これで小屋までいけるという。やがて雨が降りはじめ豪雨となった。対向車は意外と多く、〈わ〉ナンバーの車とも何度かすれちがう。

そのうちダムに到着した。しかし、そのダムは去年見たダムの何倍もありそうな、さらに巨大なダムであった。ダム堤をわたると左岸の湖岸にそって林道がうねうねといつまでもつづく。去年のダムにはこんな道などなかったし、湖の形もあきらかに異なる。下新冠ダムと奥新冠ダムがあるということだから、こちらが下新冠ダムで（とこのときの私は考えた）、去年のダムはさらに奥にあるにちがいない。

ダム湖を過ぎると山小屋があり、一般車両が入れるのはそこまでだった。静内からの運賃は約二万円。駐車場には車が十台ほどとまり、登山客が四、五人いた。そして周辺の看板などからこの小屋がイドンナップ山荘という名前だとわかった。ここでようやく〈イドンナップ小屋まで車が入れて、そこから十九キロ歩き〉という服部メールの謎が解けた。ここから十九キロ歩いたら奥新冠ダム、つまり去年われわれが立ち寄ったダム湖があるのだ。そして途中の開放ゲートが、メールにあった約四十キロ手前のゲートだ。そう考えたら辻褄があう。

まずは明日十九キロ林道を歩けば去年のダムに出る。単独遡行者の情報だと、ダムの近くにはもうひとつ別の小屋があるはずだ。本格的な登山はそれからだ。

2

ガスストーブのないわれわれは調理のために焚き火が必要なので、その晩はイドンナップ山荘から三十分ほど歩き、人気のない林道の空きスペースで野営した。

七月二十一日、午前六時に目が覚めると雨はあがり、晴れ間がひろがっていた。林道を行く途中で五、六回、登山客とすれちがった。最奥のダム湖の畔にあるつぎの山小屋は、どうやら幌尻岳への一般的な登山口になっているようだ。日本百名山とはいえ、林道を延々と車で走り、さらに十九キロも歩かねばならない幌尻岳はもっともアクセスの悪い百名山かもしれない。

林道はアップダウンが激しく、荷物が重くてつらかった。冬から春の半年間は北極の犬橇活動で足腰がなまっている。ランニングで鍛えなおしたつもりだったが、途中で筋肉が張って足どりは重い。

出発から五時間ほどでダム堤に到着した。そこから先は道幅がせばまり小屋へとつづいているようだった。ダム湖からシュンベツ川へとつづく鞍部が湖の対岸に見わたせた。去年越えてきた神の恩寵沢へとつづく峠だ。遠くから見ると、よりくっきり稜線が落ちこんでいるのがわかり、やはり自然な道という感じがする。

午後一時半に小屋に到着した。新冠ポロシリ山荘というらしい。ここから先の計画については、すでに山口君と話していた。

今回の目的は日高山脈の北の果てまでたどることだが、それとは別にカムエク（メンカウラー岳）北部の山域概念をより明確にしたいという目的もある。シュンベツ川と幌尻岳周辺の山域概念はほぼ正確に把握していたが、その中間地点の沢や尾根についてはあいまいなままだった。日高の核心ともいえるこの地域に空白をのこして北に行くのは、ちょっと気持ち悪い。

去年、戸蔦別岳から遠望したとき、この空白部に明瞭なピラミッド型ピークがあるのが見えた。

また、ダム湖から三角沢を遡行してすぐのところに大きな支流が右からはいっていた。位置的に、この支流をたどればピラミッド型ピークにつきあげるはずなので、まずは荷物を減らしてその支流を探ることにした（地図⑬）。

五日分の食料だけザックにつめこみ、残りは小屋にデポする。道を三十分から四十分ほど下る

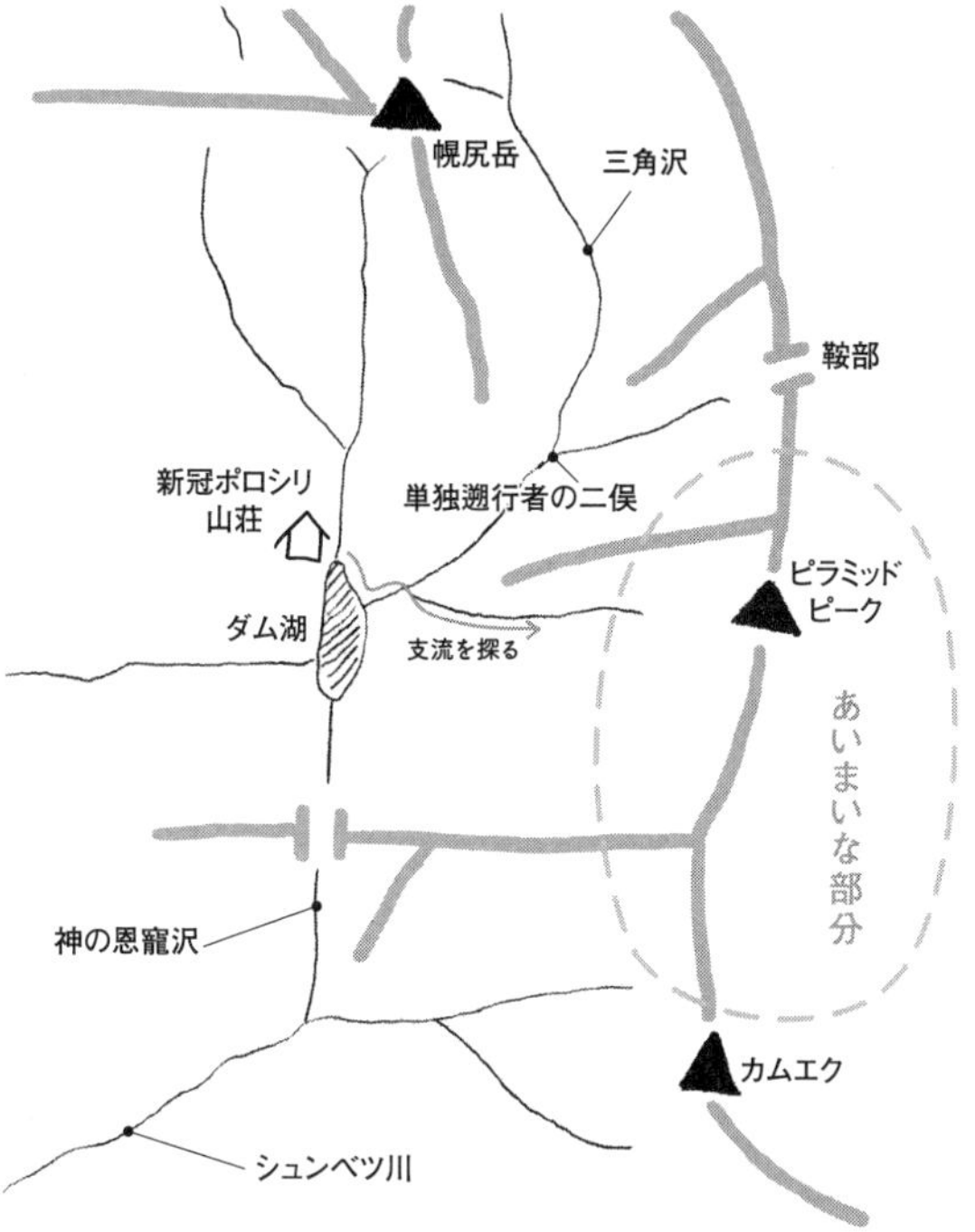

地図⑬　新冠ポロシリ山荘付近の山域概念

と湖岸に出た。ここで山口君が三十三センチのアメマスを釣りあげた。この日はそこで野営することにし、タープを張ったあと、すぐに竿をもって先ほどの沢の出合いにむかった。毛鉤にニジマスが食いつくが、ラインが流木にかかりバラしてしまう。そのあと私はさっぱりで、山口君が釣ったアメマスとニジマスで夕食にした。

翌朝もよく晴れ、野営地からは幌尻岳のピークがはっきりのぞまれた。去年ダム湖の対岸から幌尻岳を眺めたとき、湖岸から沢が二手にわかれて双耳峰的ピークにつきあげているのを見て猫耳山と名づけたが、いま見てもまったくぴったりの名前である。

湖岸は藪におおわれ所々獣道と作業道がつづいた。去年は砂浜を楽に歩けたが、今年は満水状態で藪のなかを進まないといけない。ズボンが古かったようで笹藪にひっかかってお尻の生地が裂けてしまい、三十分ほどかけて裁縫道具で補修した。これからの長い山旅にズボンが耐えてくれるか心配になる。ズボン敗退だけはあまりにかっこう悪いので避けたいところだ。

三角沢の合流点の手前で藪がひらけ、大岩が鎮座する、聖地のような雰囲気の静かな広場に出た。自然が用意したキャンプ場のようで、ここで泊まりたい、という強い衝動をおぼえるが、計画を優先して先に進む。その先にはアメマスやニジマスがうようよ屯するポイントがあり、三匹の大物を釣り上げた。

三角沢がダム湖に流れこむ場所は去年も大漁だったポイントなので、そこでしばらく釣りにはげむ。ある程度、魚を確保し、ピラミッド型ピークにむかう沢（ピラミッド沢）に入りこむと、傾斜がきつくなり沢も細くなっていった。あまり前進してはまるのも嫌なので、その日は出合いを少し入った右岸にタープを張り、残った時間を釣りと燻製づくりに費やした。大物三匹を夕食の刺身にし、焚き火のうえに櫓(やぐら)をくんで残りの十三匹を針金でつるし、煙と熱で燻(いぶ)す。燻製を作るつもりでこの湖に来たので、ここまでは予定通りである。

夜から雨となった。

雨は一晩中やまず、翌朝沢は増水していた。野営地は河原の一段うえの草むらで、これ以上増水したら浸水する危険がある。昨日の印象ではピラミッド沢はなかなか手強そうで、水が増えた状態での遡行はちょっと躊躇するものがあった。ここはいったん退き、ダム湖畔にあった聖地みたいな野営適地に移ったほうが得策だと判断した。

湖畔にもどり野営の準備をととのえると風雨が激しくなった。悪天は嫌なものだが、今回は撤退という判断が正しかったことが証明されて、むしろ清々しい。午後になると一転晴れ間が広がったため、ふたたび三角沢の流入ポイントで釣りをした。

山のほうから強風がふき、毛鉤を風にのせてダム湖の沖に飛ばす。昨日はバラしてばかりだったので、十二番の普通毛鉤をやめて自己融着テープをまいた逆さ毛鉤に替えたところ、面白いようにニジマスがかかる。

翌日も天気は不安定で、夜間にまた一雨降った。朝方あがったものの、終日パッとしない空模様がつづいた。

あまり気乗りがしないまま一応ピラミッド沢の遡行を開始したが、奥に進むとやはり手強そうな沢だった。二俣から少し進んだところにあるゴルジュは、逆層(岩層が下向きで外傾しており手がかりを得にくい)の嫌な側壁をへつって突破し、その次の十メートル滝は荷物をおろして右から空身で越えた。その先の渓相も良くなさそうだった。狭い沢身のなかに五メートル滝が二つ連続しているところまで見えるが、その先はわからない。狭く切れ込んだ状態がしばらくつづきそうだった。

天気も悪いし、登攀装備も五ミリ四十メートルの補助ロープ一本しかなく心もとない。北極で犬橇中に犬に暴走されて腱板（けんばん）を損傷した右肩もまだ痛んだ。こんなところで無理して難しい沢を登る必要はない。結局ピラミッド沢の遡行はやめて、小屋にデポした荷物を取りに行くことにした。

立ち枯れに密生していたタモギタケを大量に採集し、気分よく小屋にもどる。段ボール箱に密閉していたデポ食料を確認すると、行動食の一部がネズミに食い荒らされていた。

ぶつぶつ文句をいいながら岩魚の燻製を頰張っていると、幌尻岳から下りてきた男一人、女二人の登山者グループがあらわれた。農家がよく着るホームセンターの激安ナイロンヤッケを着用し、真っ黒になった燻製を頰張る私の顔を見て、三人はサンカか木地師の生き残りに遭遇したかのような微妙な表情をみせて下りて行った。

その後、湖畔にある聖地キャンプ場にもどり、焚き火をおこし、キツネに荒らされないよう食料を木の上につるして、ふたたび釣りに出かけた。あいかわらず入れ食い状態だったが、今度はどういうわけか何度も鉤がのみ込まれて全然釣れない。毛鉤を結びなおしてはまたのみ込まれ……ということが五回つづいたところで、さすがにおかしいと思い、ハリスを両手で引っ張ってみたらブチッと簡単にちぎれた。不良品をつかまされていたらしい。

3

登山は仕切り直しとなった。ピラミッド沢にかわる代替ルートとしては、去年、単独遡行者と出会った二俣から右の沢をつめるのがもっとも自然なので、そこを行くことにした。

去年の印象では、この右の沢は一望して地形がゆるく、容易に主稜線を越えて十勝側に抜けられそうだった。シュンベツ川からダム湖へとつづくあの神の恩寵沢とおなじように、自然が用意した天然の回廊のように思われる。

去年は二俣からこの右の沢を行くか、あるいは左の本流を行くかで迷い、結局本流を選んだわけだが、今回は逆に右の沢をゆく。右の沢をつめると、主稜線を越えて戸蔦別川に下るのは確実だ。戸蔦別川まで下りたら、そこからは対岸の様子を見て次のルートを決めたらいい。

大気が入れ替わり、天気は完全に回復したようだ。真夏だが朝は寒いぐらいで青空がひろがる快晴となった。

野営地からダム湖を通過し、単独遡行者の二俣まで歩く。三角沢の下流部はだらだらとした河原歩きが長く、記憶にあるより単調な渓相だった。去年はダム湖のすぐ近くに魚がうじゃうじゃ閉じ込められた釣り堀みたいな池があったが、今年は存在しない。あの魚たちが無事だったのかちょっと気にかかる。何しろ酸欠で全滅しそうな密度で閉じ込められていたのだ。頑張って手摑みで救出して川に返せばよかったのかもしれない。

またしてもタモギタケの群生を発見し、汁物の具を大量に確保する。

キノコ狩りを本格的に始めたのは、前年秋に北海道天塩山地のワッカウエンベツ川や遠別川（えんべつがわ）の源流域を一週間ほどかけてうろついたときだった。川はひどく濁った泥川で、魚が少なく釣りのほうはイマイチだったが、エノキが沢沿いのいたるところに群生しており、連日キノコ炒めとキノコ汁を堪能した。エノキがなかったら空腹に苦しんでいたにちがいない、まさにキノコ山行だった。

それ以来、キノコにはまり、山に行くときはかならず同定のためのポケット図鑑を持参するようになった。キノコは毒のイメージが強く、抵抗をおぼえる人も多い。私も最初は絶対に中毒にならないよう、同定に不安があるときは食べないようにしていた。だが、やっているうちに、絶対に避けなければならない猛毒のキノコはツキヨタケやテングタケ系統、ニガクリタケ等々、じつはさほどたくさんあるわけではないことに気づき、猛毒系さえ口にしなければ、まあ死ぬことはあるまいという変な自信が生まれ、どんどん大胆になっていった（そこが落とし穴なのかもしれない）。

山のキノコは市販のそれとはくらべものにならないほど味が良く、ナメコやエノキは正直、岩魚やエゾ鹿より上なのでは、と思うぐらいの美味だ。味だけではなく、発見し、同定し、実際に口にすることで食のレパートリーが増えて、知識と生存が一体化してゆくところも面白い。釣りや狩りとちょっとちがう採集行為独特の喜びなのだろう。

タモギタケはこの山行まで知らなかったが、じつは北海道ではタモギという略称で親しまれ、店頭販売されていることもあるらしく（北海道出身なのに食べた記憶がなかった）、夏の日高北部では立ち枯れの高いところで黄色く自己主張する姿をよく見かけた。この日はタモギタケのほかに、二十五センチから三十センチのアメマスを計十本ほど釣り、十分な食料を確保できた。

二俣に着くと、単独遡行者がのこした野営地跡がまだはっきりわかった。河原の石が身体の重みで平たくつぶれ、焚き火の跡も黒くのこっている。

考えてみれば、彼と出会ってこの先の情報をもらえなかったら今回の登山はなかったかもしれない。昨日ピラミッド沢の遡行をやめたのも、彼が言う「ここから北の沢は……」という範囲から外れていたからということも、ないではなかった。それぐらい私は彼の情報にすがって旅をしていた。一片の情報の重みをこれほど実感する経験は金輪際ないだろう。

二俣から右の沢に入った。単独遡行者への敬意と、この春生まれた長男の誕生を記念して（大伴旅人から旅人と命名した）、この沢を〈旅人沢〉と名づけた。

予測したとおり旅人沢は穏やかな沢だった。しばらく落ちこみがつづき河原になったあと、小さな淵があり二、三メートル滝の連瀑帯となった。岩魚も淵のなかにうじゃうじゃしている。ただし型は小さい。

その少し先で羆が鹿を襲った現場に出くわした。大量の血で河原が赤く染まり、隣にイタドリやフキを主な消化物とする糞が山となって堆積している。血の跡や糞の状態から二日ほど経過していると推測された。鹿の肉、骨、蹄や枝角などがのこっていないところを見ると、襲撃の現場ではなく、殺した獲物を運搬する途中で一部を食ったか、脱糞のために休憩した場所なのかもしれない。

沢は北東と南東の二俣にわかれた。水量比は三対二で北東沢が本流筋のようだが、カムエク北部の空白部の確認をするため、なるべく南に出たいという気持ちがあり、水量の少ない南東沢を選択する。

南東沢は落ちこみがつづき、倒木ばかりで状態がよくなかった。魚影もすっかり見かけなくなった。やがて沢はまた二手にわかれた。水量はほぼ同じだが、右手の沢はほぼ真南にむかっており、主稜線を外す可能性があるので、北東方面にむかう左俣を選んだ。

このあたりの判断は、周囲の地形や雰囲気を見て、最後は直感で決める。こういう直感には過去三十年の登山経験が蓄積しているので意外と外すことはない。外れたら明日尾根にあがったところで、ここはどこか？　とちょっと戸惑い、苦労する、それだけの話だ。こういうひとつひとつの判断に悩まなくなったのも、地図のない世界に、つまり未来予期のない状態に慣れたことが大きかった。

沢はやがて右にカーブし、ほぼ真東に向きをかえた。どうやら直感は外れなかったらしい。まもなく右岸のイタドリ台地に平らな野営適地が見つかった。その先には十メートル滝があり、沢の規模がせばまって一気に高度をあげてゆきそうな渓相となっている。時間はまだ早いが、尾根を越えて反対側の沢を下りるまで野営地はなさそうな気配なので、イタドリ台地にもどってタープを張った。

この夏の北海道は猛烈に暑かった。山のなかでも午後は直射日光が強く、暑くてタープの下にいられない。岩魚はジップロックにいれて流水で冷やし、唐揚げにした。うどんをゆでて冷やし、大好物の麻辣醬（マーラージャン）と絡めて汁なし担々麵を作り、それにタモギと魚のアラが大量にはいった中華スープを添える。いずれも涙が出るほど旨く、かつ食いきれないほど大量で満足度の高い夕食となった（もちろん食いきった）。

次の日(七月二十六日)も晴れた。いくつかの滝を越えると流れは南のほうにじわじわ曲がって高度をあげてゆく。背後に幌尻岳と戸蔦別岳が雄々しく聳えたち、見事な景観を作っている。沢は最後の詰めでカール地形となり、稜線直下で急傾斜のスラブ壁となった。六十度ほどの滝を登ると、水の流れは斜面に吸収され、最後は藪漕ぎもなく稜線に出た。

飛び出したのは戸蔦別岳からのびる尾根のうえで、まちがいなく日高山脈の主稜線上である。すぐ南に地肌をさらした荒々しい山が日を浴びていた。ひとまずこの山を〈旅人岳〉とした。主稜線は旅人岳の東方面にのびてゆき、そこに顕著な三角形の頂上をもつ別のピークがあった。

一瞬、あれ、あのピークがカムエクかな……と思ったが、位置関係がおかしい。カムエクはもっと南にあるはずだ。高度も低く、山容も品格におとる。カムエクはもっとどっしりしていた記憶がある。おそらくこの山が去年、戸蔦別岳山頂から遠望したピラミッドピークだと思われた。これで課題だったカムエクから幌尻岳のあいだの空白が埋まったわけだ。

「さて、この先どうするか」

課題がひとつ片づき、今後の方針を山口君と話し合う。

主稜線の反対側に目を向けると、戸蔦別岳の北に大きく、立派な山容をほこるピークが雲に見え隠れしていた。とりあえずのつぎの目標としてこの山を目指したい(次ページ地図⑭)が、そのためにどう行けばいいか——。

まず、ここから反対側の沢をくだると戸蔦別川に出る。それはまちがいない。昨年の記憶だと、戸蔦別川を上流にゆくと左岸にわりと顕著な沢が流れこんでいたはずなので、この沢をつめて北にむかうというのがプラン①だ。

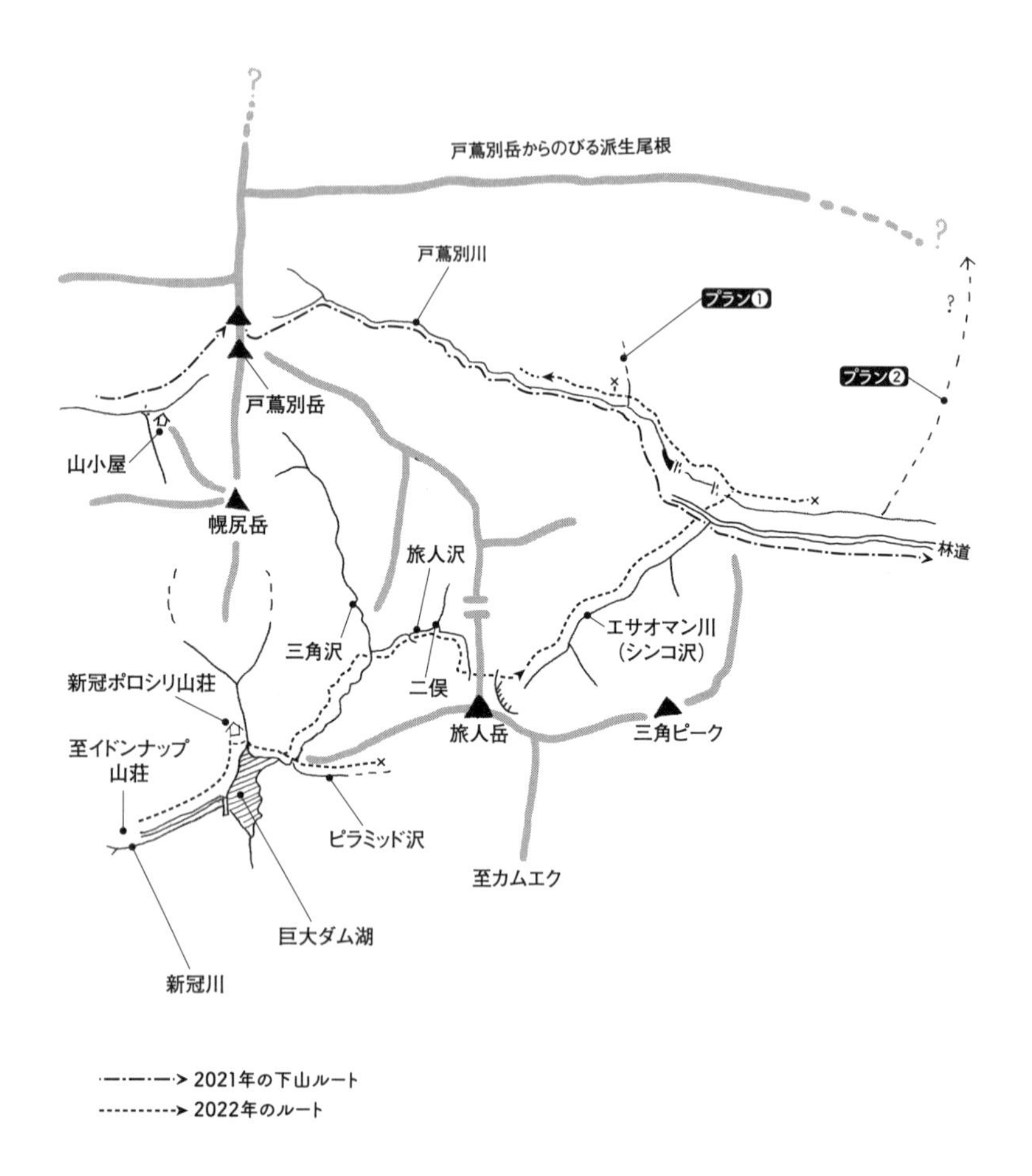

地図⑭ 日高山脈主稜線上で得た山域概念

逆に戸蔦別川を下るというのがプラン②である。戸蔦別岳の東側には主稜線から派生した独立山塊的な山々があり、ここを越えて北に向かうのはなかなか魅力的な計画に思えた。そのためには戸蔦別川の下流で派生山塊をまわりこむ沢を見つけるのがいい。そういう都合のいい沢が見つかるかどうかはわからないが……。

具体的なことは戸蔦別川に出てから決めることにし、休憩して主稜線の反対側の斜面を下りはじめた。北向きで日当たりが悪いせいか、地面がぐずぐずしており、傾斜も強くて下りにくい。地形が沢形となりちょろちょろと水が流れはじめると、すぐに小滝が連続する急傾斜のルンゼとなった。やがて水量も増え、地形もゆるくなり、ルンゼというより沢という雰囲気に変わる。二十メートル滝を左の斜面から藪をつかみながら巻いて下ったところで一泊し、翌日もこの沢を下った。

野営地から少し下ったところで右から同じ規模の沢が合流してきた。試しにそこで竿を出すと、十〜十五センチの小さな魚が数匹釣れた。

はじめて見る魚だ。魚種が変わった。ニジマスでもアメマスでもない。オショロコマである。顔に丸みがあり、背中でオレンジ色の斑点が美しい光沢をはなち、かわいらしい姿形をしている。だがいかんせん魚体が小さい。まるでアメマスの幼魚のようだ。

この合流点から下でも同じサイズの魚しか釣れなかったため、私はしばらくこの小さな魚をオショロコマの幼魚だと思っていた。去年の額平川もそうだったが、時々極端にサイズの小さな魚しかいない沢がある。この沢もそういう沢なのだと思い、〈シンコ沢〉と呼びはじめた。北海道ではヤマベ（ヤマメ）の幼魚をシンコと呼び、それにあやかったわけだ。しかしシンコ沢のオシヨロコマは幼魚ではなく、後々わかったのだが、単にこの魚はほかのマスや岩魚より小型なのだった。

明るく開けたゴーロ（岩が転がるところ）の河原が北東にのびていた。焼けつくような陽射しが川面で輝き、水の流れは深い森のなかで一段高くせりだすようにして駆け下ってゆく。樺太か極東ロシアの原生林にでもいるような大陸的で雄大な自然環境がひろがる。北海道の山でしかお目にかかれない原始的で野性味あふれる景観がつづいた。

魚は小さく、釣ってはリリースするということをくりかえした。下流部は淵が多くなり、最後は河原となって戸蔦別川に合流した。林道にかかる橋を確認すると〈エサオマン川〉と記されている。

合流点に立ち、戸蔦別川の上流に目をやると、二、三百メートル先にダム堰堤が見えた。去年下山の途中で見かけた堰堤群のひとつである。同じ場所に行っても面白くないので、ひとまず上流にはむかわず、下流域をさぐって戸蔦別川北側の派生山塊を越えるプラン②をためすことにした。

戸蔦別川に毛鉤をうちながら下るがアタリはない。この川は去年も釣れなかった。車に乗せてくれた帯広のトヨエツは「うちの作業員に釣りの名人がいるんですが、戸蔦別川はめちゃくちゃ釣れるみたいですねえ」と話していたが、何かの間違いではないかとしか思えない。もっと下流では釣れるのだろうか。

荒廃した林道跡にあがり、大きな砂防堰堤をわたって川の左岸側にうつると、あまり魅力的ではない沢が流れこんでいる。この沢をつめたら北側の派生山塊を越えられるはずだが、予想以上に小さく、また荒廃した感じの汚い沢でどうにも遡行意欲はわかない。

うろうろしているうちにいい時間になったため、左岸の笹藪にタープを張った。薪を集めるあいだに山口君が偵察をかねて、この汚れた小沢を釣り登りにいったが、「やっぱり魚はいませんねえ」とぼやいて下りてきた。

私が釣ったオショロコマは全部リリースしたので、夕食は山口君が釣った二十センチ強の二匹だけだ。さみしい夕食をとりながら明日のルートを話しあう。

「この沢は汚いからどうにも登る気がしないね」

「もうちょっと戸蔦別川を下ってみますか？」

「いや、これ以上下ると水が多くて渡渉がきびしくなるから、やっぱり上流にむかおう。たしかダム堰堤の少し先で右から支流が入っていたはず。谷の規模はそこそこ大きそうに見えたけど、伏流になっていてちょろちょろっとしか水が流れていなかった記憶がある。その沢が大きかったら登って、ショボかったらもっと上流で別の支流を探そう」

プラン②から①に変更し戸蔦別川を遡上することにした。

翌朝、野営地を出発し、戸蔦別川を渡渉して右岸側の林道にもどった。林道を歩いて堰堤ダムを三つ越えると、一番最後のダム湖の末端あたりで道が途切れたので川へと下った。そこから戸蔦別川を遡行する。

最初に左岸から入る谷は、記憶にあったとおり合流点で三角州のように開けており水量は少なかった。少し登って偵察してみたが、この沢もやはり荒れており、積極的に登りたいと思う沢ではなかった。仕方なく戸蔦別川の遡上をつづけることにする。

戸蔦別川は妙に藻が繁茂しており、富栄養化した川に特有の嫌な臭いが漂っていた。この夏の異様な暑さのせいだろうか。魚がいないのと何か関係があるのかもしれない。下のほうは砂防堰堤だらけだし、印象はあまりよくない。

さほど特徴のない川を淡々と遡行してゆく。とくに悪場はないが、問題はやはり魚影がないことだ。昨日も二匹だったし、今日もおかずが無いとちょっとつらい。去年下降したときは上流のほうで岩魚の魚影を見たので、いないことはないはずなのだが、その話をしても山口君は信用できないようで「ダメですねえ」と諦めモードである。

だが、やはりいないことはなかった。右から沢が小滝となって落ちている淵で山口君が竿を出すと、「いるいる。小さいけど、いることはいる」と鼻息を荒くした。つぎの淵で私の毛鉤に二十センチほどの岩魚が食いついた。これで俄然やる気が復活した。

その先にいくと水量比三対二の二俣となった。どちらを選ぶか悩ましいところだ。左が本流で戸蔦別岳に出るが、それでは去年と同じところを登ることになるので、右の支流を詰めるべきではあった。だが、右は右で主稜線から東に派生する尾根に出てしまいそうで、稜線上で長い藪漕ぎが待っているかもしれない。

すでに午後二時なので、近くに野営地を設け、偵察をかねて私が支流を、山口君が本流を釣り登ることにした。

支流は両脇から枝が覆いかぶさった落ちこみがつづき、すぐに源流の様相となった。途中の釜に魚がたまっており、型は小さいが四匹釣ることができた。沢は北に向かい、二俣となっている。全部で六匹釣って野営地にもどると、山口君も二十センチほどのを二匹釣っていた。

山口君によると本流筋も落ちこみばかりで、雰囲気はすでに源流っぽかったという。大きな羆の足跡が下流部にむかってついており、川を走って逃げる大ネズミを見たらしい。岩魚かと思って手摑みしようとしたら、岸にあがって走り去ったというのだ。「そんな生き物、いるかよ」とつっこむと、「トッタベツオオネズミですかねぇ」とにやにやする。

次の日も晴れた。ここ最近は天気に恵まれ晴天つづきだ。

本流ではなく、やはり右の支流を遡ることにした。巨岩の落ちこみがつづいたあと、小滝が連続し、高度をぐんぐんあげてゆく。方角はほぼ一貫して北北西を保っていた。滝はすべて直登できるが、一つだけ水苔でぬめって悪い滝があり、そこは上からロープを出して山口君を確保した。あとは高巻きもないやさしい沢だが、これだけ滝が連続すると少々疲れてくる。

上部には巨大で堂々とした山が控えており、沢はその山に直接突きあげていた。やがて沢の方角が徐々に右に曲がってゆき、それとともに背後に戸蔦別岳の尖ったピークが姿をあらわした。その奥には威容をほこる幌尻岳が王のようにどっしりひかえている。日高のまさに核心を感じさせる贅沢な光景のなか、ひたすら高みをめざした。

じきに沢の水が涸れ、藪漕ぎもなくお花畑となり、羆の糞が転がる獣道をたどると稜線に飛び出した。青空につきあげる頂上には、小さな手作りの看板がストックに括りつけられており、〈1967峰〉と記されていた。山名を見て、学生時代に沢登りの記録集で目にしたことがある山だと思い出した。

主稜線の南には戸蔦別岳がそびえ、1967峰からはかなり距離があるように感じられた。沢を一本隔てただけでこれほど遠くにくるものなのか、と新鮮な驚きがわく。地図がないだけで距離感はかなり狂うものらしい。

１９６７峰の北側には、また完全に未知の世界がひろがっている。幸運なことに快晴で、つぎの水系の景色を存分にのぞめるだろう。新しい世界に飛び出すときは、どんな風景がひろがっているのか胸が高鳴る。この緊張感をあじわうのは、地図なし登山をはじめて何回目だろうか。

どんな山があり、いかなる峡谷が刻まれているのか。まったく想像がつかない状態で、私は北に目を向けた。

4

まず目に入ったのは、北にどっしり構える平たい台形状の山だった。ただしこの山は主稜線から西に分岐した派生尾根上にあり、主稜線はそのやや右手を北にむかって延びている（地図⑮）。

山河の構成を見て、すぐにこの先のラインを検討する。地図なし行為に慣れたとはいえ、やはり未知に取りかこまれた不安定な時間から解放され、数日先まででいいので安定した未来予期が欲しい。この生物学的衝動があるから、稜線の向こうに出るときは緊張感があるし、風景を見た瞬間、反射的に次のルートの検討にはいる。

真っ先に見えたルートは、１９６７峰から反対側の沢を下って、この台形状の大きな山を越えて北に行くというものだ。

１９６７峰の反対側の水系の上流部は、北から北西にのびる支尾根によって二つの大きな沢に分割されていた。ひとつは戸蔦別岳と１９６７峰のあいだを水源とする沢であるが、この沢の源流部は一目見て急峻であり、下降に苦労することが予想された。一方、１９６７峰から直接北にむかって流れる沢はとても緩やかで河原がひろがっている。快適に下りられるのは明白で、この沢が下降ルートの第一候補となった。

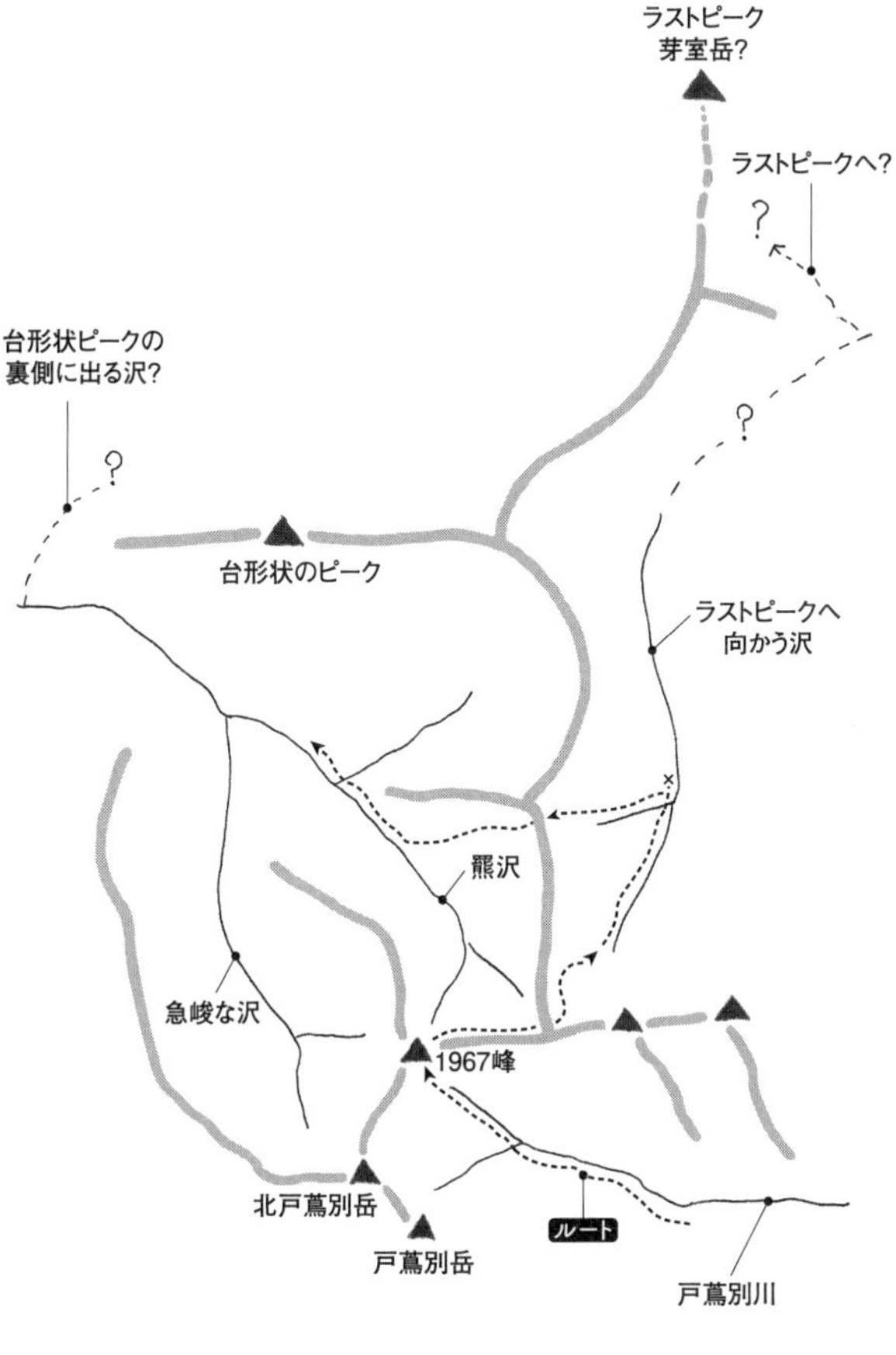

地図⑮ 1967峰から見た概念図

だが、よくよく目を凝らすと源流の河原に何やら黒い物体が点となって刻まれている。その物体の輪郭の黒さは周囲の光景とはなじまないほど際立って濃厚で、どう考えても動物独特のものである。

「あれ、羆じゃないの？」

じっと観察していると黒い物体はごそごそ動きはじめた。

「まいったな。下りようと思った沢に羆がいるよ」

羆は餌食いの最中で、おーいと声をかけてもその場を離れる気配を見せない。とりあえずこのルートはペンディングにして、他にいいラインがないか目を凝らした。

あらためて主稜線に目を向けると、日高の山々は北にむかってどこまでも連なっており、呆れるほど広大だ。そして視界のとどく範囲の北の果てに、ほかの山よりひときわ高い尖った山容のピークが、夏の霞で白く形状がぼやけているが、隆々とそそり立っていた。あの山が日高の北の果て、すなわちラストピークではないか、そう考えられた。

風景を眺めているうちに、あのラストピークを目指してこの先の旅をつづけようと決めた。あの山こそ地図なし登山の最終目的地だ。

……と同時に、あのラストピークが芽室岳（めむろだけ）ではないか、とも思った。

じつは前年の秋に日高で一番北にある大きなピークが芽室岳という山であることを、ひょんなことから知ってしまっていた。

文芸誌の企画で服部文祥さんと対談があり、彼が北海道南北分水嶺を狩猟しながら旅をしたときの記録を事前に読んだ。その紀行文の最後は日高の記録だったので、そこだけは読まないつもりでいたのだが、うっかり日高編の冒頭にあった概念図を視界に入れてしまい芽室岳という山名が見えてしまったのである。

最奥に見えるその山が芽室岳か否か不明だが、ともかく旅の最終目標にぴったりの凛々しい山ではあった。そしてこのラストピークに向かうのにもっとも合理的なラインがどこなのか、稜線のうえから思案した。

羆のいた沢〈羆沢〉は北西方向に流れてゆき、台形状の山のふもとで、別の大きな谷筋と合流しているように見える。羆沢を下り、この大きな谷をたどって台形状ピークの裏側に出ればラストピークがそびえる日高最北エリアに進入できそうだ。

一方で主稜線の反対側（東側）にもよさそうなラインがあった。１９６７峰から主稜線を少したどって東にある沢を下れば、北にまっすぐ向かう沢につながるように見える。これをたどればラストピーク近くのかなりいいところまで行けるだろう。

後者のほうがラインとしては直線的で美しく見えるので、まずはそちらを選択し、出発することにした。

１９６７峰から主稜線上の踏み跡（登山道？）をたどるとコル（鞍部）に出た。オレンジ色のテントが立っており、なかに人がいそうな気配なので「こんにちは〜」と声をかけたが、反応がない。相手にするのが面倒くさいと思われたのだろう。

コルの先で稜線が二手にわかれる分岐点に出た。この分岐点から北に延びるのが日高主稜線で、一方の東方面にも目立ったピークがふたつ連なる大きな尾根が派生している。この分岐点からわれわれは主稜線を北に行くことにした。一キロほど北に顕著な尾根があり、その尾根からラストピーク北進沢に下りることができるからである。

分岐点から北は主稜線上なので踏み跡がつづくと思っていた。ところが道はなく、背丈ぐらいある猛烈なハイ松と灌木に行く手をさえぎられた。ハイ松の枝が太すぎて、かき分けることもできず、壁のように立ちふさがっている。下りなのにまったく進まず、呻きながら強引に乗り越え、発狂モノの数時間ののち、ようやく沢の源頭に出ることができた。

沢は崩壊した岩が堆積した急峻なガレ場がつづき、陰惨で雰囲気が悪い。じきに渓相もよくなるはずだと期待してそのまま進むが、どこまで下りても状態はかわらない。次から次へと現れる滝を慎重に処理し、遅れる山口君を待ちながら、どんどん標高を落してゆく。時間的に野営できる場所を探しながらの下降だが、沢はどこまでいっても荒廃しており、沢床は岩石、土砂、転落してきた樹木で埋まり、安心して泊まれる場所など存在しない。

沢はその先でさらに悪相となり、大滝が落ちこみ、側壁が崩壊した荒れたゴルジュとなっている。日没が迫り、これ以上、沢を下ればゴツゴツした崩壊斜面で不快なビバークを強いられるのは必至である。焦りが徐々ににじみ出てくる一方、アドレナリンの分泌量が増して集中力が高まってくる。左岸には小さな支流が滝となって合流している。これ以上、本流を下ったら面倒なことになる、と判断した私は、その支流に活路を見出すことにした。全体的な傾斜からして支流沿いに高度をあげれば傾斜がゆるみ、脇の斜面のどこかに泊まれる場所が見つかるかもしれない。

駆けあがるようにして滝をいくつか登ると、沢は二手に分かれていた。遅れる山口君を待つ時間的余裕はないので放っておき、右側の沢を詰めていく。やがて沢の河原に何とか二人寝れなくもなさそうな場所があった。だが、岩がごろごろしておりとても快適な野営地とはいえない。もっと安全で平らな場所がないか、右手の斜面のなかを探しはじめた。斜面は白樺の木立が立ちならぶ森で、そのなかのとりわけ大きな一本の木の麓に、土砂がたまってちょうど二人が横になれそうな平らな場所を見つけた。まるでわれわれのために用意されたかのようなところだった。

暗がりが迫るなか急いで薪を集め、ヘッドランプをつけて野営地をこしらえた。疲労がどっと押しよせ、身体が重たい夜となった。焚き火を前に明日以降のルートについて話しあうが、こんな状態の悪い沢をこのまま下るという選択肢は考えられない。「このまま下っても魚がいそうな感じはしないですしね」と山口君も同意見だ。面倒だが野営地の脇のこの小さな支流を登り返し、もう一度主稜線に出て向こう側の羆のいた沢を下りたほうがいい、ということになった。

南風が吹きこんで生暖かい夜となった。寝床も悪くなく、疲れていたせいか、その晩はかなり熟睡した。夜になると毎晩のように犬橇で負傷した右肩が痛むが、この日はそれも気にならない。

翌日、支沢を登ってゆくと一時間ほどで稜線近くに出た。そこから例によってハイ松、灌木地獄となり、稜線に出るまでさらに二時間を要した。主稜線を越えて反対側も苦しい藪漕ぎを強いられたが、沢に出てからは予想通り悪いところはなく順調に高度を下げていった。やがて左から大きな沢が合流した。昨日源頭部に羆がいた羆沢だ。

そこから沢は大きく明るくなった。まるで釣り人のために造形されたような渓相で、竿の振りやすい開けた谷に落ちこみや釜が連続する。しかし肝心の魚影が見当たらない。毛鉤を打っても反応なしだ。

魚が釣れないことにわれわれは著しく落胆した。いくら渓相が理想的でも魚がいなければ意味がない。いまやわれわれは存在論的に登山者ではなくむしろ釣り師だ。それなのに戸蔦別川以来まともに魚を釣れていないのだ。キノコも見ていないし、ここ数日は余った燻製を小出しに食べているだけである。魚を食いたい、魚を食いたい、その一念で次の沢、次の沢と渡り歩いているが、さっぱり姿が見当たらない。

「こんな感じのいい沢に魚がいないなんて考えられんなあ。下に魚止めがあるのかなあ」

ぶつぶつ言いながら歩いてゆくと、案の定、沢身がせばまり、遡上不可能な三メートルチョックストーン滝が現れた。滝壺で竿を振るも、やはりアタリはない。その下流でも五メートルから十メートルの滝がつぎつぎ連続し、そのたびに竿を出して魚が溜まっていないか調べながら下る。

そしてついに、五個目か六個目かの魚止め候補となる五メートルの垂直滑滝を右から巻いて下りたところで、先行していた山口君から明るい声が聞こえた。

「釣れた！　ここが魚止めです！」

だが釣れたのは二十センチのオショロコマだった。

「なんだよ、オショロコマか……。アメマスじゃないのかよ」

「まあ、でもいることがわかったんだし……」

ただ、その後もこれといった釣果はなく、この日の行動終了の目安と考えていた、北西から流入してくる沢（羆沢左俣）との二俣に到着してしまった。羆沢左俣を少し登ったプールで毛鉤を打ってみるが、やはり釣れない。山口君は途中の釜で三匹釣ったようで、久しぶりに新鮮な魚を食すことができたが、これだけではやはり寂しい。

翌日は昨日までの異常な快晴が終わり、どんよりとした曇り空となった。いい加減腹一杯魚を食べたい。今日はなんとしてでも魚を大量確保すると心に期し、まずは昨日試した羆沢左俣をもう一度登ってみた。ゴーロ帯がつづきこれといったポイントはなく、二時間ほど釣り登ったところで霧雨となった。風も強まったので釣りは一旦中止、とれたのはそれぞれ三匹ずつというパッとしない結果である。

ところが前日ずっと下ってきた右俣をもう一度登り返してみると、今度は俄然食いっ気が出てきて、山口君が三匹釣ったという釜では面白いようにポンポン釣れた。昨日みたいな陽射しが強烈な日より、適度に曇っていたほうが魚は活性化するのかもしれない。

一度野営地にもどり、装備を回収して釣りながら下ることにしたが、野営地から少し下った中州の周辺で試してみると、次から次へと魚が食いついて止まらなくなった。魚体の小さなオショロコマはとにかく数を釣る必要がある。毛鉤を打っては引っ張り上げて、また打っては引っ張り上げて……とくりかえす。純粋に食材確保の必要性に迫られたこの行為は、釣りというよりむしろ漁業に近かった。

この中州の周辺で三十匹以上を釣り、戸蔦別川以来のストレスを晴らすことができた。これだけ釣ると魚の処理に時間がかかるので、この日は中州の末端にタープを張って泊まることにした。まずは焚き火をおこし、夕食と朝食用の魚を十匹ほど選別して、のこりは櫓を組んで焚き火の上で煙にさらして燻製にする。燻製だけでも一人十数匹あり、これでしばらく行動食に余裕ができた。

乾いた流木からたちあがる焔(ほのお)のゆらめきを見ながらふと、もしかしたら、やりたくてずっとできなかった登山をオレはいま経験しているんじゃないか、と思い至った。地図を見ていてはできなかった理想の漂泊登山だ。

未知の沢を探りながら、人間が移動する道として不自然でない道を見つけ一歩一歩じっくり歩む。食料が枯渇したら魚の豊かな場所にとどまり、釣りに専念し、食料確保につとめ、かみしめるように大地を進む。未来を先取りするのではなく、いま目の前に向きあうことによりおのずと未来が開けてゆく濃厚で手触り感のある時間。かつて風景とのあいだに感じた疎外感は完全に失せ、目の前の土地とかみ合っている、完全につながっているという強い感覚があった。

漂泊は、大地と直接つながるために私が個人的に必要としている行動原理なのであるが、その真髄は北極の民イヌイットの〈ナルホイヤ〉という言葉に象徴される。

〈ナルホイヤ〉とは〈わからない〉、〈何ともいえない〉という意味である。

狩猟民であるイヌイットは未来を予期することを意図的に避ける。なぜなら計画をすると狩りはうまくいかないからだ。

獲物はどこで現れるかわからず、予想もしなかったところで足跡や獣道や糞が出てくる場合がある。だが事前に狩猟計画を立てていたら、その計画を優先し、いま目の前にあらわれたその獣道を無視することになるかもしれない。なぜなら計画をたてると人はどうしてもそれに引きずられる習性があるからだ。計画通りにいかないことは不確定要素が高まることを意味し、リスクにつながるため、生物的本能がそれを嫌うのだろう。だがそれでは狩猟は成功しない。不意にあらわれる動物の痕跡や気配に柔軟に応じ、動物の世界にみずから積極的に組み込まれていかないと獲物はとれないのである。

イヌイットはそのことを誰よりも熟知している。だから、これから海象狩りにいく猟師に「どこに行くの？」と訊ねても「ナルホイヤ」という答えしか返ってこないし、「いつまで行くの？」

と訊ねても「ナルホイヤ」としか言わない。〈ナルホイヤ〉的な心理状態をつくりだすことではじめて、そのときどきの自然条件に柔軟に対応することができ、事象の真髄にとどく（＝獲物をとる）ことができる。だから仮に心のなかに計画が生じていたとしても、彼らはあえてそれを封殺し、判断停止の状態を意図的に作り出し、未来を真っ新な状態にしようとつとめるのである。

自我を消し、あえて心を白紙の状態にしないと、風景が内部に流れ込まず、大地と一体化できない。これがイヌイットの生の哲学であり、〈ナルホイヤ〉という言葉の真意だ。そしてそれに大いに影響をうけている私の漂泊の原理でもある。自然に深く没入し、土地とつながり、真の意味で生きる経験をつかみとるため、私は日本の山で、極地の氷原で何年もかけておのれの行動原理を到達から漂泊へ変えようと努力してきたが、オショロコマを三十匹釣った小さなキャンプ地のささやかな営みのなかに、それが実現していることに気づき、ひそかに深い思いにうたれたのだった。

夕食は大き目のオショロコマを刺身にして、あとはアマタケと思われるキノコを一緒にゆでてスープを作って、そばにした。冷たい沢の水でしめたそばはコシがあり、夏の食事としては最高である。

5

長い山旅は八月にはいった。羆沢をくだってゆくと右岸から比較的大きな支流がはいり、河岸にテングタケ系の毒キノコが美しいカサをひろげていた。右岸から流れこむ支沢との二俣のすぐ下流で羆沢は五メートルの滑滝となって落ちこみ、そこからさらに下るとピンクの測量テープが木の根元に巻きつけてあった。主稜線からさほど距離はないはずだが、早くも人間の痕跡の登場だ。あらためて日高の原始領域は狭いと感じる。

テープの横の踏み跡をたどると昔の林道跡につながり、そのうえにトドマツの幼木や笹が生い茂る。左からまた沢が流れこむ。位置的には、１９６７峰の頂上から西に見えた源頭部の急峻な沢のように思われるが、そのわりには規模がやや小さい。この沢で少し釣りをしてみるが、魚はあまり濃くないようだ。

林道跡が完全に崩壊し、高さ五十メートルほどの黒々とした岩壁が川岸にそびえていた。この岩壁を過ぎると、まもなく北電の取水堰があらわれた。予想よりだいぶ早い構造物の登場だった。それだけでなく青い作業服を着た職員がダムの操作作業中で、完全に人間界に迷い込んだ感がある。

この先、釣りができるか不明なので、ダムの上で夕食分のオショロコマをひとまず五匹確保した。

ダムの標識を見るとこの川は〈千呂露川（ちろろがわ）〉というらしい。

１９６７峰から全景を俯瞰したとき、大きな沢が台地状ピークのふもとを回りこみ、この千呂露川の右岸に流れこんでいるように見えた。その二俣をめざして林道をくだってゆく。

三十分ほど下ると、右から小さな沢が合流した。林道も二手にわかれ、一方がこの小沢の上流方向にのびている。道の方向は北向きなので、この林道をたどれば台地状ピークの尾根を越えて、別の水系に下ることができるかもしれない……と少々迷ったが、林道を歩いて山を越えても仕方がない。もう少し千呂露川沿いを下ってみることにする。

そこからすぐ、ドガーン、ドガーンと工事の爆音みたいな音が鳴り響いた。対岸にTシャツ、短パン姿の男が何かの作業をしていた。白髪を後ろでしばり、どこか仙人風の容貌だ。一瞬、ダイナマイトで魚を爆殺する密漁者を疑ったが、分厚いマットをもち、高さ五メートルほどの露岩の上からロープをたらしているところを見ると、密漁者ではなくボルダラーのようだ。つまりおなじ山仲間だ。

川をわたり、この男と少し話をしてみることにした。もはや人間と話すことに以前のような抵抗や躊躇はない。去年の単独遡行者との出会いにより、無情報世界で情報をもらうという地図なし登山ならではの醍醐味を知ってしまったからだ。

情報には麻薬のような依存性がある。欠如していたものが満たされることによる快感だ。あのパッと世界が開ける感覚をもう一度味わいたい。

川の途中で「すみませーん」と声をかけると、ランニング姿のたくましい男が目を細め、不審そうな表情で近づいてきた。見たところ四十五ほど、私と同世代ぐらいだろうか。

「この林道の先に右から大きな沢が入ってませんか？」

「右から？　いやぁ、それはないですよ。左からならフタマタ川という沢が入りこんでますけど」

「1967峰の頂上から見たときに、この尾根を回りこむ沢があった気がしたんですが……」

「いや、それはないです」

男は断言した。岩登りをするぐらいなので、この辺の地形を熟知しているらしい。

「このちょっと上に林道の分岐があったんですけど、あの道をたどると尾根の向こう側に出られるんですかねぇ」

「あの林道は山のほうに行って終わりです。チロロ岳の向こうに行きたいんですか？」

あの台形状ピークはチロロ岳というらしい。

「……そうですねぇ」

「ダムの上流に左（右岸）から沢が入っていたでしょ。チロロ岳を越えるなら、その沢を登って反対側に出るしかないですね。まあ簡単な沢だから大丈夫ですよ。下ったらパンケヌシだかペンケヌシだかっていう川に出るんで、下流に行けば里に出るし、登ればまた山に行く」

そこまで聞いたら十分だ。一気に視界が晴れて、またこの先に新しい世界が待っているのがわかった。礼を言って別れようとしたら、男が言った。

「どうしたんです？　道にでも迷われたんですか？」

迷っているといえば迷っているが、それが前提の場合も迷っているというのだろうか。

「道に迷ったというか、地図なし登山というのをやってるんです」

そう答えた瞬間に男は苦笑した。まあそういう変な人っているよね、といった表情だ。説明するのが面倒だなと思ったが、説明などしなくても何となく事情を察してくれたらしい。

男によると、林道をあと十分下ればゲート止めがあり一般車はそこまで入れるらしい。情報を総合すると、下流にあるフタマタ川というのが１９６７峰の頂上から見えた源頭の急峻な沢なのだろう。またチロロ岳を越える沢というのは、朝方通過した滑滝のすぐ上の沢にちがいない。あの沢を登ってチロロ岳の反対側に下れば、パンケヌシだかペンケヌシだかという名の新しい水系に出るということだから、その川を上流に向かえばまた主稜線にもどることができるはずだ。そしてこれまでの距離感からすると、そのパンケヌシだかペンケヌシだかの源頭が、ラストピーク、つまり山脈北端の芽室岳に突きあげていても不思議ではない。

男からの情報で、これ以上下流には行かず、上流の沢からチロロ岳を越える方針が固まった。人に話を聞くことで新しい道が開けるのが何ともいえない。小学生の頃に熱中したロールプレイングゲームの実地版のような面白味がある。林道をダムまでもどり、沢を少し遡上して、落ちこみが連続するポイントの最後の釜でオショロコマを六匹ほど釣りあげ、メシを確保した。

チロロ越えの沢に行きつく前に強雨となり、林道跡の平らな場所にタープを張った。雨で濡れる前にあわてて薪を周辺からかき集め、タープの下に放り投げた。二人とも長い山旅で消耗が進み、腹が減って仕方がない。魚は網で塩焼きにしたが、頭もヒレも骨もすべて網の上でカリカリに焼き焦がし、旨い旨いときれいに平らげた。

朝、起床すると山口君がずぶ濡れになっていた。傍らの立ち木が邪魔してタープをうまく張れなかったせいで、夜中のひどい土砂降りで屋根に水がたまって、ぼたぼた落ちてきたらしい。私のほうは大丈夫だったので気づかなかったが、彼は夜中、排水やタープの張り直しに追われていたという。なぜ自分だけこんな目にあわないといけないのか、不公平じゃないか、と言いたげな口ぶりである。

雨は断続的に強まり、沢も増水したため、この日は停滞となった。午後になると小降りとなり徐々に減水しはじめた。

翌朝（八月三日）、まだ平水時の一・五倍ぐらいの水量があったが、チロロ越えの支流にはいれば問題ないので歩きはじめた。水量は腰の高さまであり、渡渉のときは流されないように山口君と肩を組んでわたる。

林道跡は右岸だけではなく左岸にもついており、途中で笹藪のなかに巨大なゴミを見つけた。ゴミというか車だ。レトロ感たっぷりの昔の乗用車が放置されていたのである。

人気のない森のなかに、なぜこんなものが……と驚き、二人でまじまじと観察した。白いボディは錆びつき、朽ちており、苔だらけで、吹き飛ばされたのかボンネットが消失してエンジンが露出している。丸目のヘッドライトにスリムな車体は、一見したところ昭和四十年代の家庭用乗用車に見えた（のちにネットで調べると二代目ブルーバードによく似ていた）。

「どうみても作業車じゃなく、ファミリーカーだな」

「こっちには一升瓶もありますよ」と山口君が地面に散乱する水色のガラス片を指さした。

「こんなところにレジャーで来たのかなぁ。カップルが練炭自殺でもしたのだろうか……」

白骨でもあるかなぁと思い、なかをざっと調べてみた。白骨はなかったが、時空を飛び越え、昭和の昔に舞い戻ったような錯覚におちいったのはまちがいない。車のなかから幸せそうな家族の笑い声や、若い男女のにぎやかな歓声が聞こえる気がする。

この朽ちた車が語るのは、要するに日高のこの奥山は昭和四十年代は秘境などでは全然なかったということだ。林道がいまより機能していたので、家族がレジャーに、あるいは大学生が合ハイのために簡単に奥山にはいることができたのだろう。この地図なし登山をつうじて、私は、いたるところで遭遇する林道やダムに幻滅しっぱなしだったが、逆に現在はむしろ自然が勢いを盛りかえしているほうで、昭和四十年代はもっと人臭い山域だったかもしれないのである。笹や灌木に侵食されている林道跡や朽ちた橋、基礎となるコンクリート、放置された自動車などはすべて、高度成長期の社会が自然をのみこもうとした時代の痕跡で、それが現在では自然に還ろうとしているのだ。

沢に下りると集積した倒木にかなりの量のキノコを発見した。エノキっぽいが、エノキがこの季節に生えると思えないのでアマタケだろう。対岸では立派なタマゴタケも見つかった。ついでに十匹近くのオショロコマを釣り上げ、その日の食材を確保してチロロ越えの沢にむかう。

滑滝の上の二俣を左にはいると、しばらく滝のような落ちこみが連続し、やがて穏やかな渓相となった。小ぶりだが南斜面の沢は日当たりがよく、明るくて雰囲気がいい。方角は北北東にむかっており、仙人ボルダラーが言っていた沢にまちがいなかった。

最後は少々の藪漕ぎで稜線の鞍部に出た。ガスで眺望はないものの、地面に看板が倒れていた。右に行くとチロロ岳、左がチロロ西峰というらしい。せっかくなのでチロロ岳にむかった。踏み跡をたどって三十分で頂上に立ち、行動食を食べてすぐに鞍部に下る。

鞍部の反対側の沢も北にむかっていた。藪をかきわけ下ってゆくと、すぐに獣道とは思えない踏み跡が出てきて、ピンクテープも見つかった。踏み跡をたどると沢を離れて右の尾根を乗越し、さらに隣の沢を下ってゆく。どうやら地元山岳会がつくったチロロ岳の登山道のようだ。ただ、登山道といってもおもに沢をたどるため、所々踏み跡やピンクテープがあるものの、全体的に草が生い茂り、滑りやすくてわかりにくい。この道を二時間下るといつものように取水堰と林道がセットで登場し、その林道を下ると大きな川に出た。

この川こそ、仙人が言っていたパンケヌシ川だかペンケヌシ川にまちがいない。川沿いには、日高の奥山としては目も眩むほど立派な、できたばかりの林道が奥へとのび、工事で出た土砂によって岸も埋まってしまっていた。まるで直線化をほどこされた都市河川のようでまったく魅力にかけた川だ。これまで日高で見たなかで圧倒的に人工的で、最悪の印象だ。

ただし川は北にむかって伸びているので、方向としては悪くなかった。この川を遡ればラストピークに出られる気がする。ついに都合四度にわたるこの山旅も終わりが見えてきたのだ。

都市河川みたいな川の脇では泊まる気がせず、下ってきた林道を少し登り返して野営した。

この日は火をおこすときにちょっとしたミスをおかした。薪が湿っていたので細かな枝を多めに積みあげて火をおこし、熱がこもるようにフキの葉を上にのせた。もうもうと白煙がのぼり、小さな枝が熾(おき)になって炎があがりはじめたところでフキの葉を取りのぞくと、その瞬間に炎が一気に大きくなり、焚き火の上のタープが溶けて大きな穴が開いてしまったのである。焚き火版バックドラフト現象だ。

ひとまずガムテープで応急修理をし、問題無さそうになったので夕食にした。タープに穴があいても飯は旨い。魚は唐揚げと塩焼きにし、あとはキノコ汁である。食いあきたオショロコマより、キノコ汁のほうがむしろ旨い。それにしてもこれは本当にアマタケだろうか？　どう考えてもエノキにしか思えない……。あるいは見知らぬキノコか……。

翌日は久しぶりの快晴となった。いよいよ、おそらく最後となるであろう沢の遡行開始である。人工河川風の川に下りて林道を歩きはじめると、すぐに橋があり、パンケヌーシ川と河川名が刻まれていた。仙人ボルダラーの情報どおりだ。そこからまもなく取水堰があり、そこで立派な林道は終点となった。その先は藪におおわれ、林道跡が自然にのみこまれた状態で川の奥へとつづいている。

林道という人工構造物が消えて川が天然の姿にもどると、パンケヌーシ川は印象を一変させ、原始的な雰囲気の漂う、じつに居心地のよい川となった。白樺やトドマツにおおわれた深い森が作り出す雄大な景観は大陸的で、魚影も濃い。全体的に地形が緩やかで滝や淵や釜など明確なポイントがあるわけではないが、早瀬がつくる小さな流れの淀みや反転流、あるいは岩陰の静水に毛鉤をうちこむと面白いようにぽんぽんとオショロコマが釣れる。魚体は千呂露川よりやや大きく、二十センチを超えるものも少なくない。ただ、その程度の大きさではあるので数を釣らないと話にならない。

時折、昔の林道や橋梁が森の中からひょっこり顔を出すが、アルセーニエフの名著『デルスウ・ウザーラ』の舞台であるシベリアのシホテアリニ山塊を旅しているような気持ちにさせられる川だった。

天気がよく、先が見えたこともあり、いい加減里心が生じてきた。できれば天気のいいうちに下山したい、可能なら明日のうちに主稜線に出てラストピークに登りたい、そんなことを考えている自分がいる。さすがに十六日も山を旅しているとこういう生活にも飽きてくるのである。

いつものことだが、町で生活していると毎日のように、嗚呼山に行きたい、釣りをしながら永遠に山中を放浪したいと山旅に焦がれるが、おかしなことに実際に長いあいだ山にいると、逆に早く町に戻りたいと日常が恋しくなる。アルパインクライミングのようなぎりぎりの状況を短時間で駆け抜けるタイプの登山とちがって、長期間の山旅や極地旅行にこうした飽きはつきものだ。私はこの飽きが憎たらしい。飽きたら町にもどればいいではないか、と思うかもしれないが、どんなに飽きても私はいつまでも山や荒野を漂ってみたい。しかし大地にとけてしまうほど自然に没入したいという私の望みは、かならずこの飽きに邪魔されることになっている。

　飽きる時間はフィールドによってことなり、スケールの大きな極地旅行の場合は出発から一カ月ぐらいで飽きてきたなぁと感じる。四月頭に村を犬橇で出発し、一カ月ほど経ち、五月前後になると海豹（アザラシ）がぽつぽつ氷の上に出没しはじめて狩りをしやすくなる。いつまでも荒野で旅をつづけたい私は、出発前はいつも、五月になって海豹狩りをしやすくなったら二週間ぐらい猟場にとどまり、北極の一番いい季節を満喫しようと考える。だが実際にそのときがくるともう旅に飽きてしまっているので、必要なぶんだけ海豹を獲って村にもどることになるのだ。

　今回のような釣りベースの山旅は、だいたい一週間から十日で飽きがくる。私が理想とする漂泊行為の最大の問題点は、この飽きに耐えられないことである。飽きを乗り越えるには、やはり目的地があったほうがいい。とりわけこの地図なし登山を継続するなかで、その考えがつよまってきた。目的地を絶対化するとプロセスがおざなりになるが、適度な目的地であれば飽きを乗り越え、その先も旅を継続させる力になる。北極の犬橇旅行でも漂泊的に旅を持続しながら、でも北極海をめざす、エルズミア島にわたるという大雑把な目標はつねにもっているし、このときの山旅では北端のラストピークが行動の駆動力だった。

　ラストピークは過去三回の登山から導かれた自然な目標であり、かつ絶対的なものではなく、たぶんそれはあるのだが、どこにあるのかわからないという程度に曖昧なところがよくて、色々な意味で適度な目標になっていた。

川の流れはゆったりとしており、いつ終わるのかわからない。途中で右手のほうに尾根筋が見えたので、川はそちらに向かうのかと思ったが、また北に向き直し、主稜線と平行した流れに舞いもどる。

やがてパンケヌーシ川は三つに分岐した。水量比は二対一対四ぐらいで、右俣が本流だ。本流をそのまま進む。水量は半減したが、ゆったりした流れは変わらず、上流部にきた雰囲気は感じられない。このまま山に突きあげるのではなく、パンケヌーシ平みたいなだだっ広い平原に出るのではないか、そんな気配すらある。だとしたらラストピークを登らないままこの山旅は終了するのかもしれない。

終日、毛鉤をうちながらの遡行ですでに三十匹近くの釣果があった。千呂露川で作った燻製はこの日の行動食で尽きたので、また作らないといけない。午後二時頃、右岸を一段あがったところに野営に最適な砂地の平らな場所が見つかった。河岸段丘ではなく崩壊した林道の一部のようだ。燻製作りは何かと忙しいので、この日は終了とした。

周囲はトドマツの森におおわれ、清流のせせらぎがやさしい音を奏でている。立ち枯れの木が横の木によりかかり、今にも倒れそうで危ないため、鋸で切断して切り倒す。準備を終えると山口君はまた釣りに出かけて五匹ほど追加した。下流部では二十センチ超のものも少なくなかったが、上流にくるにしたがい型が小さくなり、いまではせいぜい十五〜十八センチしかない。二十匹弱を燻製にするため櫓から吊るし、十二匹を夕食のおかずにした。

夜は冷えこみ、気温が一気にさがって息が白くなった。夜空に星が瞬き、輝く上弦の月が北国の冷涼な闇をやさしく照らす。

パンケヌーシ川はどこまでいくのだろう。風景をみるかぎり源流という感じはまだ薄いが、意外ともう標高のかなり高いところにいるのかもしれない。

6

今日中に山越えするため釣りは封印することにした。

出発してすぐに二俣となった。水量は一対一でほぼひとしい。左俣は北にむかい、右俣は東にのびている。右俣か左俣か、どちらをいけばラストピークがあるのだろう。ここはかなり悩ましいところだった。

林道はいたるところで崩壊し、すでに道としての機能をはたしていないが、橋梁は所々にのこり、この二俣にも橋が架かっていた。荒廃した林道は左俣沿いに奥地へとつづいているようだ。

全体的な景観を直感で判断すると、左俣が本流筋であるような気がする。しかし、どうも左俣は地形的にゆるすぎて、前日推測したようにラストピークではなくパンケヌーシ平的な高原に出てしまうようにも思えた。荒廃林道の存在もその推測を後押しした。険しい地形のところに道などが作るはずがないのだから、その先にはゆるやかな台地が待っていると思われた。

一方の右俣は東に向かっている以上、主稜線に食いこんでいる可能性が高い。というか、水量的にも距離感的にも主稜線は間違いなく、もうすぐそこのはずだった。右手にあるこの斜面、ここを登れば、たぶん二時間か三時間で主稜線上に出るにちがいない。ラストピークの場所はわからないが、もはやそれほど遠くだとは思えない。

右俣を選択した。二俣を通過すると右手に山が見えたが、沢がカーブを描き、すぐにまた視界から消える。右俣のむかう向きは主稜線と平行しており、この沢をつめても、神の恩寵沢とおなじように、山ではなく低い鞍部に出るのかもしれない。

水量は徐々に減り、単調で緩やかな渓相がどこまでもつづく。魚影の濃さは尋常ではなく、釜には夥しい数のオショロコマがひしめいている。ただ魚体はあまりに小さい。十センチぐらいしかなくて、釣りたいという欲求は全然わかないし、ゴールは近そうなので無理に釣る必要もなかった。

それにしても深い森にかこまれた、いい沢だった。この奥パンケヌーシにはいったい年に何人の入山者がいるのだろう。歩くだけなのだから、沢登りとしての難易度は皆無といってよい。でも林道は機能していないし、比較的山奥にあるわけだから、登るとしたらたぶん三日ぐらいかかるのではないだろうか。三日というのは勤めのある一般登山者には贅沢な日数である。それほど山に時間を割ける気合の入った登山者なら、こんなのんびりした沢ではなく、もっと手応えのある別の沢なり山なりを登るだろう。下流で大きなニジマスの釣れる川などいくらでもあるわけだから、釣り師もこんな沢にはわざわざ来ない。こうして登山者にも釣り師にも顧みられないことでパンケヌーシ川の原始性は確保されているわけだ。

沢はますます小さくなり、極小化してきた。なだらかな山を流れる沢の周囲は高いトドマツの木々に隠され、厳かな空気が張りつめる。森の裏の見えない空間が想像力をかきたて、すぐ先で御嶽(うたき)のような聖なる場所につづいていそうな幻妙な雰囲気に満ちている。ささやかな水の流れのなかに小さなオショロコマたちがひしめくように走りまわる様子は、この秘密めいた森のなかにあってはどこか神秘的に感じる。

母性的な森に抱きすくめられながら高みをめざしていると、沢がきざむ森の狭間にこんもりとした丸い山が見えた。

何の変哲もない山であるが、深い緑に覆われ、どこか森厳で、神々しさのある山だった。見た瞬間、あの山を登ろうと思った。と同時に、〈アガモリ山〉という名が頭に閃いた。閃いたというか、下りてきた。

地図なし登山をはじめてから山や川に色々な名前をあたえてきたが、名前が自分に下りてきたという感覚ははじめてだった。それまでの命名にはどこか無理やり名づけている不自然さがあったのだが、アガモリ山だけはそういう不自然さがまったくなかった。

後ろから山口君が追いついてきた。

「あの山を登ろう。アガモリ山だ」

「アガモリ山ですか？　どんな意味ですか」

「さあ……よくわからない」と言いつつ、それは崇森山ではないかと思った。

この山との出会いは私にはとても不可思議で、また大事なものに思えた。

地図があったら絶対にこういう出会いはなかったはずだ。特に高くもなく、目立つ形状もしていないこのちっぽけな山は、もし地図をもっていたら、そこに描かれたほかのもっと立派なピークにより相対化され、私に注目されず、気づかれることさえなかっただろう。いま私が遠望しているように、正面からその姿をとらえても、関心はわかず、登ろうという気などおきなかっただろう。

　この山を見てアガモリ山と命名し、そして登ろうと思うことができたのは、私と山とのあいだに完璧な一対一の関係性が成立し、この山の存在に私の実存が組みこまれたからである。地図がなく、他のピークとの比較ができないことにより、私はこの山と、対象ではなく存在として出会うことになった。これこそまさに、山が純然たる山それ自体として現象する〈裸の山〉なのだった。

　そこからはアガモリ山をめざした。まもなく沢は三俣に分岐した。左の本流筋は主稜線上の大コルへ、中央の流れがアガモリ山につづいているように見えた。迷うことなく中央のアガモリ直登沢を選択する。

　薄暗い森のなかで、沢は小さくくぼんだ隘路を形成している。寂寞とした静寂のなか、苔むした岩が階段状となって高みへつづき、神様の居所へむかう登路のような神秘的空気感をおびている。やがて水は涸れ、笹藪となった。

　この登路の途上でふと背後をみやったとき、小さな衝撃におそわれた。先ほど離れた沢の対岸に、あきらかにアガモリ山より立派で見栄えのするピークが二つ、空に突き出していたのだ。

　刹那、私のアガモリ山はこの鋭鋒により相対化され、ただの貧相な藪山になりかかった。現実が観念を蝕んだのだ。

　あれが1967峰から見えたラストピーク、すなわち芽室岳だ……。

　位置と山容から、その推定にまずまちがいはないと思われた。最後の最後で私はラストピークを外したのである。

でも私のアガモリ山は、この相対化の波を持ちこたえ、乗り越えた。出会いの瞬間が決定的だったことで、あの鋭峰よりこの藪山を登るほうが自分には価値があると、すぐに思えたのだ。私にとって芽室岳は雑誌の概念図で知った仮象の山だが、アガモリ山は登山という実行動により発見したナマの山なのだ。

とはいえ、やはり最後は立派な山で終えたい。自分の山が、まずまちがいなく芽室岳だと思われるあの鋭鋒と拮抗するぐらい大きな山であってほしいと願った。高度があがり沢が消失して藪漕ぎがはじまった。いつもであれば、すぐにでも終わってほしい藪漕ぎだが、このときばかりはいつまでもつづいてほしいと願った。藪漕ぎがつづくほどアガモリ山の高度は増し、芽室岳（と思われる山）に匹敵する大きな山になるからだ。

稜線の手前でひどいハイ松となり、呻きながらの登頂となった。野営地を出て四時間半、正面に見える二つのピークのほうが少なくとも数十メートルは高いだろう。それでも満足できる頂上だった。

ハイ松が高く眺望は悪いが、北にはパンケヌーシ源流域のなだらかな山並みが広がり、はるか南にチロロ岳や1967峰が雲間から顔をのぞかせている。そして東の十勝平野方面は完全に雲海の絨毯の底に沈み、何も見えない。

はっきりしていることは、ここより北には対岸の鋭鋒以外、高い山がないことだった（地図⑯）。つまりここは日高山脈のほぼ北端だ。ここより北に行っても、大した山はない。地図なし登山はここで終わりなのである。

アガモリ山。この山が私のラストピークだ。素直にそう思えたのだった。

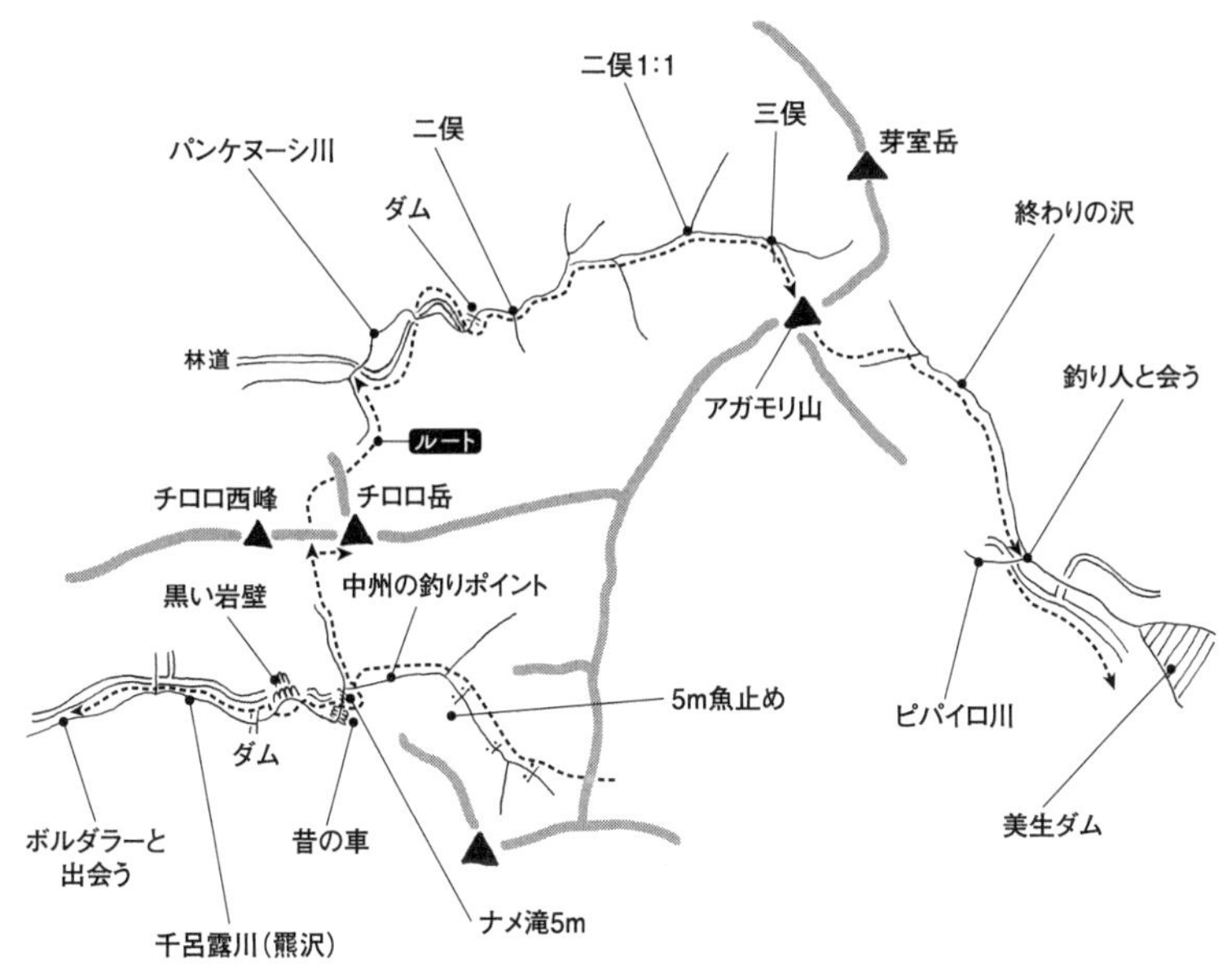

地図⑯　千呂露川からアガモリ山

あとは下るだけだった。頂上で休憩したあとは十勝方面にむけて猛烈な笹藪の斜面をおりはじめた。雲海に突入すると濃霧で視界は十メートルほどになり肌寒さを感じる。次々と沢が合流し、水が増えるにつれて急峻だった沢はなだらかになってゆく。〈終わりの沢〉には面倒な滝や淵など悪場は何もなかったが、脆い地質なのか沢床は崩壊した岩や土砂で埋まり歩きにくかった。

山頂から二時間でさっそく古い林道跡に出た。脇の平らなところにタープを張って最後の野営の準備をはじめた。魚は前日につくった燻製だけになっていたが、近くでウスヒラタケとタモギタケを見つけ、余ったそばもおかずにして満足度の高い夕食となった。

八月六日がこの山行の最終日となった。

このまま人間界にはこんでくれるのではないかと期待していた林道跡は藪に埋もれ、まったく使い物にならなくなったため、結局、沢伝いに下りてゆくことになった。所々、沢身はせばまるが、悪いというほどではない。

まもなく広い河原に出て、左から大きな支流が合流した。そこに立ち枯れが何本も生えており、よく見ると、立ち枯れという立ち枯れに大量のタモギタケが群生している。もう野営しない可能性が高いことはわかっていたが、畑のように自生する大量のタモギタケの前を素通りすることはできず、芦別の実家へのお土産にするため大量にザックに詰めこんだ。

そして最後に待っていたのは、やはり人との出会いだった。

沢というか、もはや川といった様相の流れをくだってゆくと、二百メートル先の右岸側の笹藪で何かごそごそ蠢(うごめ)いているのに気づいた。羆でもいるのかなぁと思ったが、頭部に何やらヘルメットらしきものが見える。と思ったら、すぐに藪に姿を消した。

「おい、人間がいたぞ。人間だ……」

山口君にそう伝えると、彼は怪訝な顔で「……人間？」と言った。彼もまだ人間と出会うことが考えにくいエリアにいるのだと思っていたようだ。

人影がいたあたりに近づき、すいませーんと声をかけるが反応はない。

「おかしいな……。見間違いということはないはずなんだが、やっぱりクマだったのかな……」

とぶつぶつつぶやいていると、山口君が下流を指さした。

「あ、人だ。釣り人。ほら、正面」

百メートルほど下流で、〈終わりの沢〉は大きな本流っぽい川に合流し、その河原をフライフィッシャーが歩いていた。人間を見かけると妙にうれしくなった。なぜかはわからない。人間だ、人間だ、と変に興奮し、流れの強い川を肩を組んで渡渉し、雪崩れ込むようにして釣り人に向かった。

突然の人間の登場に、釣り人のほうも「うわっ！　びっくりしたあっ！」とわれわれ以上の驚きを見せた。襲撃されるとでも思ったのだろう。

まもなく仲間の釣り人が、何だ、何だ……とぞろぞろ藪から姿をあらわし、双方が「いやあ、こんなところで人に会うとは思っていなかった」と共感しあう奇妙な展開となった。

最後の情報収集にいそしんだ結果、まずこの川はピパイロ川といい、もう少し下流に美生(びせい)ダムという大きなダムがあることがわかった。ダムの管理所まで一時間半ほど、そこから芽室の町まで車で三十分ほどだという。下界はもう目の前だ。

「ところでこの川って魚釣れるんですか？」

「めちゃくちゃ釣れますよ、ニジマスが。こんなデカい、五十センチぐらいのもいます」

「マジですか？」五十センチとは仰天だ。「ここに来るまで全然魚影を見なかったんですが……。おい、ちょっとやってくか？」

「去年もここに来て味を占めたんです。昨日ダム湖にボートを浮かべて試したんですが、もう、釣れる、釣れる。湖畔の砂浜でキャンプしているんですが、今朝も三匹でっかいのが釣れた……。ちょっと歩かないといけないから、釣り師も入ってこないんですよ。ところで山にいたんですか？」

「幌尻のほうの奥新冠ダムから入山して、今日で十八日目かな。ぼくらも原始人じゃないですからね。いい加減に下山しようかなと思って」

「十八日ですか！」三人は一斉に声をあげた。

「いったいそんなに長いあいだ、何を食べてるんですか？」

何をバカなことを訊くんだろうと思いながら「もちろん魚ですよ」と答えると、三人は、そりゃ魚は食うだろうけど……という複雑な表情をつくった。

「全部で二百匹ぐらい食べたかなぁ。でもオショロコマが多かったから。こんなもんしかない」。私は手の平を広げてサイズ感を示した。

「想像ができない……ユーチューブはやっていないんですか」

「動画はちょっと……。面倒くさいから。本は書いているんですが……」

「……本ですか」

情報のお礼にタモギタケをごっそり贈って三人と別れた。

彼らが話していた通り、川にはニジマスがうようよしており、ダム湖の上流の河畔林を流れ落ちこみで毛鉤をうつと、四十センチ近いニジマスが瞬く間に四匹釣れた。その中から型のいい三匹をさばき、新鮮な刺身を昼飯にする。

川に注ぐ、目立たない静かな細流を遡ると林道に飛び出し、森のなかの閑静な道を進むと三十分でダムの管理所に着いた。

管理所から一時間ほどで土木工事の作業現場があらわれた。ためしに携帯電話の電源を入れると電波が三本立った。これまでのように親切な人が登場して車で送ってくれるフィナーレを期待していたが、ここはもうすでに町場が近く、歩いて駅まで行けそうなぐらいだ。でも場所がわからないのでタクシーを呼んで芽室駅にむかった。

こうして四年間におよぶ地図なし登山は幕を閉じた。

7

人間が自然と接するとき、いったいそこでは何が起きているのだろう。それが近年の私の活動の、裏の、そして最大のテーマでありつづけている。

人間は肉体をともなった物理的な存在である。どんなにAIやネットや先端技術が進展したところで、本人が機械にでもならないかぎり身体から逃れることはできず、自然という具体的な経験世界のなかで生きていかざるをえない。人間は人間として誕生してから、いや人間になるはるか昔の、原始的生命体としてこの地球に誕生してからずっと、自然との関わりあいを通してのみ充実した生を経験できる存在であった。

登山や探検をつうじてきわめてビビッドに実感できる、いまこの瞬間にオレは生きているのだ、という感覚。この感覚をとりだして、そこにうまく言葉をあてはめてやることができれば、全人類が生きることの普遍的な意味に到達できるのではないか。そんなことを若いころから考えてきた。物書きになったのもそれを言葉で表現したいからだ。

自然とは何なのだろう。純粋に物理的な見地から見たら、あらゆる自然物は無意味であり、山や森や川は無味乾燥にひろがるただの荒野にすぎない。でもそうした荒野が人間にとって何かとても切実で、親しみのある土地にかかわるのは、何らかの行為をつうじて人間とのあいだに深い関係性が築かれるからである。

その行為は、人類と自然との関係の根底にあるわけだから、あらゆる文化や時代を超越している。つまりホモサピエンスの存在条件として普遍的におこなわれている行為であろう。

生の根底にある基礎単位ともいえるその行為を純粋なかたちで経験できれば、人間としての始原的な生を経験できるにちがいない。私はその行為を、死を意識してしまうほど深く、完全なかたちで行為してみたいと思ってきた。

では具体的にどのような行為がそれにあたるのだろう？

誰でも最初に思いつくのは食の調達だろう。食とは生きることそのものであり、まぎれもなく生の根源だ。自らの手で食料を調達することは、すなわち自らの力で生を成り立たせることであり、生の充足が確実に得られる。

それだけではない。釣りや狩り、キノコ狩りなどの狩猟採集活動は猟場や釣り場の開拓が必要なことからもわかるように、土地に対する深い知識がないとうまくいかない。知識を獲得するためには山を歩くという身体的行為が不可欠であり、そのプロセスをつうじて人は自然とむすびつくことになる。詳しくは知らないが農耕にもおなじようなプロセスがあるだろう。作物を成長させるには土壌や天候あるいは植物の生態に関する知見が欠かせない。自然との相互作用のなかで作物を実らせる努力をすることで、農耕者はその土地に生きる自分を実感するだろう。そこには、本書を通じてずっと問題にしてきたモノとの〈距離〉がつくり出す虚しさは存在しない。

私も食の自力調達を実践してきた。北極で狩りをして旅するようになったのも、山で渓流釣りやキノコ狩りを本格的に実践するようになったのも、単に面白いから、おいしいからというより、土地とのつながりをより深め、自然のなかで生きる経験を深めたいからだった。そしてそこにはたしかに生き物としての最大の喜びがあった。

しかし旅をつづけるうちに、じつは食と同等か、あるいはそれ以上にもしかしたら始原的かもしれない行為があることに、私は気づくようになった。それが移動である。

何か行為をするとき、人はまず歩く。いくら食が根源的だといっても、獲物を見つける前にまず動かないといけない。

では動くときに、いったい何が起きているのか。本書のなかにも書いたが、動くときにはかならず現在地を把握しないといけない。あとは目的地の設定だ。自分が今どこにいるのかもわからない状態で動くことはできないし、どこかを目指すから歩きはじめるのである。

しかし現在地と目的地だけあっても移動することはできない。移動にはかならず地標、つまりランドマークが必要だ。現在地を出発して目印になるような自然物や人工物をたよりに針路を決めつつ目的地をめざす。これが移動の基本構造であり、どんな場所でもそれはかわらない。

たとえば私が自宅のある鎌倉市の極楽寺界隈から大船のホームセンターに行くときは、坂の下の交差点を左折して鎌倉大仏の前を北上し、手広（てびろ）の交差点を右折してから山崎跨線橋交差点を左折し……という順番で進んでいく。その途上では、こうした交差点の標識や、コンビニや百円ショップやガソリンスタンドが地標として機能しており、あ、もう少しで手広の交差点だから右折レーンに入ろう、という判断をしながら車を運転する。それとおなじことを日高山脈のただなかでもやった。シュンベツ川から幌尻岳に行く場合も、シュンベツ川の鹿淵や、中流部ゴルジュ帯や、太郎山や、単独遡行者と出会った二俣などが針路決定の重要な目印となった。どんな移動であれ、私たちはかならずわかりやすい地標をいたるところに配置している。そしてこれこそ、本来なら無味乾燥な荒野である自然環境が親しみの持てる場所に変化する、その始原的瞬間なのではないか。

地標は単なる物理的な事物ではない。移動する人間がいなければそれは意味をもたない。手広の交差点は、私が車で移動することによってはじめて地標として機能するのであり、純粋に物理的事物としてそれを眺めても、金属板に〈手広〉という記号がペイントされた無意味な物体にすぎない。神々の庭はシュンベツ川を延々と遡行して急に光景が変わるから感動的なのであって、都会の人がヘリコプターでその場に連れてこられても、どこにでもある大きな河原で、驚きも何もないだろう。

まったく同じことが自然界のあらゆる事物にあてはまる。シュンベツ川から幌尻岳に行くとき、私は、迷って遭難しないように外側に注意をむけて何か地標になるものがないか探す。外界に注意をはらう私の志向的態度に反応することで、無意味だった事物は意味化し、神々の庭という特別な存在として結晶化する。同様に、どこにでもあるただの淵が私にとっては鹿淵という地標になり、とるにたらないありふれた山が太郎山になる。移動し、各所に地標を配置することで、無機的だった自然界の事物は、私の行為をつうじて生き生きとした有機的な存在にかわり、それらに守られながら動くことで私は道に迷って死なずにすむ。

移動して私が自然に働きかけることで、自然が私を生かしてくれる。土地に助けられることで、この大地で生きているという感覚をうみだす。この移動行為にみられる深い相互作用にこそ、人が自然のなかで生きる第一歩があるだろう。

ところが移動ほど現代社会でおろそかにされている行為は他にないのだ。カーナビやスマホの普及により、われわれは画面を見て、そして音声の指示にしたがうだけで移動できるようになった。すべて機械が判断し、導いてくれる。もはや外に地標がないか注意する必要はなくなった。カーナビがなかった時代はいちいち地図を見て道順を確かめたはずだが、どういうふうに車を運転していたのか、いまとなっては思い出そうとしても思い出せない。移動は記憶のなかにすら居場所をうしないつつある。

われわれが外側の環境と志向的態度で接しなくなったので、自然界の事物も何の反応もおこさず、無意味な存在として、ただ朽ち果てて散らばるばかりとなった。われわれは意味をうしなった元地標たちのあいだをそそくさと画面を見ながら通過する。昔は有機的につながっていた地標たちは個別ばらばらに立ち尽くし、自らの存在を持て余して、ただ呆然としているかのようだ。その意味でモノにあふれた煌びやかな現代社会は逆に荒野にもどりつつあるのかもしれない。

移動をおざなりにし、地標の構築をやめてしまったことで、現代人は外界とのつながりを急速に失いつつある。土地とのあいだで育んできた手応えのあるそれぞれの〈世界〉はやがてこの地球上から消滅し、実存は急速に矮小化しつつある。

始原的行為を手放し、大地とのつながりを完全に放棄しつつある時代。人類史に刻まれるべき変化が今、粛々と起きているかもしれないと私は本気でそう思っているのだが、でもそんなことを気にする人は他に誰もいない。大事なのは目的地に到着する時間を五分短くすることだけなのである。

一連の地図なし登山は、この移動行為を、つまり人が生きることの始原を、まったくのゼロから作り上げようという試みであった。空間のなかで生きたい。土地と深い関係を築きたい。地図をもたずに山を登ることで、私は人間としての生の第一条件をきちんと確認したい。そう思ったのである。

四度の試みを終えたことで、私のなかでは移動行為の感覚がかなり大きく変化したと感じる。最初の地図なし登山のときは、やはりかなりの気負いがあった。地図をもたずに日高山脈を登るなど、あまりに不遜で、大それた行為であるように思えた。しかし何度かやるうちに、地図を持たずに山を登ることそれ自体に慣れていった。未来が真っ新な状態で行動すること、そして突然目の前に開ける風景に存在ごと搦めとられてしまい、次の予定が決まること。そんな時間の流れに最初ほどストレスを感じなくなったのである。

漂泊的な時間の流れに慣れた私は、ライフワークである北極でも同じ行動原理で旅をするようになった。

とはいえ、活動フィールドであるグリーンランド北部の大地はすでに何度も通いつめており、日高のような未知の場所ではない。だから地図を持たないことにあまり意味はない。北極でおこなうようになったのは、地図なしではなく、自然物だけを頼りに現在地や針路を決定するナチュラル・ナビゲーションである。

たとえば内陸氷床という地形的特徴のほとんどない、完全にのっぺらぼうのような雪と氷の沙漠みたいな場所を行くとき、これまでは地図で針路を確認してコンパスを切ってその角度からずれないようにしていた。

だが最近はちがう。氷床の雪の上には風で刻まれた風紋があり、それを頼りに針路を決めるようになった。氷床上の卓越風は例年おなじ方向から吹くため、場所ごとの風紋の向きを正確に記憶しておけば針路を外すことはない。風紋だけでなく、氷床上にあるわずかな起伏を、大船に行くときの手広の交差点と同じように地標として利用することで、濃霧で視界がない状況でも、ピンポイントで目的地にたどりつけるようになった。

また自分で橇を引くやり方から犬橇に変えたことも、移動のスタイルを大きく変化させるきっかけとなった。犬橇は積載荷物が重すぎて、移動ルートがかぎられる。軟雪地帯や岩石の多い場所ではスタックして動くことができない。それを避けるためにも固い雪がしっかり張りついた道を見つけないといけないのだが、そういう道は当然ながら地図には描かれていない。自分で通いつめて見つけないといけないのである。

地図に頼らず、目の前に現れる地標を頼りにする移動にこだわることで、私は風景や土地との深い調和感を持つようになった。頼りになるのはＧＰＳのような私の経験とは何も関係ない空疎なテクノロジーではない。この風紋、この自然物のおかげで先にいけるという感覚がつねにあること、旅という行為が土地とつながること、それがここで生きているという濃密な実感を生み出すのである。そしていつしか内界と外界のあいだで錆びついていた扉が大きな軋み音とともに開き、最初の北極行で感じた風景との距離はいつのまにか消え失せていた。

こうした変化のすべてのはじまりが、一連の地図なし登山の試みだったのである。

ここまで何度か触れたが、この登山の要点は計画できないということであり、どこに行くか、その意志すらもてないという状態である。山に働きかけることができない、山を行為の対象として認識できないということだ。私は事実上ゼロ、空っぽの容器であり、その容器のなかに山という存在がどっと雪崩れ込んできて、私の実存は山に埋め尽くされる。このような存在様態にあるので、私の行動を決めるのは私の意志ではなく、山だった。この登山のあいだ、私は何度も山に導かれるという感覚をもったが、この感覚の正体は、このような特殊な関係性にあったのだと思う。

とはいえ日高での地図なし登山は無論、生活ではなく旅である。いつまでもつづけるわけにいかない。どこかでやめなければならない性格のものであった。

アガモリ山に登り納得のいく最後をむかえたことで、私は、けじめをつける意味でも、完全なかたちでこの登山に終止符をうつことにした。

完全な終止符とは地図を見ることである。

日高から下山して数週間がたった、まだ残暑のきびしいある日、私は新潮社の社屋の前で山口君と待ちあわせをした。地形図の現物を用意しないといけないので、新潮社に行く前に池袋のジュンク堂本店に立ちより、該当する五万分の一地形図を購入しておいた。ただ、日高山脈と一口にいっても五万図で十数枚あり、どの地形図が該当するのか実際に目で確認しないといけない。日高の地図をはじめて目にしたのは、ジュンク堂で地図を選んだときだ。

引き出しをあけて該当する地図を探す。そのときにシュンベツ川ってデカいんだな、とちょっと思った。でも興奮はあとで山口君とわかちあいたいので、なるべくさらっと軽く確認するにとどめて書店を出た。

新潮社の社屋前に、短パン、Tシャツ姿の山口君が、相変わらず明治時代の純朴な書生みたいな顔で立っていた。受付を済ませると、担当編集者が会議室に案内してくれた。

早速、大きな机のうえで用意した五万図をひろげる。周到なことに担当編集者は、この確認の瞬間の写真を何かに使えるかもしれないと考え、カメラマンをその場に呼んでいた。丸められた地図を取り出した瞬間、カシャカシャとシャッター音が鳴る。

八枚の地図が目の前に広がった。広大な日高山脈の絵図を前に私は息をのみ、シュンベツ川から北にむかってルートを指で追った。三脚にのぼったカメラマンが上から俯瞰してシャッターを切る。

何しろ都合四度、日数にして五十日近くにわたる大登山の答えあわせの瞬間である。現場では気づかなかった大きな沢や山が背後に隠れているかもしれない。実際に現地で目にした山の姿と、地図にかかれた正確な測量図が一致するとはかぎらない。地図を見たら思わぬ発見に興奮し歓声があがるだろう。そう思っていたし、担当も同じことを考えたからこそカメラマンまで呼んだのである。

ところがその予想は完全に外れた。地形図をならべて登山のルートを確認しても、そこには期待したような発見も驚きも何もなかったのだ。

地図に描かれているのはすべて知っていることばかりだった。何度も足をはこびインプットされた山の姿が、ただ二十メートルごとの等高線の広がりとして表現されているにすぎない。シュンベツ川源頭からカムエクにかけての沢の具合も、幌尻岳や戸蔦別岳周辺の尾根や沢の構成も、千呂露川やパンケヌーシ川の位置関係も、周辺のピークの場所も形状も、すでに頭のなかでできあがった地形が、ほぼそのまま紙に移しかえられただけだったのである。

発見としては、いくつかの山や沢の正確な名前を知ったことだけだった。たとえばカムエクは正確にはカムイエクウチカウシ山、旅人岳はエサオマントッタベツ岳、太郎山はソロアンナイ、そしてアガモリ山の北にあった鋭いピークはやはり芽室岳だった。熊笹沢はイドンナップ川、神の恩寵沢はナメワッカ沢、巨大ダム湖は幌尻湖というらしい。ちなみにアガモリ山は、これまた予想通り名が記されていなかった。

私も山口君もなんだか拍子抜けしてしまった。もっと拍子抜けした担当編集は思わず苦笑し、カメラマンは早々に引き揚げた。

驚きが何もないことこそ最大の驚きだったといえた。しかしよく考えたら、それは当たり前のことだったのかもしれない。あれだけ何度も偵察し、沢に紛れこんでは引き返し、ということを繰り返したのだから、地図上に知らない情報があったら、そのほうがどうかしている。

四度の登山で私は日高中部から北部にかけて、ほぼ完璧に踏査しつくしていた。地図がなくても地形を完璧に頭のなかで再現できるほど知悉していた。しかも踏査したルートは日高山脈をつらぬくラインとしてはかなり自然で美しい。日高山脈に自分の世界をつくりあげる。地図を見てわかったのは、その当初の目論見が成功していたという事実だったのだ。

こうして完璧なまでに未知の世界だった地図なし日高は、この地球上から完全に消滅したのである。

あとがき

本書の原稿は二〇二三年に執筆したので、最初の地図なし登山からすでに六年の歳月が経過していた。一回目と二回目の登山のあいだに二年のブランクがあったし、冬は毎年北極に半年近く滞在し、その間執筆できなかったためである。これだけあいだがあくと直後のヒリヒリとした感覚はなくなるし、記憶も若干曖昧になっている。当時の山日記を読み返し、写真を開きながら、記憶や感覚を呼びもどしつつ、もう一度日高の奥深い山々を分け入るようにして何とか書き上げることができた。

現場の状況をなぞるだけではなく、そのとき自分が何を考えていたのか、どういう心理状態におかれていたか、内面をなるべく正確に思い出し、そして書くことにより、どこか曖昧だった思考が整理され、整合性のとれた文章となりひとつの作品となってゆく。その際、山に登っていたときにははっきり言語化されていなかった思考、つまりいまの私の思考が織り交ざったりもしており、過去の私と現在の私が半ばごちゃごちゃになって語りが展開されていく。こうした過程はとてもクリエイティブで、制作の喜びに満ちている。もちろん登山ドキュメントである本書はフィクションではないのだが、事実と事実のあいだにはなにか隙間のようなものがあって、そこを滑らかに埋めるにはやはりこうした言葉による魔術が必要なのである。

本を執筆することはその行為を追体験するようなものだが、でもそれだけではなくて、行為の新たな意味を発見するもうひとつの旅でもある。

書くことを通じてあらためて一連の地図なし登山を追体験しながら、ひとつのことに気づいた。というか、やっているときから気づいていたことでもあるのだが、最初の登山と二回目以降の登山では大きな断絶がある。それは二年間という時間的な断絶のことではなく、山にたいする態度に大きな違いが出てきているということだ。

一回目の登山は漂泊的なものを求めつつ、やはり困難な山に挑んでいるが、二回目以降は可能なかぎり悪場のない自然な道にしたがいながら文字通り流浪しているのである。

何がこのちがいを生んだのだろう。

一番大きなのは単純に年齢的な変化だと思う。

なにしろ足掛け六年におよぶ登山だった。最初の登山は四十一歳だったが、最後の登山を終えたときは四十六歳になっていた。四十代のこの期間は、人生をトータルに眺めても変化の大きな時期だと思う。

体力と経験値をかけあわせた人間としての最盛期は四十三歳だというのが私の持論のひとつだ。四十三歳を頂点とすると、最初の登山は四十一歳だったので人間的な頂上にむけて最後の登りにさしかかった頃であった。はじめにでも書いたが、当時の私は脱システムという思想に凝り固まっており、完全なる未知の世界に飛び出すことが純粋なる生を経験するための唯一の道だと思っていた。参照するようなマニュアルのない世界を探検できれば、現場の状況だけをたよりに判断し、行動することになる。そこにあるのが純粋な自由だし、人間としての主体性は確保される、そう考えていた。

だが実際に地図をもたずにカムエクの深いゴルジュに迷い込んだとき、逆に私は未来予期こそ人間の基本的な存立基盤なのだと思い知らされたのである。この世界の最果てにたどり着きたいという衝動が、その対極にある人間生活のものすごく基本的な前提を再確認させることとなったのだった。

ちなみに補足すると、じゃあ角幡はもう脱システムの看板をおろしたのか、というとそうではない。情報やマニュアルでがちがちに固めて不確定要素を徹底的に排除したら現実はものすごく貧相になる、という考えはいまもかわらない。ただ完全に予期できない状況は生物学的につらすぎる。要は、適度な未来予期がのぞましいわけだが、現代はあまりに簡単に情報が入手できるのでそれが難しい。どうしたらいいのかは私にもわからないが、探検家として現代社会の外側にある世界を行動によって示すことはできたと思う。これを読んでくれた読者がその点で何か感じてくれたら、文章表現としては成功である。

一方、二回目の登山は四十三歳という頂上を越え、四十四歳となり下り始めた頃だった。乱暴にまとめると、人間、登りの時期は大きくて困難な対象をもとめるが、下りにはいると経験の豊かさや技術的な深みを求めるようになり、その変化がこの登山にもあらわれている。実際、二回目以降は釣りが、つまり山と調和することが目的の半分ぐらいになっており、その比重は年齢とともにどんどん高まっていった。

旅をして大地といかに調和するかは国内でも北極でも近年の私のテーマで、それがこの登山をつうじて如実に大きくなっていった。手法はかわって狩猟だったり釣りだったりするが、大地との調和をもとめる活動は、地図なし登山後もつづけている。とくに狩猟は計画的にやったらダメで、足跡や排泄物など、いま目の前にあるものに柔軟に反応しないと成果がでない。その意味で狩猟は大地と直結するいとなみであり、行動原理としては計画ではなく漂泊にならざるをえない。地図なしの試みはとりあえず終わったが、北極でも国内でも狩猟しながら漂泊の旅をつづけている。

日高山脈とのその後についても少し記しておこう。

地図なし登山を終えた二〇二二年秋から私は北海道で狩猟を独習し、森のなかでエゾ鹿を獲りはじめた。銃猟をはじめた目的はいろいろあるが、最初の目標として鉄砲をもって日高の山を分け入り、鹿を獲りたいという気持ちが大きかった。あの神々の庭で見た、飛沫をあげて清流をわたる鹿のイメージが強烈にのこっていた。最初の年は別の山域で鹿を獲れるようになったところで終わったが、翌二〇二三年秋に、山口君と一緒に静内の近くからまた入山し、鹿を獲りながら北上して神々の庭で立派な雄を一頭仕留めて、目的を達することができた。

今年(二〇二四年)秋の目標は、まだ足を踏み入れたことのないもっと南部の、えりも岬の近くの山から延々と北上し、最後はカムエクに登りたいと思っている。去年の山旅で日高山脈の鹿の生息状況は把握したし、十月の沢や山の状態もだいたいわかったので、つぎはカムエクまで行けるのではないかと思っている。カムエクには最初の地図なし以来、足を運んでいないので、もう一度山頂を踏みたいという思いがつよくあるのだ。やはりこの山もまた私にとって特別な霊山なのである。

秋の狩猟期だけではなく夏もそのうちまた日高の沢を登るだろう。新潮社の社屋で地図を広げたときにパッと目に入ったのはカムエクの南東に網の目のように広がる歴舟川上流の各河川だ。

上流部をうまくつなげたら釣り登山のいいラインが引けそうで、次はここだ、と惹きつけられた。と思いつつ、地図なし登山でたどったシュンベツ川から新冠川、千呂露川、パンケヌーシ川、ピパイロ川というラインは国内でも傑出したラインで、ここをもう一度一回の登山でたどりたいという思いもある。今年の秋は竿と鉄砲をかついでこのラインをたどり直すのもいいかもしれない。

本書をつうじて私はダムや林道などの構造物に幻滅する様を描いた。それでもやはり日高山脈の山の奥深さや動物や魚の豊かさ、人気のなさ、原始性は国内の他の山域と比べると一段秀でている。日高山脈には私の思いに応えてくれるだけの広さと豊かさがある。まだまだ行きたいところがあるし、夢を描ける山域である。羆が森を守り、無数のマスの仲間が群れる日高は、かけがえのない、本当に素晴らしい山だと思う。これ以上開発を進めるのではなく、この残された希少な環境が国民的遺産として後世にのこるよう切に願っている。

角幡唯介

梅雨の合間の鎌倉居宅にて
二〇二四年七月三日

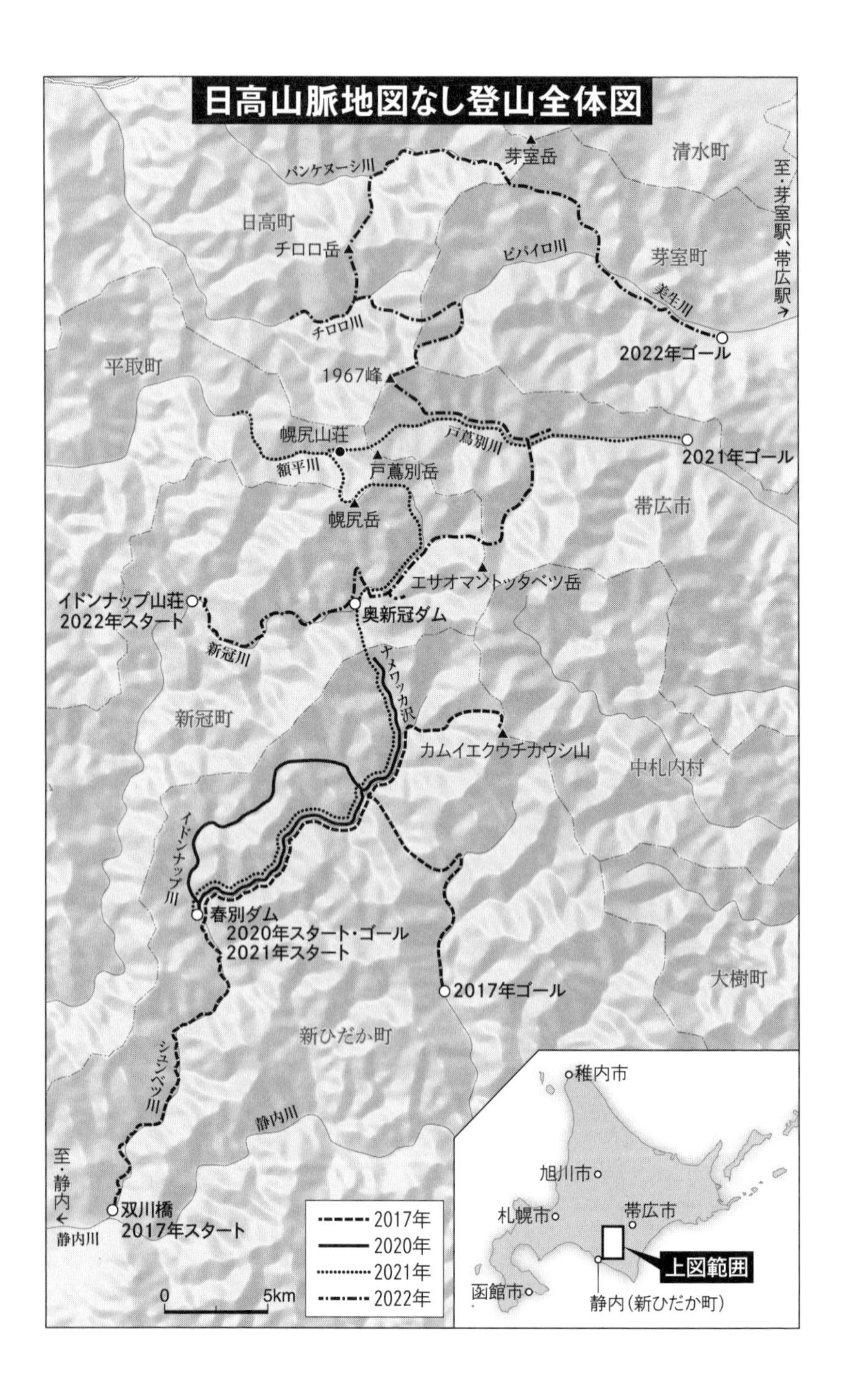

日高山脈地図なし登山全体図
芽室岳
清水町
パンケヌーシ川
至・芽室駅、帯広駅→
日高町
チロロ岳
ピパイロ川
芽室町
美生川
チロロ川
2022年ゴール
平取町
1967峰
幌尻山荘
戸蔦別川
2021年ゴール
額平川
戸蔦別岳
幌尻岳
帯広市
エサオマントッタベツ岳
イドンナップ山荘
2022年スタート
奥新冠ダム
新冠川
ナメワッカ沢
新冠町
カムイエクウチカウシ山
中札内村
イドンナップ川
春別ダム
2020年スタート・ゴール
2021年スタート
大樹町
2017年ゴール
新ひだか町
シュンベツ川
静内川
至・静内←
双川橋
2017年スタート
静内川
2017年
2020年
2021年
2022年
0
5km
稚内市
旭川市
札幌市
帯広市
上図範囲
函館市
静内（新ひだか町）

初出「小説新潮」二〇二三年十一月号～二〇二四年七月号。
単行本化に際し加筆修正しました。

角幡唯介（かくはた・ゆうすけ）
1976年北海道生まれ。探検家・作家。チベットのヤル・ツアンポー峡谷の単独探検や、極夜の北極探検など独創的な活動で知られる。近年はグリーンランドとカナダ・エルズミア島の地球最北部で狩りをしながら犬橇で旅をするエスキモースタイルの長期旅行を実践する。『空白の五マイル　チベット、世界最大のツアンポー峡谷に挑む』で開高健ノンフィクション賞・大宅壮一ノンフィクション賞など、『雪男は向こうからやってきた』で新田次郎文学賞、『アグルーカの行方 129人全員死亡、フランクリン隊が見た北極』で講談社ノンフィクション賞、『極夜行』で大佛次郎賞などを受賞。近著に『裸の大地』第一部・第二部、『書くことの不純』。

地図（ちず）なき山（やま）——日高山脈（ひだかさんみゃく）49日漂泊行（にちひょうはくこう）

発　行　2024年11月20日
4　刷　2025年 4 月20日

著　者　角幡唯介（かくはたゆうすけ）

発行者　佐藤隆信
発行所　株式会社新潮社
〒162-8711　東京都新宿区矢来町71
電話　編集部　03-3266-5611
　　　読者係　03-3266-5111
https://www.shinchosha.co.jp

写　　真　角幡唯介、山口将大（カバー前袖、口絵4点）
地図製作　名和田耕平デザイン事務所（地図①〜⑯）
　　　　　株式会社アトリエ・プラン（p282 全体図）

装　幀　新潮社装幀室
組　版　新潮社デジタル編集支援室
印刷所　株式会社三秀舎
製本所　加藤製本株式会社

ISBN978-4-10-350232-6 C0026

天路の旅人　沢木耕太郎

第二次大戦末期、中国大陸の奥深くまで「密偵」として潜入した一人の若者がいた。そんな彼の果てしない旅と驚くべき人生を描く、著者史上最長のノンフィクション。

三島由紀夫論　平野啓一郎

三島はなぜ、あのような死を選んだのか——答えは小説の中に秘められていた。構想20年、三島を敬愛する作家が4作品からその思想と行動の謎を解く決定版三島論。

ぼくはあと何回、満月を見るだろう　坂本龍一

自らに残された時間を悟り、教授は語り始めた。創作や社会運動を支える哲学、家族に対する想い、そして自分が去ったのちの未来について。世界的音楽家による最後の言葉。

「おかえり」と言える、その日まで
山岳遭難捜索の現場から　中村富士美

たとえ身近な低山でも、落とし穴は登山道の随所に潜む。発見の鍵を握るのは、行方不明者の「癖」だ。丹念なプロファイリングで足跡を辿る6つのエピソード。

自由の丘に、小屋をつくる　川内有緒

不器用ナンバーワンの著者が一人娘のためにゼロから小屋をつくる！　コスパ・タイパはフル度外視。あなたの価値観をやさしく揺さぶる、ものづくりエッセイ。

涙にも国籍はあるのでしょうか
津波で亡くなった外国人をたどって　三浦英之

日本で過ごす喜びを母国の恩師に伝えた青年、「日米の架け橋になりたい」と語った女性——日常のはかなさと、それでも生きる人間の強さに触れるノンフィクション。